広島修道大学学術選書

中国市場
経済化の
政治経済学

森田　憲　著

多賀出版

はじめに

　本書は中国の市場経済化の動向を捉えようとする試みである。そしてその焦点は、ひとつは「バブル現象」に、もうひとつは「国際化」とりわけ「直接投資と統合」にあてられる。

　それらふたつについていえば、中国の「バブル現象」は「分税制」にさかのぼることができ（したがって1994年にさかのぼることができ）、中国の「国際化」特に（対内）「直接投資」は「南巡講話」にさかのぼることができる（1992年にさかのぼることができる）という意味で、1990年代前半にその源を有している。あえて端的にいえば、「社会主義市場経済」のもとで動きはじめた事態であるといってよい。

　本書では、そうした事態に「市場経済化」という視点から接近を試みることとする。

　はじめにまず、データをみておこう。分税制に関するものである。第1章でみるように、分税制とは、中央政府の財源不足に対処すべく、財政収入の中央対地方の比率を中央に厚くするように試みられた政策であり、その効果は明瞭である。すなわち、分税制導入前の1993年に78.0％だった財政収入の地方政府比率が、導入後の1994年には44.3％に減少している。それでは、収入減少分は政府サービス供給の減少につながったかといえば、そういうわけにはいかない。すなわち、地方政府は収入減にもかかわらず、政府サービス供給は変わらず実行していかなければならないという事態に直面することとなったのである。

　したがって、地方政府は新たな収入確保の手段をみい出す必要に迫られることとなった。それが農民から土地使用権を安価に買い取り、不動産開発業者に売却して売買差益を獲得するという土地譲渡収入という手段だったのである。「土地使用権」が「貨幣供給」に転換することとなった。こうした、「土地」が「貨幣」に転換するという事態が中国では起こっており、それがバブルの発生につながるというメカニズムが働いている。

　しかし、いったい中国ではバブルが発生しているのだろうか。発生していると

すると、「いつ」発生したものと考えられるのだろうか。そしてバブルが「崩壊する」兆候は存在するのだろうか。いうまでもないことだが、「バブル」というのは、優れて「市場経済的」ないしは「資本主義的」な現象である。「社会主義市場経済」と表現されているとはいえ、実際には一党独裁体制という集権的な側面をもつ「中国経済」と「バブル」との併存という事態は、巷間しばしば疑いをさしはさむことなく用いられるが、実は慎重な検討を要する。

　そうした検討に際して最初に試みるべき課題は、いったい現在理論的分析が到達している段階はどこかということであろう。理論がかなり満足すべき段階に発展しているのか否かを問うてみるのである。むろん、だからといってそうした理論にもっぱらしたがう必要はないが、最初にとりかかるべき試みであろう。本書第1章は、理論的分析を検討してみることからはじまっている。

　直接投資はどうだろうか。まず、対外直接投資は、第5章でみるとおり、その基本的趨勢としては、第1に、香港ならびにタックスヘイブン諸国への投資が大きいことであり、そして第2に、資源・エネルギー確保を目的とする投資が大きいということである。いうまでもなく、産業分野としては、多くはリース業、不動産業等で起こっていること、投資対象国は、オーストラリアやカナダのような資源・エネルギー保有国であること等が顕著な特徴といえる。また、直接投資の決定要因についていえば、明らかな「中国特色」が認められる。すなわち、受入国の政治的リスクと中国企業の対外直接投資の決定との間には有意な関係は認められないのであり、また受入国と中国との文化的差異は、中国企業の対外直接投資の決定に大きなネガティブな影響を与えるものではないという、他の直接投資本国とは異なった「中国特有の事情」が存在する。

　対内直接投資は、第6章にみるように、1992年、1993年に大幅な上昇を記録していることがわかる。たとえばジェトロ『世界と日本の海外直接投資』（1994年版）には、1992年の直接投資受入額が「79年から91年までの13年間の累計額をも上回る規模である」（226頁）と書かれており、さらに翌年の1995年版にもまた1993年の直接投資金額が「過去最高であった92年の記録を更新し、92年までの14年間の累計とほぼ同一水準に達した」（171頁）と記されている。そうした上昇が下降に転じるのは、1998年のことだが、この間の対内直接投資受入地域には明らかな変化がみられる。華南地域とりわけ広東省が顕著に減少し、長江デルタ地域とくに江蘇省の受入が大幅に増大しているのである。実際、三大地域（華南地域、

長江デルタ地域、環渤海地域）の比率は1998年にはほぼ同じ水準に並んだが、2003年には、大きな格差が認められる。2003年の長江デルタ地域は中国全土の45.9%の対内直接投資を受け入れている。中国経済は改革開放政策以後高い成長率を記録してきたが、とりわけ1990年以降の長江デルタ地域（上海市、江蘇省、浙江省）の成長は急速である。中国全体のマクロ経済に占める長江デルタ地域の比率は、したがって、年々大きくなってきたのである。しかしながら、中国で最大の直接投資受入地域になった江蘇省が最も顕著な発展地域になったかというとそうではない。1人当たり所得水準でみても、域内格差でみても浙江省の後塵を拝しているのである。

　現在の中国経済の著しい発展の原因は、第二次世界大戦前に存在した中国における「企業家精神」が消滅することなく存続しつづけたという事実に負うところが大きいが、その典型的な事例は、浙江省にみられる。浙江省は、もともと教育特に実務的な教育と実務を重視する文化的、制度的な気風が旺盛な地域だったのであり、また毛沢東体制のもとでほとんど重視されることのない地域だったという歴史的経緯をもっている。そうした毛沢東体制下での（軽視されたという）経緯が浙江省の文化や風土および企業家精神といった「経路」をロックインすることに役立ち、毛沢東体制における「競争のない指令経済」、「コストに対する希薄な意識」したがって「非効率な経済」の影響から距離をおくことができたのである。そうした「市場経済」をごく円滑に受け容れることができる「文化的要因」がロックインされたまま維持存続されていたという、「経路依存性」が重要な要因であると考えられる。

　そして、中国の対内直接投資が円滑に行われてきたかというとそうではない。中国の「国際化」とりわけ「市場経済化」もまた、そうした意味で、慎重な検討を要するといえる。

　そうした「慎重な検討」とは、いったいどのように行えばよいのだろうか。本書では、「投資─貿易比率」とよんでいるトゥールを用いて、慎重な検討にあたっている。

1．第Ⅰ部の4つの章

　そうした現状を土台として、本書では第Ⅰ部において「バブル」をめぐる議論

vi

をとりあげている。以下順次各章の概略を述べてみることとする。

1-1　第1章

　第1章では、まず本書第I部の基礎を供給する意味での、「バブルとは何か」を語る「理論的概観」を行っている。

　第1章で援用しているバデレイ＝マッコンビ（2001）によれば、「バブル」に関する理論的見解は3つに分けることができる。(1)「合理的なバブル」(rational bubbles)、(2)「伝染性バブル」(contagion bubbles)、および (3)「不合理なバブル」(irrational bubbles) である。そしてそれぞれの見解の典型的な主張として、「合理的なバブル」については、ブランシャール＝ワトソン（1982）が検討され、「伝染性バブル」については、トポル（1991）の主張が取り上げられる。そして「不合理なバブル」に関しては、ケインズ（1936）、ミンスキ（1982）、キンドルバーガー（1996）等が検討されている。適切な文献の選択であると思われる。そして、おそらくは異論が存在しないであろう「バブル」に関する定義は、「資産価格がファンダメンタルな水準と乖離している現象」ないしは「資産価格がファンダメンタルな価値額を十分に反映していない現象」だということである。

　本書の観点からみて、バデレイ＝マッコンビ（2001）による重要な記述は、ひとつはミンスキ（1982）による、金融的なショックとは資本主義体制にとっては逃れられない結果だ、という指摘であり、もうひとつは、バデレイ＝マッコンビによるバブルをめぐる十分納得的な理論的枠組みは必ずしも存在していないという指摘であろう。その意味では、ひとつは資本主義体制とはいえない中国にとっては別の見方があり得るかもしれないということであり、第2番目に、十分納得的な理論的枠組みが存在していない以上、当面は「経験」を積み重ねていくことが必要になるだろうということであり、第3番目に、同じく十分納得的な理論的枠組みが存在していない以上、十分納得的な「バブルの発生」のあるいは（とりわけ）「バブルの崩壊」の証拠をあげることもまた難しいというである。この第3番目の議論に関連していえば、したがって、「199＊年」あるいは「20＊＊年」に「＊＊＊バブルが崩壊した」という主張がおおむね自由に（客観的な証拠を示すことなく）なされ、かつそれに対して科学的な反論も科学的な再反論も客観的な証拠なしに行われ得ることを示している。

さて、第1章では、「早期警戒指標」の捕捉を主たる目的として、過去の時系列から「異常値」が発生しているか否かを、グラブス・スミルノフ検定によってみてみることにする。当該検定によって「異常値」が発生していることが確認できればバブルの発生を「事前に」疑うことができ、対応策をとることが可能となる。実際、第1章では、日本のバブルのケースと中国のケースをとりあげ、いくつかの変数に「異常値」が認められることを明らかにしている。そして、そうした「異常値の発生」は通常「バブルの発生」として語られる時期よりも（場合によってはかなり）早いことがわかる。この「はじめに」でやや具体的にみてみよう。「比較的はやい時期からはじまりまた比較的長い期間にわたって」異常値を示す変数は日本ではふたつ存在しており、それらは（1）株価および（2）地価である。株価に異常値が認められるのは1984年であり、地価に異常値が認められるのは1986年である。通常M2の対GDP比が大きな値をとるのは1987年であり、プラザ合意は1985年だから、株価に異常性が認められるのはプラザ合意よりも1年はやいし、地価もまた1986年には異常値を示しているから1987年よりも1年はやい。ちなみに、歴史的にふりかえってみると株価のピークは1989年であり、地価のピークは1991年である。「異常値」検定によってかなりはやい時期にバブルを疑ってみることが可能となるだろう。

次に中国のケースをみると、中国でも「比較的長い期間にわたって」異常値を示す変数はふたつ存在し、それらは（1）外貨準備高および（2）商品先物市場出来高である。外貨準備高の異常値の発生は2002年が最初であり、商品先物市場出来高の異常値の発生は2003年にはじまっている（2009年の膨大な貨幣供給の時期から判断すれば6～7年はやい）。だが、日本の場合と違ってそれらの変数のピークはまだ捕捉されていない。「バブルの崩壊」の兆候は認められないとみるのが的確な解釈であろう。

したがって、第1章での検討を概括すれば、日本の1980年代後半から1990年代初頭の時期をバブルと認定するのであれば、明らかに中国の2007年以降の時期は、バブルの状態にあるものと考えられる。しかし、それが弾けるか否かは別の問題であり、別の検討を必要とする。

1-2 第2章

第1章では、すぐ上で述べたとおり、中国のバブル現象をあつかい、日本のバブルとの比較研究をつうじて「バブル現象」の理解につとめた。そこでは、グラブス・スミルノフ検定を用いて「異常値」の検出を行った。それは、それまでの時系列から導かれる異常性の大きい時期の特定を行い、「バブルの発生」のいわば「早期警告指標」に役立てようとするねらいによるものである。

だが、発生したバブルにどのように（痛みを最小にしながら）対処するかという問題は別の検討を要する。貨幣的にみれば、明らかに「過剰流動性」が相対的に小さな日本で明瞭にバブルが発生しているにもかかわらず、「過剰流動性」の相対的に大きな中国で、バブルの認定も対処策もいっこうに明瞭でないのは、いったいなぜなのだろうか。

第2章では、そうした課題に答えるために、第1章で検討した統計・データを土台として、理論的分析を試みる。すなわち、マンデル（1969）を援用した枠組みにもとづいて、当局と投機家の流動性の管理行動および調整行動によって、市場機構をつうじて均衡点に到達するのかそれとも（市場ではなく）政府によって政治的に介入せざるを得ない局面に達するのか、という問題の解を得るのである。第2章では、第1に図解によって示し、第2に当局と投機家の行動を連立微分方程式で表す、というふたつの方法で分析が試みられる。

その際のキー概念は「流動性管理能力」であり「調整能力」であり、そして「貨幣の効率係数」である。本書で「貨幣の効率係数」とよんでいる概念とは、「貨幣の追加的1単位の増加が資産取引の何単位の追加的増加に結びつくか」を示している。そして上で示した連立微分方程式を解くことによって、ひとたびバブルと思われる事態が発生した場合、当局が適切に対処し得るには、当局の流動性管理能力が投機家の調整能力の「数倍」におよぶ必要があるということが明らかとなる。そしてその「数倍」とは、「貨幣の効率係数」とよぶ値の逆数にひとしい。そうした理解をつうじて具体的な数値が得られることになる。

当局の流動性管理能力が投機家の調整能力の何倍におよべば当局が「バブル」に適切に対処できるのか、中国と日本について計算してみると、その必要な「倍数」は、中国は日本の2倍をこえていることがわかる。明らかに中国の方が、（その対処にあたって）はるかに大きな流動性管理能力を必要とすることを示してい

る。言い換えれば、同じ流動性管理能力だったとすれば、日本のバブルは弾けず中国のバブルは弾ける可能性が大きい。しかし実際には、日本のバブルは崩壊し、中国のバブルには崩壊の明瞭な兆しはみえない。

逆にいえば、必要な当局の流動性管理能力として大きな能力の存在を示しているのは、日本よりも中国の方だということである。

その理由（少なくとも、そのひとつ）を探すのは難しいことではない。それは「経路依存性」とよばれる現象にほかならない。社会全体に安定性をもちこむ「自己強化メカニズム」の機構が、集権的な中国では強く働いており、逆に分権的な（言い換えれば民主主義体制の）日本では脆弱だということを示している。実際、社会のなかに「閉じ込められ」（ロックインされ）、経路依存性の一環を形成している「流動性管理能力」は、集権的な体制の方がはるかに強力だからである。あるいはまた、中国国内でいえば、社会全体に安定性をもちこむための融資の必要性が、たとえばチベット自治区では大きく、上海直轄市ではそれほど大きくないといってもよい（それは、おそらくチベット自治区におけるさまざまな管理能力が上海直轄市におけるさまざまな管理能力よりも強力である必要があることを意味しているだろう）。国際社会におけるあるいは中国国内における、バブルをめぐる国際間あるいは地域間の差異とは、したがって「経路依存性」を顕著に示している現象といえるであろう。

なお、本書第2章でみるような数値を得る試みは、試論というべきものであり、よりいっそう現実への適用可能性を高めていく必要があることはいうまでもない。

1-3　第3章

第3章は、「バブル現象」の検討をとおして中国におけるいわゆる「国家資本主義」に関する展望を行ってみようとするものである。内容という意味では、本書第1章および本書第5章と密接にかかわっており、したがって、「第Ⅱ部への導入」という意味合いをもつ章である。第3章の焦点は、大雑把にいえば3点である。すなわち、第1点は、いわゆる「影の銀行」（シャドー・エコノミー）における均衡の成立をあつかったものであり、第2点は「バブルの崩壊」をめぐる議論をあつかったものである。そして、「バブルの崩壊」をめぐる議論は「中国の崩壊・非崩壊」ないしは「中国の成長・停滞」という第3点につながっていく。

そして第3点である「中国の成長・停滞」は国際経済・国際政治に大きな影響を与える。いうまでもなく、それはいわゆる「覇権体制」にかかわるものである。

　国際政治学における「一極体制」か「多極体制」かという議論を経て、「米中逆転」の可能性を問う問題は、「市場経済化」とか「バブル」といった視点と密接なかかわりをもちながら考察されるべき課題であろう。実際、中国が「市場経済化」でつまずいたり、「バブルの崩壊」で深刻な影響をこうむることが不可避だとすれば、「米中逆転」という問題の発想それ自体がほとんど意味を失うに違いないからである（なお、以下、本書では米国とアメリカ、さらには英国とイギリス等は適宜混ぜて用いることとし、特に統一はしていない）。

　「中国のバブル」が近い将来崩壊するだろうといった主張はごく最近さけばれはじめたというものではない。しかし、実際には「中国のバブル」はなかなか崩壊せず、したがってそうした声が実際の出来事を反映していないこともまた事実である。そうした現象は「国家資本主義」という体制とともに理解する必要がある。本書で用いる言葉を使ってあえて端的に表現すれば、中国の状態がバブルだとすれば、中国は資本主義体制の国家であり、中国が社会主義体制の国家だとすれば（「インフレーショナリー・オーバーハング」は存在しても）バブルは存在しない。そして、資本主義体制の国家だとすれば、早晩バブルは弾ける。だが、社会主義体制の国家だとすれば（バブルは存在しないから）バブルは弾けない。中国においてバブルが弾けるか弾けないかという議論がかなり長い期間にわたって行われているのは、その意味での「体制」がごくあいまいだからである。だがそれは第3章で識者の主張を引用して述べられているように、中国の試みが「歴史上初」のものであり、従来の経験から敷衍して推し量るという手法を中国にあてはめることが適切かどうかは疑わしい、ということでもある。

　そうだとすれば、「覇権体制」といい「米中逆転」といった国際関係にかかわる展望もまたかなり厄介なものにならざるを得ない。第3章は、そうした不良な視界を多少とも鮮明にしようとする試みであり、第3章の議論からわれわれが到達し得る最も「尤もらしい」結論は、したがって、見通し得る限りの将来における国際関係は、基本的には多極体制であり、とりわけ米中2国が強大な経済力・軍事力を有する体制であろう、ということになる。

1-4　第4章

　さて、第1章で懸案となっていた「バブルが弾けたか否か」を検討する視点を示しているのは、第4章である。統計・データの出所が第1章と異なり、したがって数値がやや異なるため本書では第4章として配したが、実質的な内容は第1章につづくものである。

　当該第4章では、中国と日本に加えて、アメリカと（ヨーロッパの）体制移行諸国を対象として分析を行っている。すなわち、先進工業国のアメリカと日本、体制移行国のうち漸進主義路線を選択した中国とハンガリー、そして急進主義路線を択んだロシアとポーランドの6カ国である。

　上記諸国のなかで、通常「バブルが弾けた」といわれる経験をもつ国ぐにが3カ国存在する。日本、アメリカそしてハンガリーである。それら3カ国に共通している特徴を探してみると、明らかに3カ国ともある特定の時期に「資本係数」の急激な上昇がみられることがわかる。日本では、1992年から1993年にはじまり長い時期にわたって資本係数の変動が観察される。アメリカでは2001年に資本係数の急激な上昇がみられるし、ハンガリーでは2007年に同じく資本係数の急激な上昇を確認することができ、その後の変動のはじまりとなったことがわかる。念のため、どれほど上昇したのかを計算してみると、日本の1992年は1991年に比べて3.84倍上昇しており、1993年は1992年に比べて4.58倍上昇している。またアメリカの2001年は2000年に比べて3.77倍上昇している。ハンガリーの場合は、2007年は2006年に比較して7.30倍上昇しているのである。

　それでは中国はどうかといえば、たとえば膨大な貨幣供給がみられた2009年は2008年に比べて1.15倍であって、全般的に大きな倍率は観察されない。

　理論的に何倍の資本係数の上昇をもって「バブルの崩壊」と認定するのかは容易ではないが、少なくとも経験的にみれば、おおむね3倍をこえる値であろう。そうした当面の「経験則」をあてはめてみれば、中国の現状を「バブルの崩壊」と認定することは難しいだろう。

　さらに第4章で明らかなことは、たしかに日本でも中国でも膨大な「貨幣の超過供給」がバブルの発生（中国の場合にはその疑い）に密接にかかわっているように思われるし、実際にそのとおりなのだが、ハンガリーのバブルはそうした事例とは異なっているようだといういう事実である。この点を留意した上でいえば、

バブルの崩壊にはどうしても否定し難い共通の事実が存在する。日本であれハンガリーであれ「急激な貨幣の収縮」が起こっているという事実である。さらにつけ加えれば、日本の場合もハンガリーの場合も経済的効率に有意に陰りがみられるということである。

もうひとつつけ加えれば、ハンガリーの「体制移行」のプロセスに関する国民の支持が（ポーランドとの比較という意味ではあるが）比較的乏しいという調査結果は示唆的である。いずれにせよ、（依然として社会主義体制のもとにある）中国と（資本主義体制への転換をはかった）ハンガリーとの比較検討は有意義な示唆を与えてくれるものと思われる。

要するに、第Ⅰ部での４つの章についての検討をとおして、中国のバブルに崩壊の兆候は存在しないこと、それは優れて中国の体制に依存するものであること、したがって中国の「市場経済化」とは（「資本主義体制のもとで」という意味で）いわゆる「市場経済」とはかなり異質のものだと理解するのが適切であること、をみてきたのである。

2．第Ⅱ部の４つの章

次に第Ⅱ部の４つの章を概観してみることにしよう。中国の「国際化」に焦点をあてて、「市場経済化」を検討している各章である。

2-1　第5章

第5章は、主として中国の対外直接投資をあつかったものである。もう少し敷衍していえば、「中国の台頭」について対外直接投資をとおして国際システムの視点から分析したものといってよい。

中国の対外直接投資は比較的新しい現象である。実際2000年ごろまではごく小さな規模にとどまっている。対外直接投資の規模が急激な上昇をみせるのは2001年からであり、同年には対外直接投資はいっきょに69億ドルとなり、対内直接投資の14.7％にあたっている。その後規模は縮小するが、2005年にはさらに122億ドル、対内直接投資の16.9％に拡大している。

中国の対外直接投資に関する先行研究は多くはないが、しかし中国の対外直接

投資の実態をみていけば、従来の対外直接投資の理解とは明らかに異なる側面が存在し、政治的リスクや文化的差異が中国の対外直接投資にとって有意にネガティブな要因とは認められないという結果が得られていることがわかる。要するに、従来の「市場経済諸国」の間で行われている直接投資とは明瞭に異なる行動なのである。中国の市場経済化とはどのようなものなのかをうかがい知ることができるだろう。

　第5章では、そうした「中国の台頭」すなわちグローバル経済の主要なプレイヤーとして登場してきた行動をどうとらえるか、特にその「重商主義」的行動をどうとらえるかという点に注目して分析を加えている。

　中国の政策が「重商主義」ないしは控え目にいっても「重商主義的」だという主張は、（あいまいな定義であることを認めたうえで）特定の階級あるいはグループの利益促進策だという見方を反映しているものと思われる。決して国民ひとりひとりの利益の増大を念頭においているわけではないということである。

　それはなぜだろうか。そうした主張の根拠として存在するのは中国における格差の大きさだろう。実際、たとえばジニ係数で計測される中国の格差はほとんど想像を絶する。

　また、中国の政策がしばしば重商主義的だと判断される理由のひとつが為替政策にあることはいうまでもない。

　固定制ないしはそれに近い為替制度を採用している国の均衡為替レートを精確に求めるのもまた難しいが、現在の人民元レートをもって市場レートだと認定するのは難しいだろう。むろんアメリカが中国を「為替操作国」としてあつかっていないとしても、人民元レートが過小評価されているという見方は根強いし、それはおそらく正しい（中国の人民元レートが均衡レートの近傍にあると主張するのは非常に困難だろう）。

　中国政府当局による人民元レートの過小評価は、通常いわれているとおり中国の労働者の低賃金とあいまって貿易収支の黒字を大きくし、中国の外貨準備を大きな額に押し上げている。経済学が通常想定するように、国庫に蓄積された貿易黒字は海外からの輸入等に使用されて国民の生活水準を向上させることによって赤字化し、為替レートが均衡に向かっていくと考えるのが、国民ひとりひとりの利益に適っている。人民元レートの過小評価を継続するという為替政策は、国民ひとりひとりの利益よりも外貨を国庫に蓄積する方を優先しているという意味で、

明らかに重商主義的である。

通常、経済学の想定では、貿易収支の黒字は資本収支の赤字となって調整されるが、中国は貿易収支でも資本収支でもともに黒字であり、それはいうまでもなく政府による介入の結果である。中国では、貿易収支の黒字によって外貨が蓄積され、資本収支の黒字によってもまた外貨が蓄積されていく。どのようなあいまいな定義を用いようと、中国が重商主義的な政策を採用していることは疑いない。それは、たとえば貿易収支の均衡をつうじて、国民ひとりひとりの利益あるいは効用が増大していくという経済学の想定とは明らかに異なっている。

先進工業諸国の市場経済が、決して理論で説明されるとおりの動向を詳細に示すわけではないことはいうまでもないが、しかし大雑把な傾向としてはそうした趨勢を示すはずである（そうでなければ理論としては受け容れられない）。そうした基準に照らしてみても中国の「市場経済化」は異質なものといえる。

そうはいっても、第5章で検討を加える「走出去戦略」をみると、むしろ古典派的な政策であるといってよい。その意味でいえば、中国の「市場経済化」は長期的な視点でみる必要があるといえるかもしれない。

また、今後近い将来、国際システムが「多極システム」および「一極システム」に向かうという状況と、中国がその「極」として存続しつづけるという状況を前提とすれば、「中国の台頭」をすすめる（中国の）戦略は、ごく微かかもしれないが傾向としては、適切な方向への一歩であるものといえる。あらためて中国の「市場経済化」を長期的な視点でみる必要をうかがわせるものでもある。

なお、中国に焦点をあてて国際システムの将来を展望してみると、一党独裁体制の国家が「一極システム」の覇権国として100年にもわたる長い期間存在しつづけるのはほとんど不可能であること、そして中国が「一極システム」のもとで覇権国たり得るとすれば、それは中国の（現在の概念で用いられている）「ソフトパワー」（あるいは「スマートパワー」）が世界全体に浸透していく場合であると考えられる。

2-2　第6章

第6章は、「地域統合」に焦点をあてたものであり、具体的には中国の「長江デルタ地域」と日本の「中国地方」に焦点を絞って検討を加えている。

第6章での試みとは次のとおりである。経済的な統合あるいは連携には、さまざまな段階が存在するし、またその捉え方にもさまざまな手法があり得ることはいうまでもないが、第6章では、「内向性」（あるいは「経路依存」）からの脱却如何を実際に捉えることができるのは、多くの場合（文化や慣習の相違の調整を否応なく迫られる）直接投資をとおしてであると思われること、とりわけ中小規模企業の進出に際して、調整が成功裏に行われるか否かを判断することがきわめて重要であると考えられることから、「直接投資」をとおして分析することを試みる。その場合の成功裏に行われるか否かの「調整」とはどのような性質のものだろうか。

　そのことの捕捉のために、本書ではまず、日本の対中国直接投資に焦点をあて、いったいその規模は大きいのか小さいのかを、投資─貿易比率を用いて検討してみることにした。投資─貿易比率とは本書第Ⅱ部におけるキーワードであり、同じくキーワードである投資集中度指数を分子とし同様にキーワードである貿易結合度を分母とする指数である。そして投資─貿易比率の数値が1に等しいことは、直接投資関係が貿易関係（当該国どうしの国際経済関係）に見合っていることを示している。1より大きければ直接投資関係が、国際経済関係に照らして、大きいことを、1より小さければ直接投資関係が、国際経済関係に照らして、小さいことを表している。そうした数値を日本の対中国直接投資にあてはめてみると、当該投資は一貫して1を下回っていることがわかる。すなわち、日本と中国とは一貫して、国際経済関係に照らして、直接投資関係は比較的小さいと判断される。

　それはいったいなぜだろうか。本書第6章ではその理由を「レジームの欠如」であると述べている。「レジームの欠如」は国と国ないしは地域と地域との経済的連携をすすめていく上で明らかな阻害要因となるものだが、それでは「レジーム」の形成は、どのようにして、誰によってあるいは何によって、行われるのだろうか。

　そうした問題意識にもとづいて第6章では、（在中国）地方自治体事務所の役割を考えてみることとした。その検討の結果は「中国進出企業数の比率の増減」と「中国事務所の有無」とは独立ではなく、何らかの関係が認められる、というものである。そして、中国地方は（比較対照としてとり上げられている）九州地方に比べて中国への企業進出支援が活発ではないのではないかと思われる。

　だが、「中国進出企業数」が多いのか少ないのかを考える場合、先に検討した

「投資─貿易比率」という基準をあてはめて考えてみる必要がある。そうした基準に照らして検討してみると、その結果は、中国地方・九州地方とも（貿易関係に照らして）おおむね投資関係は小さいと判断されること、しかし中国地方が九州地方に比べて小さいわけではないことが示される。そしてさらに、「中国進出企業数の比率の増減」と「中国事務所の有無」とは独立ではないにもかかわらず、「中国事務所」設置に積極的な九州地方の投資─貿易比率がむしろかなり小さいことが明らかとなった。

　そうした事実はどう理解するのが適切であり、いったい何が欠如しているものと考えられるだろうか。本書では「小宮仮説」ならびに「ローズフィールド仮説」にしたがって検討をすすめることとしている。そうした検討から得られた結論を簡潔に述べてみれば、次のとおりである。すなわち、そうした事実は、中国における「権威主義開発体制」に大きくかかわるものと思われること、したがってそれは対中国直接投資に際して重要な役割をはたす「政治的資源」の必要性を示すものであり、また「集権制リスク」に対処していく（レジームの欠如に対処していく）政府の関与の必要性、すなわち、「ソブリン・パートナーシップ」の重要な役割を示すものと思われる、ということである。

　再び簡潔に言い換えることにすれば、「レジームの欠如」といい、「政治的資源」の必要性といい、「ソブリン・パートナーシップ」の役割といっても、要するにそれらの基礎に存在するのは不十分な「市場経済化」にほかならない。市場経済の十分な発展があれば、そこにはレジームは備わっており、政治的資源はおおむね不要であり、ソブリン・パートナーシップをつうじて政府のはたすべき役割それ自体が存在しないだろうからである。

　要するに、第6章での検討をつうじて、「内向性」（あるいは「経路依存」）からの脱却如何と中国の体制とりわけ「市場経済化」との間の密接な関係を捉えることができたといえる。

2-3　第7章

　第7章は、アジアの統合すなわち東アジア共同体の可能性について、ヨーロッパ連合（以下、EU）との比較対照のもとに検討することにあてられる。というのは、ちょうどEUがドイツとフランスとの間の「不戦体制」の構築を大きな目

的として、石炭・鉄鋼の（はじまりは原加盟６カ国による）共同管理（ヨーロッパ石炭鉄鋼共同体）として出発したように、アジアでもまた日本と中国とを主要な加盟国とする共同体の模索が求められるからである。第７章では、そのために不可欠と思われる（中国の政治体制という）経路依存からの脱却に焦点をあてることとする。

　いうまでもなく、共同体の形成は容易なことではない。むろん、通常は「制度的統合」とよばれるEUのようなさまざまな制度的仕組みを備えた統合を念頭においているのだが、そうした共同体形成にはほかでもない、ひとつには壮大な「使命感」を必要とし、もうひとつには「経路依存からの脱却」という至極厄介なプロセスを必要とするからである。周知のとおり、ヨーロッパの共同体形成に際しては、クーデンホーフ・カレルギーでありジャン・モネであるといった「使命感」に導かれた人材の存在があった。それでは、アジア版クーデンホーフ・カレルギーやアジア版ジャン・モネが存在すれば、「汎ヨーロッパ主義」にあたる「汎アジア主義」が唱えられ、すなわちそれがアジアの統合に結びついていくかというと、そういうわけにはいかない。そこには「ロックインされていない」経路依存状況の存在がなくてはならない（しばしば指摘されるように、それは「共通の価値観の存在」と軌を一にする議論である。ヨーロッパの統合にそくしていえば、それらは自由主義であり、民主主義であり、市場経済であり、──ヨーロッパの場合には──キリスト教である）。それでは、「ロックインされていない」経路依存状況が東アジア諸国間（とりわけ日本と中国との間）に存在していると考えられるだろうか。

　第７章では、そうした問いをめぐる若干の検証を行っている。直接投資の状況をみてみるのである。そこで用いられる議論は第６章で用いたものと同じであって、「投資─貿易比率」であり、「投資集中度指数」であり、「貿易結合度」である。（ただし、用いている統計の年次が第６章と第７章では異なっている）。投資─貿易比率にそくしていえば、第６章でみたように、当該比率の数値が１に等しいことは、直接投資関係が貿易関係に見合っていることを示し、１より大きければ直接投資関係が、国際経済関係に照らして、大きいことを、１より小さければ直接投資関係が、国際経済関係に照らして、小さいことを表している。第６章ではそうした数値を日本の対中国直接投資にあてはめてみた結果、当該投資は一貫して１を下回っていること、すなわち、日本と中国とは一貫して、国際経済関係に照

らして、直接投資関係は比較的小さいと判断されたのである。第7章では同じ分析を日本の対米国直接投資に関しても行っており、その結果は、平均をとってみると中国が0.505であるのに対して米国は1.248だった。すなわち、日本と中国とは一貫して、国際経済関係に照らして、直接投資関係は比較的活発ではなく、日本と米国は国際経済関係に照らして、直接投資関係はおおむね比較的活発であるものと考えられるのである。

　問題は、いったいなぜ日本と中国との投資—貿易比率の平均が0.505であり、なぜ日本と米国との投資—貿易比率の平均が1.248なのかということである。

　それは、言い換えてみれば、資本移動を阻害する文化、慣習、制度、政治、歴史等といったさまざまな諸要因が存在するからであり、本書の表現にしたがっていえば、「経路依存」とよばれる状況と密接にかかわる諸問題である。そうした理解にそくしていえば、その焦点は経路依存の世界から脱却できるか否か（「ロックインされている」経路依存状況の解除ができるか否か）という問題にほかならない。

　そして、あえて端的にいえば、問題の焦点は、「中国の政治体制が変わらないかぎり、共同体を形成することはできない」か否かというふうに言い換えることができる。

　その場合の問題は、いうまでもなく「中国の政治体制の変革」とは何を意味するかということであろう。いま、あまり議論の余地がないものと思われる表現でいえば、中国における政治体制の変革とは「地域保護主義」からの脱却であるといえる。実際、中国の地方政府がそれぞれ閉鎖的な経済構造をもって成長指向的な（しかし中国全体からみれば非効率な）保護主義政策を実施しているのであれば、近隣諸国との間で統合を模索する必要性それ自体が存在し得ない。したがって統合への模索自体全く無意味である。

　問題は「地域保護主義」からの脱却（言い換えれば、「統合への模索」）にすすむにはいったい何が必要かということであり、筆者のみるところそれは次の2点だということである。すなわち、(1) 各地域の（国ではない）比較優位構造および幼稚産業の的確な把握とそれにそった政策運営であり、(2) 各地域における当該地方政府の評価（すなわち「GDP万能主義」的政府業績観）の転換である。言い換えてみれば、上記 (1) は的確な「市場経済化」であり、(2) は「民主化」であるといってよい。

そして重要なことは、それら2点の必要性は（EUのような類型の）地域統合の動向と矛盾せず、その促進に寄与するだろうということである。あらためて述べるまでもなく、上記（1）は国際経済の基本的な枠組みにほかならず、（2）は「立憲地方自治制度」に向かう趨勢にほかならない。それが、明瞭に、「中国の政治体制の変革」を意味することは間違いない。

2-4　第8章

第8章は、日米関係そして米中関係を視野に入れて、米国の外交戦略についてならびに米国と中国の「G2」体制について考えてみようとするものである。

本書第3章で述べたとおり、中国の成長は米中2国が強大な経済力・軍事力を有する体制の構築が現実的になったことを示している。その際の米国の対応はいったいどのようなものであり、それに対する中国の反応はどのようなものと考えられるだろうか。第8章はそうした問題意識のもとに分析を試みている。

日本と米国の間には「日米安全保障条約」が存在する。そしてその第10条には、「この条約が10年間効力を存続した後は、いずれの締約国も、他方の締約国に対しこの条約を終了させる意思を通告することができ、その場合には、この条約は、そのような通告が行なわれた後1年で終了する。」と書かれている。いうまでもないことだが、日米間の安全保障の状態は全く非対称である。米国は日本との安全保障条約がなくても自国の「存続と発展」を維持していくことが十分に可能だが、日本は米国との安全保障条約がなければ日本という国家自体の「存続」はかなり危ういだろう。実際、本書で引用されているように、「国際政治学者の計算によると、過去2世紀間で他国からの攻撃や侵略によって併合されたり消滅したりした国は、51カ国あるという。200年のタイム・スパンで見ると「国家の死亡率は、24％」であるという」。日米間の摩擦現象の背景にはそうした「非対称性」が存在したのである。

しかし、日米関係に比較して米中関係の性質はエッセンシャルに異なる。そして米中の協調関係に変化があらわれ、「米中協調への楽観論」が後退していったのは、2009年から2010年にかけてである。

そうした国際関係を視野に入れて、第8章は中国の成長の足跡を、米国、日本との比較検討という意味で「基礎データ」を用いて示している。そこでは、（少

なくとも2014年時点までを視野に入れるかぎり）、日本、米国、中国の３カ国の
データは明らかに中国のほぼ圧倒的な優位を示している。そして当該優位が、そ
の源をたどっていくと鄧小平に行き着くことは間違いない。1978年にはじまる改
革開放政策である。言い換えれば「市場経済化」への改革であり、1992年以降公
式には「社会主義市場経済」とよばれることとなる改革である。

　日米関係の検討をつうじて明らかになったことはおおむね次のとおりである。
すなわち、日米間の摩擦が1980年代に深刻化することとなった大きな理由は、そ
こに「覇権国」をめぐる争いが潜んでいたからであり、米国によるソ連を対象と
した軍事費の増大があり、軍事費を抑えながら経済を拡大させていった日本の存
在（いわゆる「フリーライダー」である）が覇権国米国を苛立たせたことにあっ
たと思われる、という事情である。

　それでは、いったい米国の外交戦略とは何だろうか。日米関係といい日米同盟
といっても、米国の意図がどこにあるのかいっこうに明瞭ではない。とりわけ米
国の対中国政策との比較をとおしてみた場合そうした不明瞭さは明らかである。
実際、米国は日本を「潜在的敵国」とみなし、したがって「自主防衛」をさせな
いでおくというものだ、という主張が存在している（この主張は米国の外交戦略
の不明瞭さの理由を示すとともに、少なからず衝撃的であったといえる）。もし
米国が日本を「潜在的敵国」とみなし、「自主防衛」をさせないでおくというも
のだと理解すれば、米国は日本でありドイツであるといった潜在的に強国になり
得る国ぐにの国力を弱めることで近隣諸国との「勢力均衡」を図っているのだと
解釈することができる。

　第８章（第４節）では、米中関係を検討している。いったい「Ｇ２」という体
制は今後推進されていくものなのか、それとも警戒の対象とされていくものなの
かが当然分析課題となる。第８章（第４節）での検討はそうした対立の議論に焦
点を合わせて行われた。そして、おおむね2009年から2010年以降「Ｇ２」は警戒
すべき事態としてとらえられることが多く、それは中国の市場経済化という枠組
みにみられるように、中国の体制が米国との間にパートナーシップを構築させて
いくことが難しいと認識されるようになってきたからである。こうした見方に立
てば、ごく近い将来に米国と中国との間に抜き差しならない対立が発生するであ
ろうと予測される。現状の国際関係はそうした状態にあるものと理解するのが適
切だと思われる。

第8章（第4節）で検討したとおり、「G2」をめぐる議論では、その前提すなわち中国の国力が大きく増大しそれに比較して米国の国力が相対的に低下していっていることは疑いないものとされ、米国およびヨーロッパや日本などの国ぐにとの協調の「可否」に注目が集められた。だがあらためてふれるまでもなく、中国の国力が今後大きく増大していくか否かは自明のこととはいえない。少なくとも経済の側面に関していえば、それは中国の「市場経済化」の進展に大きく依存していると考えるのが適切である。

　以上が本書各章における主張の概説である。各章に関する簡単な概説に述べられているとおり、本書第Ⅰ部の「バブルの政治経済学」においてバブルの発生および崩壊を、マクロ経済学を土台とし、その修正・拡大をとおして中国の「市場経済化」の現状と展望について検討しており、そして本書第Ⅱ部の「直接投資と統合」において、対外直接投資、対内直接投資ならびに統合という視点から、同じく中国の「市場経済化」の現状と展望について分析を加えたものである。

　それら本書各章は、筆者のこれまでの研究を土台としていることはいうまでもない。いくつかの章の脚注にふれられているように、それらは国際学会で報告されたものである。またいくつかの章は、（順不同に）Ashgate Publishing（UK）刊行の書籍、『修道商学』（広島修道大学）、『経済論叢』（広島大学）等に発表された論文にもとづいている。しかし、いうまでもなく、事態は変化しており、それぞれの章はかなりの加筆・修正を加えられることとなり、土台となった研究自体もまたあらためて再検討することが必要となった。そうした事情を反映していくつかの章に多少の重複がみられることはたしかだが、各章を読まれる上での便宜を考慮してあえて大幅な訂正を加えることをしなかった。そうした検討の結果、本書ができ上がることとなったのである。そして筆者にとっても、本書をとおしてさまざまな未解決の問題がみえてきたことも事実である。読者の方々からご叱正を賜り、また本書に含まれているであろう誤謬についてご教示をいただき、いっそうの発展を試みることができれば誠に幸いである。

目　次

はじめに　iii

第Ⅰ部　中国のバブルの政治経済学

第1章　中国のバブル現象の政治経済学 ……………………………………… 2

はじめに　2

1．バブルとは何か：理論的概観　3

2．日本の事例　8

3．中国の事例　22

4．分析　42

おわりに　44

第2章　中国におけるバブルと経路依存性 ……………………………………… 48

はじめに　48

1．日本のバブル　49

2．中国のバブル　50

3．理論的分析　52

4．貨幣の効率性と経路依存性　58

おわりに：バブルと経路依存性　60

第3章　中国の国家資本主義とバブル現象 62

はじめに　62

1．中国の貨幣供給　63

2．影の銀行をめぐって　69

3．中国経済をめぐって：日本の識者の諸見解　76

4．覇権国とバブル　84

結論：覇権体制をめぐって　87

第4章　体制移行とバブル現象の政治経済学 89

はじめに　89

1．現状　90

2．分析Ⅰ：中欧　98

3．分析Ⅱ：中国　109

4．展望　115

5．結論　121

第Ⅱ部　中国の国際化の政治経済学

第5章　中国の対外直接投資の政治経済学 124

はじめに　124

1．中国の対外直接投資：概況　125

2．中国の対外直接投資：検討　135

3．中国と重商主義　142

4．中国の対外政策の分析：中国と国際システム　148

5．結論　156

第6章　長江デルタ地域と中国地方の地域統合の政治経済学 ············ 158

はじめに　158

1．背景　159

2．現状　168

3．分析　181

結論　190

第7章　地域統合と体制移行の政治経済学 ································ 192

はじめに　192

1．制度的統合と機能的統合　193

2．投資―貿易比率　198

3．経路依存　201

4．どのように脱却するのか：中国の政治体制をめぐって　213

第8章　日米関係・米中関係の政治経済学 ····························· 217

はじめに　217

1．基礎データ：米国、中国、日本の現状　219

2．日米関係　230

3．米国の外交戦略をめぐって　243

4．米中関係　248

5．結論：中国の市場経済化　257

おわりに　261

参考文献　265

図表一覧　273

索引　279

第Ⅰ部　中国のバブルの政治経済学

第1章
中国のバブル現象の政治経済学[1]

はじめに

本章は、いわゆる中国の「バブル」とよばれる現象の現状と特徴を捉えようとする試みである[2]。そうした試みをよりたしかなものにするために、1980年代後半から1990年代初頭における日本の「バブル」との比較をつうじて検討をすすめることとする。

日本のバブルをふりかえってみると、1987年のＭ２の対前年増加額が同年のGDPの対前年増加額を2.33倍上回っており、そうした貨幣供給量の大幅な増大が株価や地価を押し上げ、バブルを形成していったものと考えられる。ちなみに株価のピークは1989年であり地価のピークは1991年である。そしてバブルの崩壊は、1991年であるといわれる[3]。膨大に供給された貨幣量が、株価をピークに導くまでに２年、地価をピークに導くまでに４年、バブルが崩壊するまでにおおむね４年を経ていることになる。

中国において、Ｍ２の対前年増加額が同年の GDP の対前年増加額を4.85倍上回ったのは2009年である[4]。この膨大な貨幣供給量の増大は当然さまざまな資産関連価格を押し上げている。しかし、いうまでもなく、2010年あるいは2011年時

---

[1] 本章は、Ken Morita, "Where Do Bubbles Come From? A Comparison the China Bubble and their Implication for Asian Development", Paper presented at the 23rd World Congress of Political Science, Montreal, Canada, July 19-24, 2014, に加筆・修正を加えたものである。

[2] 時期としては、2011年から2013年を視野に入れている。当然のことだが、時期によって統計・データが異なることはいうまでもない。なお、本書（とりわけ第４章）では、Ｍ２の対前年増加額が GDP の対前年増加額に占める比率を「貨幣の倍率」とよんでいる。

[3] この点については本書第３章参照。

[4] いうまでもなく、（可能なかぎり多くの）統計・データを網羅するように心がけてはいるが、それには明らかに限界がある。本書で調査し得たかぎりでの統計・データであることを予め述べておきたい。なお、ひきつづき可能なかぎり多くの統計・データを入手するようつとめており、そうした統計・データにもとづいて、さまざまな機会を捉えて、ひきつづき分析をつづける予定である。また、本書の以下各章で述べる統計・データは（半ば意図的なものだが）違った出所に拠っていることを予めお断りしておきたい。

点で、中国において資産関連価格がピークに到達しているという明白な証拠はな
く、また2012年から2013年という時点で中国のいわゆるバブルが崩壊しているとい
う状況も存在していない。

　資産関連価格をよく観察してみると、日本では株価が大きく上昇しはじめたの
は1984年であり、同じく地価が大きく上がりはじめたのは1986年である。Ｍ２の
対前年増加額がGDPの対前年増加額を2.33倍上回ることとなった1987年よりも、
株価の場合には３年はやく、地価の場合にも１年はやく、大幅な価格上昇をみせ
ていたのである。

　中国の場合にも、Ｍ２の対前年増加額がGDPの対前年増加額を4.85倍上回っ
た2009年よりもはるかにはやく、そして長期にわたって、上昇をみせているふた
つの変数が存在している。外貨準備高、商品先物市場出来高である。それぞれ
2002年および2003年にはじまっている。貨幣供給量が増加し、そうした資産関連
変数の数値を大きく上昇させているのである。

　残念なことに、バブルをめぐる分析は、理論的にも実証的にも、経験の蓄積と
いう意味でも理論的枠組みという意味でも、はなはだ不十分であるといわざるを
得ない。とりわけ体制移行が併せかかわる中国のような、その意味で複雑な検討
を要する、ケースではきわめて不十分である。

　本章は、そうした現状に鑑みて、1980年代後半から1990年代前半にかけての日
本のバブルと、2012年から2013年にかけての（しばしばそうだといわれる）中国
のバブルにかかわる状況の分析を試みようとするものである。それにしても、膨
大な統計、データ、資料等を必要とする、バブルをめぐる作業をこのわずかなス
ペースの各節で成し遂げられるわけのものでもない。そうした試みの第一歩であ
ることを承知したうえで以下本章での分析を試みるものである。

　本章は次のような構成ですすめられる。第１節は、「バブルとは何か」というこ
との理論的な枠組みを簡単に概観し、第２節は日本の事例について考えること
とする。そして第３節は、中国の現状について整理を行い、分析を試みる。そし
て最後に、今後の研究課題について述べることとする。

１．バブルとは何か：理論的概観

　「バブルとは何か」について多少とも理論的に解明することは容易ではない。

4　第Ⅰ部　中国のバブルの政治経済学

とりわけ「バブルの発生」を予測し、「バブルの崩壊」に至る経路を突き止めることは非常に厄介な問題である。本章では、そのことを十分に承知した上で、ひとまず「バブルとは何か」について比較的簡明にそして適切に述べているバデレイ＝マッコンビ（2001）にしたがってスケッチしておくことにしよう。

　バデレイ＝マッコンビ（2001）によれば、「バブル」に関する理論的見解は3つに分けることができる。(1)「合理的なバブル」（rational bubbles）、(2)「伝染性バブル」（contagion bubbles）、および(3)「不合理なバブル」（irrational bubbles）である。そしてそれぞれの見解の典型的な主張として、「合理的なバブル」については、ブランシャール＝ワトソン（1982）が検討され、「伝染性バブル」については、トポル（1991）の主張が取り上げられる。そして「不合理なバブル」に関しては、ケインズ（1936）、ミンスキ（1982）、キンドルバーガー（1996）等が検討されている。適切な文献の選択であると思われる。

　「バブル現象」に関する興味深い理論的課題は、ブランシャール＝ワトソン（1982）があつかったように、「合理的期待」（rational expectation）と「投機的バブル」（speculative bubbles）とが両立し得るかどうかという問題である。

　おそらくは異論が存在しないであろう「バブル」に関する定義は、「資産価格がファンダメンタルな水準と乖離している現象」ないしは「資産価格がファンダメンタルな価値額を十分に反映していない現象」である。そうだとすると、問題は、人びとが完全に合理的にかつ完全情報のもとで行動すると仮定したとき、はたしてファンダメンタルな水準と乖離した投機的バブルが形成され得るだろうかということになる。少なくとも「合理的期待」を分析する数学的条件の中からは「バブルの存在」は排除されてしまう。ブランシャール＝ワトソン（1982）の業績は、そうした前提条件にもとづいて、「人びとが完全に合理的にそして完全情報のもとで行動する」という仮定のもとで、「合理的なバブル」が存在し得る理論的可能性を示したことにほかならない。

　言い換えればその意味で、理論的アプローチにとどまっており、「合理的期待」にもとづく理論が、多くの現実の経済諸現象が示す複雑な相互作用を無視しているという批判は免れ得ない。実際、現実のバブル現象に直面して人びとが示す諸事例において、バブルにかかわる行動のなかに「合理的期待」をみつけることはかなり難しいだろう。

　トポル（1991）の行なった、バブルに関する理論的分析は、人びとの「集団的

行動」および「模倣による伝染性」の効果（すなわち他の人びと、他の買手および他の売手の保有する情報および価格設定に依存する行動）を捉えることに注がれたものである。そしてトポルによる「伝染性バブル」と「合理的なバブル」との主要な相違は、合理性に関する仮定の相違であるということになる。もっとも、トポルのモデルの特徴は、（バデレイ＝マッコンビ（2001）によると）その「折衷的な性質」であり、モデルの結論それ自体が合理性に関する仮定に依存して変わってくる。もし「ストロング・フォームの合理性」（すなわちすべての行動主体が同じ情報を保有しかつすべての行動主体が当該経済に関する同じ"本当の"モデル（true model）を得ている状態）を仮定すれば、トポルのモデルは「合理的なバブル」と同じものになる。しかしトポルが注意深く観察しているように、「伝染性バブル」の要因が強く効いているとすれば、トポルのモデルは、むしろケインジアン＝ミンスキアンモデルすなわち「不合理なバブル」に近い性質をもつことになる。

　バデレイ＝マッコンビ（2001）がケインズモデルとして語っている「不合理なバブル」で、主要な役割をつとめるのは不確実性であり不完全な情報である。そして「不合理なバブル」モデルで強調されるのは決して「投機的バブル」のポジティブな評価ではなく、「金融危機」にほかならない。ケインズモデルにおいて示されているように、好況の局面と不況の局面とは密接に関連しているものであり、金融危機の種子は euphoric（陶酔状態）バブルの時期に植えられることになる。不確実性の存在によって（それが高まる時期には）経済に対する信頼が揺らぎ、人びとは「慣習的な」行動を信頼するようになり、他者の判断に信頼を寄せるようになる。したがって、「集団的行動」および「群集心理」が資産価格の動向を決めるように働く。そしてその場合、人びとによる投資価値の推計は不安定な基礎にもとづいていると判断され、それ故に「慣習的な」行動とは不安定でありかつ変動しやすいという性質をもつことになる。

　ミンスキ（1982）は、ケインズモデルの投資行動の側面の発展を試みたものだが、彼が焦点をあてたのはバブルを促進し「危機」に導くメカニズムの分析である。ミンスキによると、投資主体にとっての資金調達は3つの類型に分けられる。すなわち、(1) hedge（ヘッジ）、(2) speculative（投機）、(3) ponzi（ねずみ講）である。そしてミンスキ（1982）の主張によれば、多くの長期的な投資行動のなかに「ねずみ講」の要素が存在している。

6 第Ⅰ部 中国のバブルの政治経済学

　ミンスキ（1982）によると、経済が平穏であり安定している時期に、保有している貨幣の価値は低下していき、貨幣保有は何らかの資産保有あるいは投資行動を有利化させ、したがって投機やねずみ講への資産選択のシフトを起こすようになる。そして金融システムは内生的にそうした性質の資金供給を行うようになるものと思われる。投機的バブルの発生である。当然のことだが、投機的およびねずみ講的資金調達の割合が大きくなるにつれて経済全体が利子率に敏感になっていく。資金需要が拡大するにつれて短期利子率が上昇し、それにつれて長期利子率もまた上昇していくだろう。短期利子率が上昇していくにつれて、投機的資金調達がねずみ講的資金調達に変わっていく。そして長期利子率の上昇は、将来の利益の現在価値を低下させるように働き、期待利益の低下は資産価格を低下させ金融行動に伴う成功確率を低下させる。そうしたプロセスをつうじて、ねずみ講の売却、資産価格の下落がはじまることになる、というわけである。

　したがって、ミンスキの分析は、投機的バブルはもっぱら不合理なものであり、突然の金融危機を結果するものであって、その意味で金融的なショックとは資本主義体制にとっては逃れられない結果だということになる。

　以上みたとおり、バブルをめぐる議論は「合理的なバブル」から「不合理なバブル」まで、そして資本主義体制にとって逃れることのできないショック（あるいはトラウマ）なのだという主張まで幅広く存在している。

　しかし、バデレイ＝マッコンビ（2001）が述べているとおり、「バブル発生のプロセス全体がブラック・ボックスの中で起こっている」（227頁）と理解するほかないため、正確に分析することはきわめて困難であるといわざるを得ない。バブルに関する理論的解明とは現在のところそうした段階なのである。

　したがって、バデレイ＝マッコンビ（2001）のように、バブルの「歴史的経験」を検討し教訓を得ようと試みることとなる。「歴史的経験」として検討の対象となったのは、「チューリップ事件」（Tulipmania）および「南海泡沫事件」（The South Sea Bubble）のふたつである。しかし一方で、たとえばそうした検討を行ったガーバー（1989）、（1990）がその見解を振り返って述べているように、それらの事例がブランシャール＝ワトソン（1982）の意味での「合理的なバブル」であると考えるのは困難であるといわざるを得ない。だが他方で、（バデレイ＝マッコンビ（2001）でふれられているとおり）仮にケインジアンであったとしても、主要なバブル発生メカニズムにおいて、投資家が次の期に得られる期待利益が、

バブルが崩壊する確率よりも十分に大きいものと考えるからこそ、当該期間に取引を行うのだという想定を否定できない。そして当然、そうした想定は「合理的期待」モデルと同じ性質だから、「合理的期待」モデルが生きてくることになる。

それでは、ケインズ流の「不合理なバブル」と「合理的期待」モデルにもとづく「合理的なモデル」とはどこが違うのだろうか。

通常述べられているとおり、ケインジアンと合理的期待アプローチの相違は、利用可能な情報が完全かそうではないのか、そうした情報に対する信頼の程度はどうか、期待が形成される経路はどのように異なるのか等である。とはいえ、結局のところ、合理的期待アプローチの見方に立ってみても、バブルが崩壊するのは投資家自身の期待の変化から生じる（よく定義し得ない）理由から起こるものと考えるほかはないし、またケインジアンの見方に立ったとしても、与えられた不確実性のもとで、投資家がとり得る最良のプロセスは、市場が最もよく情報を反映しており（したがって）市場のトレンドにしたがうものだということになる。

要するに、ごく端的にいってしまえば、市場においてバブルが起これはそれにしたがうほかないし、市場においてバブルが弾ければそれに対処するほかない、ということになる[5]。

これまでのところ、したがって、バブルをめぐる十分納得的な理論的枠組みは必ずしも存在していないと考えるのが妥当であろう。

そうした「十分納得的な理論的枠組みは必ずしも存在していない」という状況はいくつかの事態を派生させるだろう。ひとつは資本主義体制とはいえない中国にとっては別の見方があり得るかもしれないということであり、第2番目に、十分納得的な理論的枠組みが存在していない以上、われわれは当面は「経験」を積み重ねていくことが必要になるだろうということであり、第3番目に、同じく十分納得的な理論的枠組みが存在していない以上、十分納得的な「バブルの発生」のあるいは（とりわけ）「バブルの崩壊」の証拠をあげることもまた難しいというである。この第3番目の議論に関連していえば、したがって、「199＊年」あるいは「20＊＊年」に「＊＊＊バブルが崩壊した」という主張がおおむね自由になされ、かつそれに対して科学的な反論も科学的な再反論も客観的な証拠なしに行

---

5 そういういい方をすれば、市場が存在しなければバブルは起こらず、したがってバブルが弾けることもない。難しいのは、本書で対象とする中国のような（本書の用語にしたがっていえば）「疑似バブル」状態あるいは「疑似バブル崩壊」状態をどう分析するかということであろう。

8　第Ⅰ部　中国のバブルの政治経済学

われ得ることを示している[6]。

　いずれにせよ。われわれもまた、以下各節および以下の章において「経験」を
積み重ねていくこととする。

2．日本の事例

2-1　バブルの発生

　1980年代後半から1990年代初頭にかけて発生した日本のバブルとよばれる現象
は、こんにちの時点で振りかえってみると、たしかにファンダメンタルな水準と
乖離した特徴をもつものだったといえる。

　いったいどのような現象だったのだろうか。

　日本のバブルの説明の発端は「プラザ合意」であるという理解はおおむね標準
的なものと思われる。プラザ合意をつうじて、為替レートは（均衡値がいったい
どの水準だったのかは問わないこととして）大幅な円高に調整されることになり、
輸出が抑制される効果をもつことになった。そしてまた、日米両国間の膨大な貿
易収支の不均衡（日本の黒字・米国の赤字）を背景として貯蓄性向の日米間格差
に注目が集まったことを受け、日本の貯蓄行動を抑制する政策（マル優の廃止等）
がとられることになった。さらに、主として、プラザ合意による為替レートの調
整が日本経済に与える影響に対処するため、日本政府および日本銀行はさまざま
な政策をとる（あるいはとらない）という事態が存在することとなった。

　先の節でバデレイ＝マッコンビ（2001）にしたがって定義を述べたように、そ
してたとえば野口（1992）によるバブルの定義で述べられているように、バブル
とは、「資産価格のうち経済の実態から離れて上昇した部分」ということになる。
この点での理解はほぼ共有されている。この資産価格と経済の実態（ファンダメ
ンタルズ）との乖離を、野口（1992）を参考にして描いてみると、図1-1のよ
うになる。すなわち、1987年から1988年にかけて各年度の名目 GDP を株式およ

---

[6] いうまでもなく、それは科学的にみて適切な事態とはいえない。本書では、したがって、（本章でそれ
ぞれの市場に関する若干の分析を——明記した時期における明記した統計にもとづいて、したがって
異なる統計と異なる時期において異なる分析があり得る——試みるが）本書第4章において主として
マクロ経済学で用いられる概念に依拠して「バブル崩壊」現象を（当然のことだが）事後的に捕捉す
ることを試みている。本書第4章参照。

図1-1　日本のGDP、株価および地価

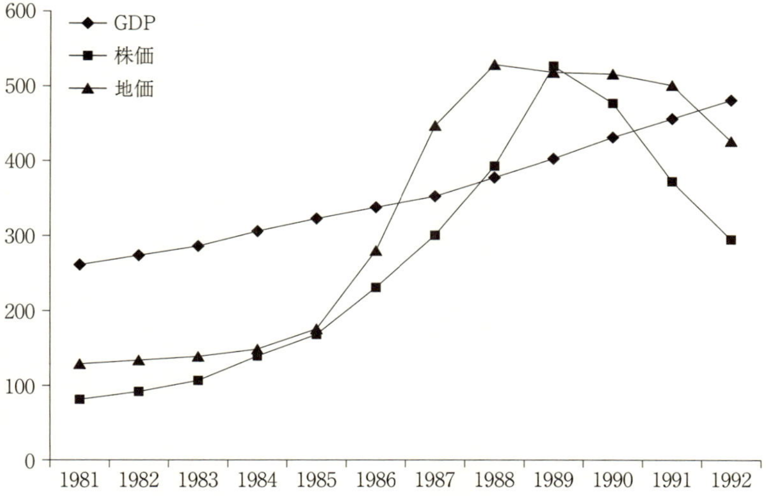

出所：野口（1992）より作成。

び土地資産額が上回りはじめたのである。

　あるいはまた、1987年をみると、GDPの対前年増加額は14兆3,000億円であり、M2の対前年増加額は33兆3,000億円にのぼる。本書でしばしば「貨幣の倍率」とよんでいる数値、すなわち、M2の増加額はGDPの増加額のおよそ2.33倍にあたっている。（それは明らかに「過剰流動性」とよばれる状態であろう）（図1-2参照）。なお、M2の対前年増加額の対GDP増加額に対する比率は、1988年、89年、90年、91年にそれぞれ1.64倍、1.50倍、1.68倍そして0.62倍であり、傾向として低下している。

　1987年から1988年にかけての「過剰流動性」の世界は、限界資本係数[7]からもみることができる。すなわち、国内総固定資本形成の対前年増加額をGDPの対前年増加額で割った値であり、資本の効率性を示す数値であって、図1-3に示

---

[7] 本章では、限界資本係数として、下記のとおり（名目）国内総固定資本形成の対前年増加額を（名目）GDPの対前年増加額で割った値を用いる。なお、中国については（名目）全社会固定資産投資額を用いる。ただし、中国について検討する場合には、（名目）GDPに占める（名目）総資本形成の比率を実質GDP成長率で割った値が用いられることが多い（それはデフレーターの影響に処処するためである。たとえば、三浦有史（2013）参照）。

図1-2 日本のM2増加額の対GDP増加額比率

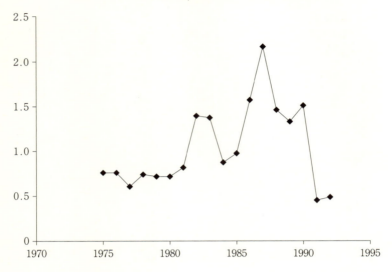

出所:内閣府資料より作成。

図1-3 日本の限界資本係数

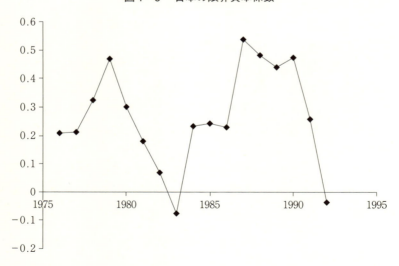

出所:内閣府資料より作成。

図1-4 東証株価時価総額（日本）

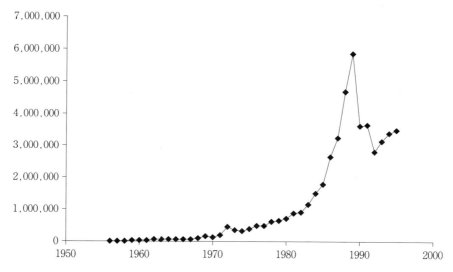

出所：内閣府資料より作成。

図1-5 6大都市商業地価格指数（日本）

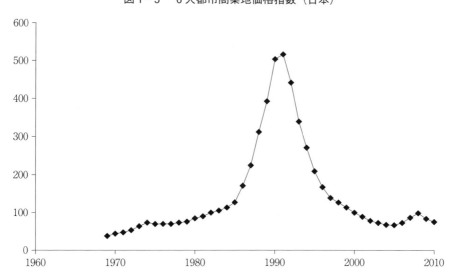

出所：内閣府資料より作成。

12　第 I 部　中国のバブルの政治経済学

図 1-6　新設住宅着工戸数（日本）

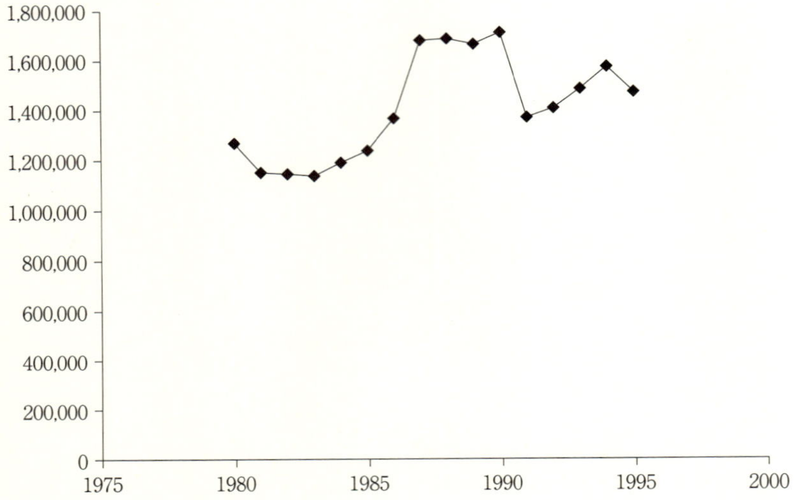

出所：内閣府資料より作成。

されている。当該時期の限界資本係数の値もまた、1987年に0.535で最も大きく（その意味で非効率であり）、その後1988年、89年、90年、91年にそれぞれ0.483、0.439、0.472そして0.267であって、小さくなって（資本がより効率的になって）いく傾向が認められる。

　なお、後述の中国との関連を視野に入れて、日本の外貨準備高に関するデータをみておくことにしよう。図 1-7 である。1987年に大きく増大していることがわかる。

　先に述べた、名目 GDP 増加額をほぼ2.33倍上回る M 2 の増加額の多くは、株式および土地（不動産）に向かったものと考えられる。図 1-4 は東証株価時価総額の推移、図 1-5 は 6 大都市（東京、横浜、名古屋、京都、大阪、神戸）の商業地価格指数の推移、図 1-6 は新設住宅着工戸数の推移を示している。そして、図 1-8 は日本の M 2 平均残高の推移である。

　いうまでもなく、バブルとよばれる現象は、土地という資産に限って起こるわけではない。「過剰流動性」が存在し、人びとが、投機行動が一定期間継続するものと想定し、かつ投機対象となる財の価格上昇期待が（しばしば「神話」とよ

図1-7　日本の外貨準備高

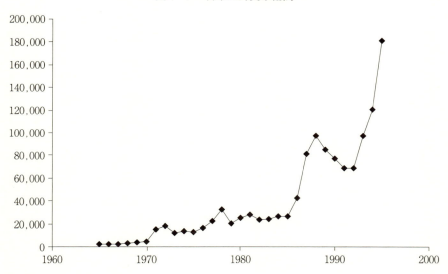

出所：内閣府資料より作成。

図1-8　日本のM2平均残高

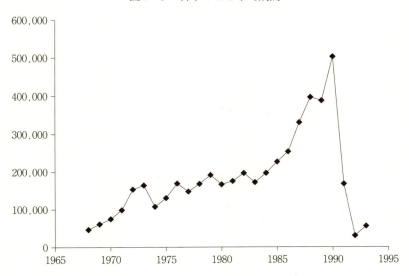

出所：内閣府資料より作成。

14 第Ⅰ部 中国のバブルの政治経済学

ばれるような）存在する等の条件が満たされれば、当該財はバブルの対象となる。歴史上きわめてよく知られている、1637年のオランダで発生したバブルの対象となった財はチューリップの球根であり、1711年に発生し1720年に英国の当時の閣僚の服毒自殺が起こった「南海泡沫事件」は株式だった。

　さて、図1-4から図1-6でみたとおり、1990年代初頭に株式の価格も土地の価格も下落している。株価の場合には、おおむね1989年末から1990年初頭に低下しはじめており、地価の場合には1991年から1992年に下がりはじめている。歴史的経緯として振り返ってみれば、バブルが崩壊しつつある現象と思われる。

　先にふれたとおり、バブルの発生とプラザ合意とはほぼ時期が一致していると考えられる。そしてプラザ合意による為替レートの調整によって、円は1985年9月23日の1日（24時間）で1ドル235円から215円までおよそ20円の（比率にしてほぼ8％から9％の）増価となった。この急激な円高とマル優の廃止、累進税率の緩和等により、デフレ対策としての金融政策・財政政策のもとで過剰流動性が生まれ、株式市場、不動産市場等資産市場に、そうした過剰流動性が流入することとなったと理解するのが一般的である。

　そして地価高騰の抑制を目的とする政策がとられることになったのは、1990年3月のいわゆる「総量規制」である。「総量規制」とは（当時の）大蔵省銀行局長通達「土地関連融資の抑制について」のうち、「不動産向け融資の伸び率を総貸出の伸び率以下に抑える」というものである。そして「総量規制」による土地関連融資の抑制措置がとられてから1年以上を経た後に、地価は下がりはじめる。（戦後日本の「土地神話」の崩壊であり、かつ土地を担保として不動産業向け貸出を行なった金融機関による担保価値の急激な下落、すなわち不良債権化がはじまることとなる）。

　しかし、バブルの実態がはやくから然るべく認識されていたわけではない。そもそも、先に述べたとおり、バブルの発生もバブルの崩壊も必ずしも十分な理論的分析の蓄積が存在しているわけではない。われわれが分析をつうじて解明できる射程距離もまた現状ではかなり短いのである。実際、たとえば小宮（2006）は、「日本の「バブル経済」当時、経済界・証券界の人々、政策担当者、経済学者のほとんどは（私も）、それが弾ける間際までそれがバブルであることを認識していなかった」と述べている。あるいはまた、野口（1992）は次のような「内容分析」を行っている。『日本経済新聞』紙上に「バブル」という言葉が使われた記

第1章　中国のバブル現象の政治経済学　15

表1-1　日本経済新聞における「バブル」という言葉を使った記事の件数

年	1985	1986	1987	1988	1989	1990	1991	1992
件数	8	3	1	4	11	194	2,546	3,475

出所：野口（1992）、27頁。

事の件数をみたのである（表1-1）。それによれば、1989年に至るまで「バブル」という言葉が使われた記事はほとんど存在していなかったことがわかる。そして「バブル」という言葉が頻繁に使われはじめるのは、1991年に入ってからである。当時の経済企画庁の発表のように、いわゆる平成景気を「バブル景気」と考えるとすれば、その終了（バブルの崩壊）は1991年4月だから、「バブル」という言葉が使われはじめるのは、ほぼバブルが弾ける前後であり、小宮（2006）が述べている状況と一致している。

2-2　違った母集団をめぐる検定

2-2-1　グラブス・スミルノフ検定

ところで、本章では、もう少し違った角度から分析を試みることとする。

それは「違った母集団をめぐる検定」を用いる分析である。価格であれ数量であれ、時系列で観察してみると、（とりわけバブルの時期には）過去の時系列からみて明らかに異なった動きを示す時点が存在することがある。たとえばグラブス・スミルノフ検定をつうじて、そうした「異常値」を有意に示す時点を把握してみると、そうした「異常な」傾向がいったい「どの時点」ではじまっていたと考えられるのか（「起点」）を示すことができる。

本来は、本章のようなバブルをめぐる分析の対象とは、大量の貨幣が供給され、それに伴う生産活動が貨幣供給量に見合った効率性を以って行われ得ない状況に違いない。言い換えると、経済のメカニズムが働く構造に多少とも変化が発生している状況である。その意味での「経済構造の変化」を、ここでは「母集団の性質の変化」と捉え、そうした変化の発生を捕捉してみるのである。

統計学的には、正規母集団からの大きさ N のサンプルのなかで、特定のサンプルだけが「とび離れた」値を示しているか否かは、仮説および対立仮説すなわち、（たとえば）仮説 H_0 は「当該サンプルはとび離れたデータではない」であり、

16　第 I 部　中国のバブルの政治経済学

そして（たとえば）対立仮説 H_1 は「当該サンプルはとび離れたデータである」
という仮説の検定を行うことによってたしかめられる。なお、分析対象の性質上、
統計・データの多くは時系列であり、したがって、以下本章では、統計学的に適
切とはいえない事態を避けるため、時系列の統計・データについては、各年ある
いは各期の「階差」をとってサンプルと考えるものとする。

　「とび離れている」あるいは「異常な」サンプルは同じ母集団からのサンプル
ではないもの、あるいは違った母集団からのサンプルと考えられる（先に述べた
表現を用いれば、「違った経済構造のもとで起こっている」現象と考えられる）
から、本章では「違った母集団をめぐる検定」とよぶこととし、「違った母集団」
からのサンプルと考えられるデータを「異常値」とよぶこととする[8]。

2-2-2　異常値の検定からみた日本のバブル

　日本のバブルの時期を対象として、グラブス・スミルノフ検定を行ってみると、
比較的早い時期からはじまり、また比較的長い期間[9]にわたって異常値を示す変
数がふたつ存在していることがわかる。(1) ひとつは株価であり、「東証株価時
価総額」は1984年、1986年、1988年に異常値を示している。(2) もうひとつは地
価であって、「6大都市の商業地価格指数」は1986年、1987年、1988年および
1990年に異常値が発生している（表1-2および表1-3）。いずれも、先に「M2
の増加額は GDP の増加額のおよそ2.33倍にあたっている」と述べた1987年以前
に異常値が発生している。

　言い換えれば、「構造の変化」が起こっていると認められる時期は、株式市場
に関していえば、（東証株価時価総額で判断すると）1984年の異常値の時点であ
ると考えられる。また、土地市場についていえば、（6大都市の商業地価格指数
で判断すると）1986年の異常値の時点であると思われる。

　したがって、株価を判断材料として観察してみると、「バブルの兆候の起点」

---

[8] 次節以降で、（本章における用語で）異常値の検定を、時系列およびクロスセクションのデータにもと
づいて行うが、時系列の場合には、当該時点（年）を最終時点（年）とするデータにもとづいて行う
こととする。それは、（本書を含む筆者の）本来の目的のひとつが（早期警戒のための）「指標化」だ
からであり、分析対象とする現象の「起点」も「終点」も含んでしまっていては意味が薄れるからで
ある。なお、したがって、やむを得ずサンプル数が非常に小さいケースが存在することになった。（上
記注3で述べたとおり）今後、統計・データの拡充をつうじて改善を試みることとしたい。

[9] 以下、「比較的長い期間」とは、（年単位でみて）3以上の年におよぶ場合（ただし、連続していなく
てもよい）であるものと考える。

第1章　中国のバブル現象の政治経済学　17

表1-2　東証株価時価総額の異常値時期（日本）

年	検定統計量	有意水準
1984	2.648	10%
1986	3.913	1%
1988	3.628	1%

出所：内閣府資料より作成。

表1-3　6大都市の商業地価格指数の異常値時期（日本）

年	検定統計量	有意水準
1986	3.372	1%
1987	3.270	1%
1988	3.410	1%
1990	2.690	5%

出所：内閣府資料より作成。

は1984年にはじまっていると考えることができる。プラザ合意は1985年だから、それより1年はやい。いずれにしても、わずかひとつであったとしても、「バブルを疑う」データを指摘できるとすれば、それは1984年の株式市場だったといえるだろう[10]。

　住宅関連についていえば、図1-6で示しているように、新設住宅着工戸数もまた1980年代後半に急激にふえており、1987年には異常値が計測されている[11]。

　外貨準備高についてふれておくと、図1-7のとおり、1980年代後半に急激な増大がみられ、1987年に異常値が認められるが、異常値は当該1年にかぎられている（後述の中国における比較的長い期間にわたる異常値の状況とは異なっている。ただし、――以下に述べる――乖離比率の数値は、中国の場合と比較して、かなり大きいといえる）。また、M2平均残高も1987年と1990年に異常値が認められる。

　当該時期の日本で、株価および地価・不動産関連価格という資産市場関係の変

---

10 したがって、日本における1984年の東証株価を異常に導く何らかの原因が存在したはずである（本書で、そうした課題を検討する紙幅の余裕はないから、別の機会に検討してみることとする）。

11 念のためにふれておくと、貸家新設住宅着工戸数もまた同様に1987年に異常値を示している。

18 第Ⅰ部 中国のバブルの政治経済学

表1-4 東証株価時価総額の乖離比率（日本）

年	乖離比率（%）
1984	2.801
1986	19.260
1988	12.944

出所：内閣府資料より作成。

数ならびに外貨準備高およびM2平均残高という貨幣関係の変数以外に、グラブス・スミルノフ検定によって異常値が計測される変数の存在はみつかっていない。たとえば、名目GDP、為替レート、マーシャルのK、財政赤字の対GDP比率、鉱工業生産指数等である。したがって、言い換えると、異常値すなわち「構造の変化」が認められる変数は、株式、土地・不動産関連、外貨準備高、M2平均残高にかかわるものだということである。

　グラブス・スミルノフ検定によって異常値を示す時期が明らかになったことをふまえて、（サンプル数および10%有意水準にもとづいて正常値——正確には異常値に入らない範囲での境界に近い値[12]——を推計し）異常値が正常値をどの程度上回っているのかをみてみることにしよう。異常性を示している時期の実績値と正常値の差を実績値で除した値（本章では、そうした値を乖離比率——%表示——とよぶ）をみるのである。いうまでもなく、乖離比率が大きければ「異常性」が大きいことを示している。表1-4から表1-8である。1986～1988年に異常な値が集まっており、また乖離比率も大きいことがわかる。その意味で表現すれば、1986～1988年時点に「経済構造の変化」が起こっていたものと考えられる。

　以下本章は、日本と中国との比較という意味を含んでいるため、本節で日本の金融機関の不良債権額および不良債権比率についてふれておこう。まず1994年3月末時点における都市銀行11行の不良債権は15兆7,657億円であり、同じく1994年3月末の住専（住宅金融専門会社——以下では住専として述べる——）7社の不良債権は6兆2,916億円にのぼっている。表1-9は、当時の都市銀行11行の不良債権額および不良債権比率であり、表1-10は当時の住専7社の不良債権額および不良債権比率を示している。

　1993年度の名目GDPは、488兆7,548億円だから、都市銀行の不良債権額は

[12] 以下、本章では、そうした境界に近い値をさして「正常値」とよぶこととする。

第1章　中国のバブル現象の政治経済学　19

表1-5　6大都市の商業地価格指数の乖離比率（日本）

年	乖離比率（%）
1986	10.957
1987	10.396
1988	13.270
1990	2.764

出所：内閣府資料より作成。

表1-6　日本の新設住宅着工戸数の乖離比率

年	乖離比率（%）
1987	4.461

出所：内閣府資料より作成。

表1-7　日本の外貨準備高の乖離比率

年	乖離比率（%）
1987	25.270

出所：内閣府資料より作成。

表1-8　日本のM2平均残高の乖離比率

年	乖離比率（%）
1987	0.623
1990	1.128

出所：内閣府資料より作成。

GDP のおおむね3.23％にあたり、住専の不良債権額は GDP のおよそ1.29％に該当している[13]。

　表1-9および表1-10のとおり、1994年3月末時点での不良債権比率は、都市銀行全体で5.8％であり、最も高い北海道拓殖銀行は12.9％、最も低い三菱銀行は3.6％だった。また、住専全体では56.5％であって、最も高い住宅ローンサービスが67.9％、最も低い地銀生保住宅ローンが43.1％だった。

[13] したがって、日本のバブルの形成や崩壊に際して、住専の役割に過度に注目するのは必ずしも適切とはいえない。本章の以下の節でふれる中国の「影の銀行」の規模を念頭におけばとりわけそうである。

20　第 I 部　中国のバブルの政治経済学

表 1 - 9　都市銀行11行の不良債権比率（日本）

都銀名	不良債権額（億円）	不良債権比率（％）
住友	23,502	6.9
富士	21,777	6.9
さくら	19,889	5.5
第一勧銀	17,500	5.2
三和	16,391	4.9
東海	11,439	5.8
三菱	11,080	3.6
大和	10,761	9.3
北海道拓殖銀行	9,602	12.9
あさひ	8,543	4.2
東京	7,173	6.4
合計	157,657	5.8

出所：『日本経済新聞』1994年 5 月21日。

　非常に高い不良債権比率が示しているように、実際、住専の「不良債権処理」は容易ではなく、結局2012年 6 月の整理回収機構の株主総会を以て全ての処理を終えることとなった[14]。報道によれば、住専 7 社の清算に伴う損失約 6 兆5,000億円（一次損失）の穴埋めのため、6,850億円の公的資金が注入されている。また、その後の地価下落による担保価値の低下によって追加のいわゆる二次損失が膨らみ、二次損失は 1 兆4,017億円で確定している[15, 16]（『日本経済新聞』2012年 5 月31日）。

　もともとは、1970年代に都市銀行が十分に取りあつかってこなかった個人向けローンに特化し住宅資金需要に対応する目的で、金融機関の共同出資をつうじて、設立された企業が住専である。先に述べたとおり、1990年 3 月の「総量規制」が「バブルの崩壊」に大きくかかわることになったのだが、当該「総量規制」は住専を対象としていなかった。対象外であった農協系金融機関（農林中央金庫、信

14 なぜ不良債権の処理が遅れたのかという問題については、たとえば村松岐夫（2004）、（2005）等参照。
15 二次損失の穴埋めには公的資金は注入されていない。
16 なお、住専をめぐる事態を観察すれば、民主主義社会における「公的資金の注入」という政策の難しさが理解できるだろう。

第1章　中国のバブル現象の政治経済学　21

表1-10　住専7社の不良債権比率（日本）

住専名	不良債権額（億円）	不良債権比率（％）
日本住宅金融	12,804	62.8
日本ハウジングローン	11,609	50.2
住総	10,500	61.5
住宅ローンサービス	9,994	67.9
総合住金	7,138	60.0
第一住宅金融	6,862	45.9
地銀生保住宅ローン	4,011	43.1
合計	62,916	56.5

出所：『日本経済新聞』1994年8月6日。

用農業組合連合会、全国共済農業協同組合連合会）から対象外であった住専に資金が流れ、そうした資金が不動産投資に向かったのである。いわば「迂回融資」であり、住専がそうした役割を負うこととなったというのが実態である。

　それでは、いったいなぜ住専の不良債権が生まれ、大きくなったのだろうか。

　1996年2月6日付『日本経済新聞』は、その原因について、政府による国会提出報告書を引用しつつ、（1）バブル崩壊によって基準地価が大幅に下落したこと（1992～1995年に3大都市圏商業地域の基準地価が約44％下落したこと）、ただしそうはいっても、（2）住専7社の不良債権比率は1992年の時点ですでに高く、それは結局住専の「ずさんな管理」によるものであったと述べている。実際、日本住宅金融では1991年時点で「ほとんど無審査の状態」だったこと（管理がずさんだったこと）が指摘されている。上記の『日本経済新聞』（1996年2月6日）の記事は、余りにも一般的である傾向は認められるものの、実態の理解としては適切であろう。

　要するに、「過剰流動性」を土台として、「土地神話」のもとに「ずさんな管理」が行われた結果、（経済のプロセスとして）不良債権化していったものと考えられる。

22　第 I 部　中国のバブルの政治経済学

3．中国の事例

3-1　分税制の導入[17]

　中国のバブルは、その発生源である貨幣供給の増大が、第1は膨大な外貨準備高の増大をつうじて、第2は地方政府による収入確保政策をつうじて行われたとみることができる。当然のことだが、そうした事態を生みだすこととなった背景には、地方政府における官僚（および政治家）の評価の基準が「当該地方経済の拡大」（経済成長重視の「政績評価」）におかれているという事実が存在している。

　上記の第2点目は、1994年のいわゆる分税制の導入がその発端である。分税制とは、中央政府の財源不足に対処すべく、財政収入の中央対地方の比率を中央に厚くするように試みられた政策であり、その効果は表1-11によって明瞭である。

　分税制導入前の1993年に78.0％だった財政収入の地方政府比率が、導入後の1994年には44.3％に減少している。

　それでは、収入減少分は政府サービス供給の減少につながったかといえば、そういうわけにはいかない。すなわち、地方政府は収入減にもかかわらず、政府サービス供給は変わらず実行していかなければならないという事態に直面することとなったのである。

　したがって、地方政府は新たな収入確保の手段をみいだす必要に迫られることとなった。それが農民から土地使用権を安価に買い取り、不動産開発業者に売却して売買差益を獲得するという土地譲渡収入という手段だったのである[18]。「土地使用権」が「貨幣供給」に転化することとなった。こんにちの「影の銀行」という融資の仕組みを生みだす背景でもある。こうした、いつの間にか「土地」が「貨幣」に変わってしまうという事態が発生する経済をさして資本主義経済であるとは考えにくいが、現に中国では起こっており、それがバブルの発生につながるというメカニズムが働いているのである。

---

[17] 本節における分税制について、詳しくは陳雲・森田憲（2009b）および（2010）参照。

[18] 近年しばしば、海外でも、報道されるように、土地使用権の売買をめぐって当事者（売り手）である農民の関与しないところで取引される事態であったり、余りにも安価に売買される事態であったり等々の事例が発生し、場合によっては暴動に発展するようなケースもみられる。そうした事態の原因は、分税制の導入に端を発する地方政府の収入減であるといってよい。

3-2　バブルの発生

3-2-1　中国全土の統計

しばしば指摘されるように、「中国はバブルである」という認識は適切だろうか。

さまざまな指標と、たとえば日本のバブルの経緯から判断すると、「バブルとはいえない」と主張するのはきわめて困難であろう。

ここまで繰り返し述べてきたとおり、バブルとは、「資産価格がファンダメンタルな水準と乖離している現象」だから、資産価格を押し上げる貨幣供給量の増大（いわゆる「過剰流動性」）が存在し、「乖離」を促進させる「非効率性」があれば、バブルが成立する環境は整う。

日本の経緯にそくして先に述べた表現を繰り返せば、（1987年をみると）「GDPの対前年増加額は14兆3,000億円であり、M2の対前年増加額は33兆3,000億円にのぼる。すなわち、M2の増加額はGDPの増加額のおよそ2.33倍にあたっている（それは明らかに「過剰流動性」とよばれる状態であろう）」ということになる。

表1-11　税収の中央対地方の比率

年	中央（%）	地方（%）
1980	24.5	75.5
1985	38.4	61.6
1990	33.8	66.2
1991	29.8	70.2
1992	28.1	71.9
1993	22.0	78.0
1994	55.7	44.3
1995	52.2	47.8
1996	49.4	50.6
1997	48.9	51.1
1998	49.5	50.5
1999	51.1	48.9
2000	52.2	47.8
2005	52.3	47.7
2010	51.1	48.9
2011	49.4	50.6

出所：『中国統計年鑑』（2012年版）。

そして先の節でみたように、日本の場合、「過剰流動性」は、株式市場と土地・不動産市場に流入したのである。そのことは異常値をめぐる検証で明瞭である。

中国におけるGDPの対前年増加額とM2の対前年増加額をみてみると、2009年に示されているように、GDPの対前年増加額は2兆7,000億元であり、M2の対前年増加額は13兆1,000億元である。したがって、M2の増加額はGDPの増加額のおよそ4.85倍に等しい。日本の同倍率2.33倍をもって「過剰流動性」とよぶのであれば、中国の4.85倍が「過剰流動性」でないはずはない。なお、先にみたとおり、日本の場合の同倍率が、1988年以降低下しているように、中国でも2009年の4.85倍以降、2010年および2011年にはそれぞれ2.13倍および1.74倍に低下し

24　第Ⅰ部　中国のバブルの政治経済学

図1-9　中国のＭ２増加額の対 GDP 増加額比率

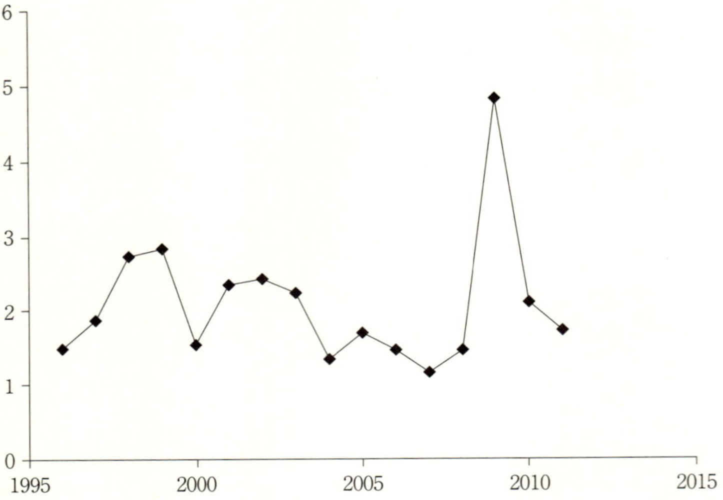

出所：『中国統計年鑑』（2012年版）より作成。

ている（図1-9）[19]。

　日本の場合と同様に、2009年に観察される中国の「過剰流動性」の世界は、中国の限界資本係数からも読み取ることができる。すなわち、全社会固定資産投資の対前年増加額を GDP の対前年増加額で割った値であり、図1-10である。なお、限界資本係数でも、先の日本の場合と同様に、2009年の1.901以降、係数は小さくなっている。2010年および2011年はそれぞれ0.481および0.827である。

　言い換えると、図1-9および図1-10の、Ｍ２増加額の対 GDP 増加額比率および限界資本係数の推移をみると、日本の場合の図1-2および図1-3と同様に（日本の場合は1987年の値が最も大きかった）、2009年の数値が最も大きく、その後低下している。そして、先に述べたとおり、日本の場合は、図1-4および図1-5に示されているように、株価のピークは1989年であり、地価のピークは1991年だったから、Ｍ２増加額の対 GDP 増加額比率および限界資本係数の最大値の年である1987年からそれぞれのピークまで数年（株価の場合は2年、地価の場合は4年）を経ていることになる[20]。

---

[19] いうまでもなく、いわゆるリーマン・ショックは2008年9月に発生している。

第1章　中国のバブル現象の政治経済学　25

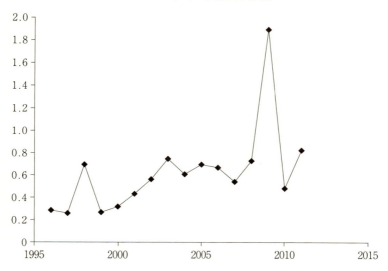

図1-10　中国の限界資本係数

出所：『中国統計年鑑』（2012年版）より作成。

　先に日本の事例で述べたとおり、グラブス・スミルノフ検定を行った結果、比較的長い期間にわたって異常値を示す変数がふたつ存在していることがわかった。日本の場合それは（1）株価であり（2）地価だった。そして先にみたとおり、株価および地価のピークはそれぞれ1989年および1991年であり、異常値を記録している年もまた株価が1988年までであり、地価が1990年までである。
　中国の場合にも、同様に、比較的長い期間にわたって異常値を示す変数が同じくふたつ認められる[21]。（1）ひとつは外貨準備高であって、2002年から2004年まで、および2007年の期間にわたって異常値を示している（表1-12および図1-11）。（2）もうひとつは商品先物市場全体（上海、大連および鄭州における3取引所全体）の出来高であり、2003年の1年、さらに2007年から2010年までの4年の期間、異常値がつづいている。とりわけ商品先物市場の出来高の場合は、正常値の範囲を大きく上回る数値をとっていることが明らかである（表1-13および図

20　念のため、繰り返しておくと、いわゆる「総量規制」は1990年（3月）である。
21　本章冒頭（注3）で述べたとおり、本章で調査し得たかぎりでの統計・データにもとづくものであることに注意されたい。なお、以下の外貨準備高および商品先物市場出来高については、同じ統計によって2011年以降の状況は（統計が不明であって）正常値なのか否かは不明である。

26　第Ⅰ部　中国のバブルの政治経済学

表1-12　中国の外貨準備高の異常値時期

年	検定統計量	有意水準
2002	2.203	5％
2003	2.417	1％
2004	2.663	1％
2007	2.801	1％

出所：『中国統計年鑑』（2012年版）より作成。

図1-11　中国の外貨準備高

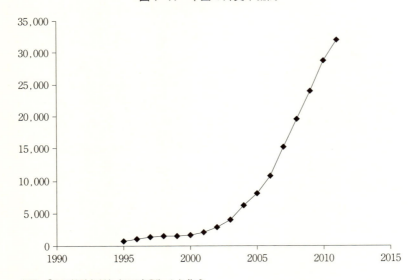

出所：『中国統計年鑑』（2012年版）より作成。

1-12)[22]。

　なお、図1-11（外貨準備高）および図1-12（商品先物市場出来高）と先にみた日本の図1-4（株価）および図1-5（地価）とを比較してみれば明らかなように、(少なくとも2010年時点までを考えるとすれば) 図1-11および図1-12では、グラフが上限値を記録して下降局面に入っているという状況とは認められない。

---

[22] 商品先物市場における投機行動については、たとえば、森田憲（1979）参照。また、日本と中国との商品先物市場については、森田憲・陳雲（2009a）参照。

第1章　中国のバブル現象の政治経済学　27

表1-13　中国の商品先物市場出来高の異常値時期

年	検定統計量	有意水準
2003	2.354	1％
2007	2.811	1％
2008	2.723	1％
2009	2.998	1％
2010	3.015	1％

出所：『中国証券期貨統計年鑑』（2011年版）より作成。

　ただし、価格水準に焦点をあててみると、状況は必ずしも同じではない。たとえば図1-13～図1-15のとおり、上海および鄭州の先物取引所における先物価格[23]は明瞭に変動しており、明らかな趨勢が存在するわけではない。それはまた、図1-16および図1-17にみるとおり、上海および深圳証券取引所における株価の推移でも同様である。

　中国において、外貨準備高、商品先物市場出来高以外にも、分析期間中に異常値が発生している変数として、下記のような諸変数が指摘できる（前節の日本の場合——株式市場、土地・不動産市場、外貨準備高およびM2平均残高——に比べるとかなり多いことが明らかである）。

　日本の事例における比較的長い期間における異常値が株価および地価という価格水準でみられたのに対し、中国の場合には（統計上の制約でデータの不備ということもあるが）外貨準備高および出来高でみられたのであり、価格水準でみられたという状況ではない。

　価格水準に注目してみることにすれば、先物取引所の場合は、たとえば、上海の銅およびアルミニウムの6カ月先物価格、それに鄭州の綿花の4カ月先物価格（いずれも清算価格）、証券取引所の場合には上海および深圳における価格指数、不動産市場の場合には、住宅用建築、高級アパート、事務所用建築のそれぞれ販売価格の水準であって、それら諸変数にはたしかに異常値が存在している。しかし（本章で（注7）において定義した意味での）比較的長期にわたるものではな

23 本章において行った商品先物市場に関する調査は、上海については、銅、アルミニウムの6カ月先物価格、大連については大豆、大豆ミールの5カ月先物価格、鄭州については小麦、綿花の4カ月先物価格である。なお、先物価格は本文で述べられているとおり、清算価格（セツルメント価格）であり、それぞれの商品の当該年の12月時点での価格である。

28 第Ⅰ部 中国のバブルの政治経済学

図1-12 中国の商品先物市場出来高

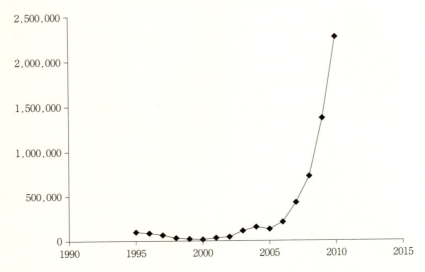

出所：『中国証券期貨統計年鑑』（2011年版）より作成。

図1-13 上海先物取引所価格（銅6カ月先物価格）

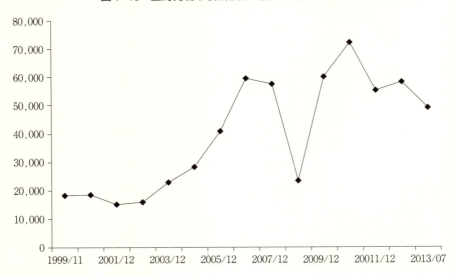

出所：CEIC Databaseより作成。

図1-14　上海先物取引所価格（アルミニウム6カ月先物価格）

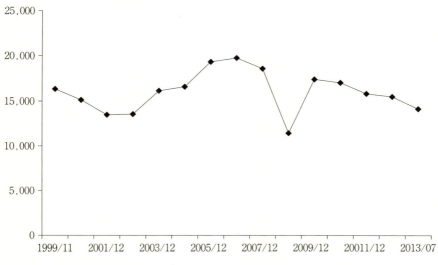

出所：CEIC Database より作成。

図1-15　鄭州先物取引所価格（綿花4カ月先物価格）

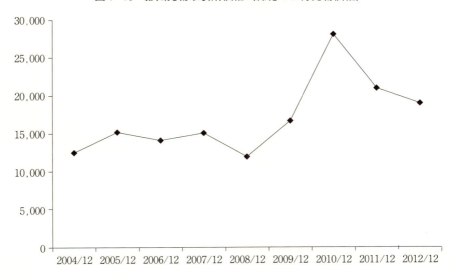

出所：CEIC Database より作成。

図1-16　上海証券取引所株価指数

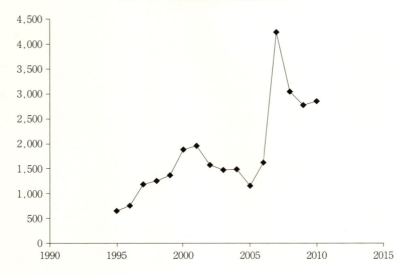

出所:『中国証券期貨統計年鑑』(2011年版) より作成。

図1-17　深圳証券取引所株価指数

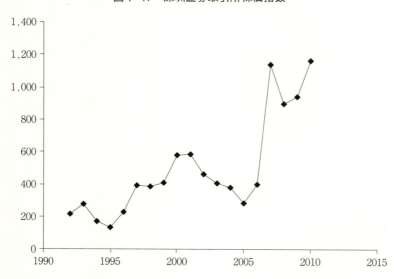

出所:『中国証券期貨統計年鑑』(2011年版) より作成。

い。それらの変数の異常値の状況は次のとおりである。

　商品先物市場については、上海先物取引所における銅およびアルミニウムの先物に関して（先に述べたとおりいずれも清算価格）、銅の6カ月先物価格は2003年に異常値が発生しており、アルミニウムの6カ月先物価格もまた2003年に異常値を計測している。そして、鄭州先物取引所における綿花の4カ月先物価格は2010年に異常値を計測している。商品先物市場の価格についてみると、したがって、（上海の場合のように）2003年というはやい時期に異常値を示していることがわかる（図1-13、図1-14および図1-15）。

　株式市場については、上海証券取引所における株価指数が2007年に異常値を記録しており、深圳証券取引所の株価指数もまた2007年に異常値を示している。すなわち、株式市場はおおむね2007年に異常値が存在していることが明らかである（図1-16および図1-17）。

　不動産市場はどうだろうか。住宅用建築が2004年および2009年に、高級アパートが同じく2004年および2009年に、そして事務所用建築が2004年に異常値を記録している。不動産市場でもまた、2004年という比較的はやい時期に異常値を計測していることが明瞭である（図1-18、図1-19および図1-20）。

　価格水準に関しては、したがって、異常値でみるかぎり、商品先物市場で最もはやく（2003年）急激な上昇が起こり、次いで（2004年）不動産市場で発生し、最後に（2007年）株式市場において急激な上昇が発生していることがわかる。

　ここまで述べてきたように、日本のバブルの経緯と中国のバブルの現状における比較的似かよった傾向は次のとおりである。すなわち、（1）M2増加額の対GDP増加額比率で示される「過剰流動性」の存在および（2）限界資本係数の増大に示される「資本の非効率性」の発生がともに認められるということである。日本ではそれらの数値は1987年に最大値を記録しており、中国ではそうした数値は2009年に最大値を示している。そして、日本では比較的長期にわたって異常値と判定される変数は（1）株価と（2）地価であり、株価のピークは1989年、地価のピークは1991年である。（なお、日本の「総量規制」は1990年に行われており、バブルの崩壊は——通常は——1991年であるといわれる）。中国において比較的長期にわたって異常値と判定される変数は同じくふたつであって、（1）外貨準備高および（2）商品先物市場出来高である。しかし、それらの変数の場合、2011年時点においてピーク時点は確認できていない。

32 第Ⅰ部 中国のバブルの政治経済学

図1-18 中国の住宅用建築販売価格

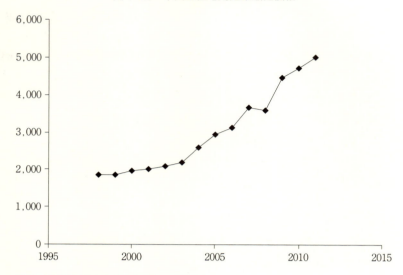

出所:『中国統計年鑑』(2012年版) より作成。

図1-19 中国の高級アパート販売価格

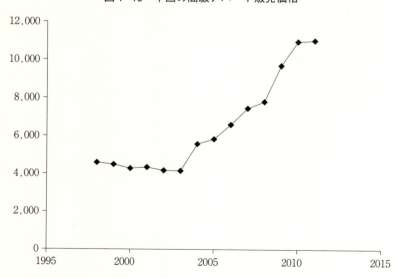

出所:『中国統計年鑑』(2012年版) より作成。

図1-20 中国の事務所用建築販売価格

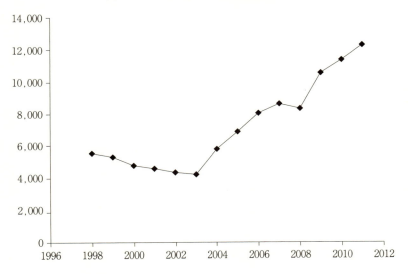

出所:『中国統計年鑑』(2012年版) より作成。

　上記のとおり、外貨準備高、商品先物市場出来高、先物市場価格(上海の銅、アルミニウムそれに鄭州の綿花)、株価、不動産価格にもとづいてみるかぎり、バブルは発生しているものと認められるが、2011年時点において中国のバブルが崩壊しているという状況は認識されていない。
　その他の変数についてはどうだろうか。GDPについては、2007年と2011年に異常値を記録し、M2に関しては、2009年に異常値を記録している。また、マーシャルのKについては、2009年に異常値が計測されている[24]。いずれにしても、2011年の状況を観察して、中国のバブルが崩壊するという主張を行うのは難しいだろう。
　なお、(中国全土を視野に入れた)不良債権比率は次のとおりである。
　表1-24は、和訊銀行(銀行業情報サイト)資料(中国銀行業監督管理委員会資料から同サイトが作成したもの)をもとにした中国の商業銀行の不良債権比率である。同表から明らかなように、2010年第4四半期から2012年第2四半期までの不良債権比率はおおむね1%であるといってよい(農村商業銀行がやや高く、

[24] 先に述べたとおり、異常値を示している変数が日本に比べて多いものと思われる。

表 1-14 中国の外貨準備高の乖離比率

年	乖離比率（%）
2002	3.751
2003	7.153
2004	12.572
2007	9.285

出所：『中国統計年鑑』（2012年版）より作成。

表 1-15 中国の商品先物市場出来高の乖離比率

年	乖離比率（%）
2003	34.047
2007	23.107
2008	15.216
2009	20.532
2010	17.830

出所：『中国証券期貨統計年鑑』（2011年版）より作成。

表 1-16 上海先物取引所銅6カ月先物価格の乖離比率

年	乖離比率（%）
2003	10.351

出所：CEIC Database より作成。

表 1-17 上海先物取引所アルミニウム6カ月先物価格の乖離比率

年	乖離比率（%）
2003	8.706

出所：CEIC Database より作成。

表 1-18 鄭州先物取引所綿花4カ月先物価格の乖離比率

年	乖離比率（%）
2010	8.564

出所：CEIC Database より作成。

第1章　中国のバブル現象の政治経済学　35

表1-19　上海証券取引所株価指数の乖離比率

年	乖離比率（％）
2007	40.060

出所：『中国証券期貨統計年鑑』（2011年版）より作成。

表1-20　深圳証券取引所株価指数の乖離比率

年	乖離比率（％）
2007	38.042

出所：『中国証券期貨統計年鑑』（2011年版）より作成。

表1-21　住宅用建築販売価格の乖離比率（中国）

年	乖離比率（％）
2004	9.126
2009	4.328

出所：『中国統計年鑑』（2012年版）より作成。

表1-22　高級アパート販売価格の乖離比率（中国）

年	乖離比率（％）
2004	21.718
2009	0.528

出所：『中国統計年鑑』（2012年版）より作成。

表1-23　事務所用建築販売価格の乖離比率（中国）

年	乖離比率（％）
2004	24.774

出所：『中国統計年鑑』（2012年版）より作成。

36　第Ⅰ部　中国のバブルの政治経済学

表1-24　中国の銀行の不良債権比率

(単位：%)

	2010年第4四半期	2011年第1四半期	2011年第2四半期	2011年第3四半期	2011年第4四半期	2012年第1四半期	2012年第2四半期
商業銀行全体	1.10	1.10	1.00	0.90	1.00	0.90	0.90
5大国有商業銀行	1.30	1.20	1.10	1.10	1.10	1.00	1.00
株式制商業銀行	0.70	0.70	0.60	0.60	0.60	0.60	0.70
都市商業銀行	0.90	0.90	0.80	0.80	0.80	0.80	0.80
農村商業銀行	1.90	1.80	1.70	1.60	1.60	1.50	1.60
外資系銀行	0.50	0.50	0.50	0.40	0.40	0.50	0.60

注：「5大国有商業銀行」とは、中国銀行、中国建設銀行、中国工商銀行、中国農業銀行、中国交通銀行
　　を示し、「株式制商業銀行」とは1990年代以降の全国規模展開の民間株式銀行を示している。
出所：和訊銀行資料より作成[26]。

外資系銀行がやや低いが、おおむね1％であり、高いというわけではない)。1％
ほどの不良債権比率によってバブルが弾けると想定するのは現実的ではないだろ
う[25]。

3-2-2　中国各地の統計

　前節までに確認した中国全体の現状をふまえて、本節では、とりわけ2010年、
2011年に焦点をあて、中国の省、自治区、直轄市を中心に、いくつかのクロスセ
クションデータをみてみることとしよう。
　まず中国35の大中都市の住宅価格をみると、2010年および2011年に最も高い住
宅価格を記録している都市は深圳であり、第2位は北京である。ただし、深圳を
除く34都市と深圳では母集団の性質が異なる。言い換えると、深圳の住宅価格は

---

[25] こうした不良債権比率は、日本の1994年3月末時点での都市銀行11社の不良債権比率（5.8%）および
住専7社の不良債権比率（56.5%）に比較すれば大きな比率とはいえない。また、後述の、2010年の
各地域（省・自治区・直轄市）における商業銀行の不良債権比率を併せ参照されたい。ただし、伝え
られる中国の不良債権額および不良債権比率の大きさが、時期によってまた出所によって、大きく異
なることには注意を要する。(たとえば、中国銀行業監督管理委員会の発表によれば、2004年12月時点
での不良債権比率は13.2%であり、2006年12月時点では7.9%である（柯隆（2007）参照）。また、4
大国有商業銀行の不良債権比率について、『週刊ダイヤモンド』2005年7月30日号によれば、2001年が
31.0%、2004年3月が19.2%、2004年12月が15.6%等であると伝えられている（森田憲・陳雲（2009b）
参照))。
[26] 当該表は陳雲教授による作成である。

第1章　中国のバブル現象の政治経済学　37

表 1 -25　住宅価格水準の上位10都市

都市名	価格水準（元 /m²）
深圳	21,037
北京	15,518
上海	13,566
アモイ	13,423
杭州	12,749
寧波	11,286
広州	10,926
福州	9,553
天津	8,548
南京	8,415

出所：『中国統計年鑑』（2012年版）。

表 1 -26　不良債権比率の上位 5 地域

地域名	不良債権比率（%）
チベット	4.03
青海	2.61
四川	1.82
山西	1.68
甘粛	1.57

出所：『中国金融年鑑』（2011年版）。

明らかに異常値であって高い（北京は異常値ではない）。（2011年について上位10都市を示した表 1 -25参照）。

　さまざまな資産関連の変数で、北京や上海が、（表 1 -25で示されているように）地域別にみて大きな数値を示しているかというと決してそうではない。

　たとえば2010年の各地域（省・自治区・直轄市）における商業銀行の不良債権比率をみると、その上位 5 地域および不良債権比率は表 1 -26のとおりである。同表に示されているとおり、チベットの不良債権比率のみがきわめて大きく、異常値に該当している。ちなみに北京の不良債権比率は0.85％であり、上海の不良債権比率は0.79％である。なお、 3 地域別の不良債権比率をみると、東部地域が1.01％、中部地域が1.27％、西部地域が1.32％である。

　チベットが大きな数値を記録している変数は不良債権比率だけではない。財政赤字の対 GDP 比率もまたとびぬけて大きい。2010年の数値をみると、チベットが最も大きな財政赤字の対 GDP 比率を示していることが明瞭であり、異常値に該当している（表 1 -27）。当該比率の北京および上海の数値はそれぞれ2.57％、2.50％であって、101.37％のチベットや46.89％の青海省に比較すると明らかに小さい（ただし青海省は異常値ではない）。

　さらにまた、先の節で検討した限界資本係数について、各地域の係数をみてみ

38　第Ⅰ部　中国のバブルの政治経済学

表 1-27　財政赤字の対 GDP 比率の上位 5 地域

地域名	財政赤字の対 GDP 比率（%）
チベット	101.37
青海	46.89
甘粛	27.06
寧夏	23.91
貴州	23.85

出所:『中国統計年鑑』（2011年版）より作成。

ると、次のとおりである。2010年の各地域の限界資本係数はおおむね大きく、1.00をこえる限界資本係数を示している地域が31地域中11地域存在する。0.9を上回る 2 地域を加えた13地域は表 1-28のとおりである。ここでもチベットの限界資本係数が最も大きい（資本投入が非効率である）ことが明らかである。同年の北京および上海の限界資本係数は、それぞれ0.401および0.031である。（なお、限界資本係数においてチベットの値は異常値とは認められない）。

　チベットが異常値を示した2010年の不良債権比率および財政赤字の対 GDP 比率について、正常値に比べてどの程度の乖離比率だったのかをみておこう。表 1-29である。チベットの不良債権比率の乖離比率は、42.928%であり、また財政赤字の対 GDP 比率の乖離比率は60.541%にのぼる。

　いずれの乖離比率も大きな数値であり、チベットの異常性がうかがわれる。とりわけ、財政赤字の対 GDP 比率は乖離比率も大きいが、実績値および正常値自体がきわめて大きな数値であり、（対 GDP 比率でみて）膨大な規模の財政赤字というほかない。ちなみに、2010年の財政赤字の対 GDP 比率で—— EU のマーストリヒト収斂基準の 3 ％を目安としてみると—— 3 ％未満は、31地域中、北京（2.57%）、上海（2.50%）、浙江省（2.16%）、江蘇省（2.01%）それに広東省（1.97%）の 5 地域しか存在していない。（言い換えると、EU の基準で許容範囲に入るのは、長江デルタの 3 地域と北京および広東省しか存在しない）。

　そして、各地域の住宅投資の対 GDP 比率は、表 1-30のとおりであり、海南省の比率が大きく、次いで安徽省、重慶市等である（なお、海南省の大きな値は異常値である）。同年のチベットの当該比率は、8.3%であり、北京および上海はそれぞれ11.5%および7.2%である。併せて、海南省の乖離比率を示しておくと、

第1章　中国のバブル現象の政治経済学　39

表1-28　限界資本係数の上位13地域

地域名	限界資本係数
チベット	1.278
江西	1.185
遼寧	1.156
安徽	1.151
寧夏	1.095
甘粛	1.085
重慶	1.057
吉林	1.050
広西	1.005
貴州	1.005
黒竜江	1.001
雲南	0.951
天津	0.904

出所：『中国統計年鑑』（2011年版）より作成。

表1-29　チベット自治区における乖離比率

項目	乖離比率（％）
不良債権比率	42.928
財政赤字（対GDP比率）	60.541

出所：『中国金融年鑑』（2011年版）より作成。

表1-30　住宅投資の対GDP比率の上位10地域

地域名	住宅投資の対GDP比率（％）
海南	24.0
安徽	18.2
重慶	16.7
遼寧	14.8
陝西	14.7
寧夏	14.1
四川	13.7
青海	13.2
河北	12.8
雲南	12.7

出所：『中国統計年鑑』（2011年版）より作成。

表1-31のとおりである。

　なお、チベット自治区および海南省の「地域のGDP」が、2010年の中国全体のGDPの何％にあたるかをみると、当然だが、非常に小さい。チベット自治区が0.13％（全国最下位）および海南省が0.52％（全国で第28位）である。（ちなみに全国首位は広東省で11.47％、第2位は江蘇省で10.33％である）。

　上記のとおり、本節で、いくつかのクロスセクションデータを示したが、チベットに典型的にみられるように、不良債権比率でも財政赤字の対GDP比率でも限界資本係数でも、あるいは海南省にみられる住宅投資の対GDP比率でも、大きな数値が示されるのはおおむね北京や上海ではない。北京や上海が大きな値を記録しているのは、都市別の（あるいは地域別にみた）住宅価格水準のような数値であって、それが実需を反映したものではないとすればそれ自体たしかに問題であることはいうまでもない[27]。だが、本章でふれておきたいのは、深刻な「財

40 第Ⅰ部　中国のバブルの政治経済学

表 1 -31　海南省における乖離比率

項目	乖離比率（%）
住宅投資（対 GDP 比率）	20.00

出所：『中国統計年鑑』（2011年版）より作成。

政赤字」や「非効率な資本投入」や、当該地域の商業銀行の「不良債権比率」の
ような指標で大きな数値を示しているのは、上記のように、チベット自治区や海
南省のような地域であって、北京でも上海でもないということである。

　したがって、投入された資本が非効率に用いられ、不良債権比率が非常に大き
く（乖離比率はほぼ43%）かつ財政赤字の対 GDP 比率もきわめて大きい（乖離
比率は約61%）という事実から判断すれば、——バブルの崩壊があり得るとする
と——真っ先にバブルが弾けるのはチベット自治区であったとしても不思議では
ないと推測されるということである[28]。

3-2-3　影の銀行

　現在の中国では、「影の銀行」と称される融資の仕組みが存在している。

　しばしば、「中国版サブプライムローン」といわれるように、（それは、もとも
とは、米国の所得の水準からみても資産の水準からみても住宅を購入できるあて
のない消費者に、将来的な返済が可能であることを説明して——「分不相応な」
買い物をさせて——、債務を負わせローンを組ませる手段が類似しているという
意味で）返済困難な債務を簡単に引き受けてしまう仕組みである。先の節で、日
本の「住専」についてふれた際に、日本住宅金融のケースを取り上げ、貸付が「ほ
とんど無審査の状態」だったことすなわち「ずさんな管理」が存在したことを述
べた。「融資平台」は、規模はともかく性質は似かよっているといえるだろう[29]。

---

[27] 陳雲・森田憲（2007）において上海の不動産市場について分析を行ったことがある。陳雲・森田憲
（2007）および森田憲・陳雲（2009b）参照。

[28] チベット自治区や海南省のような地域は、絶対的な GDP の規模等が小さいため、仮にそれらの地域で
「バブルの崩壊」が起こっても、——地域間の伝染が防止できればという前提で——対処しやすいとい
う事情はあり得るだろう。あるいは、むろん、チベット自治区や海南省でいったい誰がそうした資産
保有を行っているのかを検討する必要があるだろう。ただし、遼寧省や河北省のような GDP 水準が大
きな地域が含まれていることもまた事実である（遼寧省は全国比で4.6%に、河北省は全国比で5.08%
に相当する。全国の順位でいえば、河北省が第6位、遼寧省が第7位である）。

[29] 別の機会に検討することとして、本章では詳しくはふれないが、「住専」と「融資平台」とは類似した
側面もあるがしかし異なる側面も同時に存在する。

第1章　中国のバブル現象の政治経済学　41

　背景にあるのは、「過剰流動性」（カネ余り）が存在しており、しかし（ふつうはさまざまな規制が厳しく存在しているために——したがって規制を取り除いて「金融改革」を実施する必要があるといわれる——）通常の金融商品では得られる利益がごく限られているという状況である。したがって、高い売買差益が獲得できるような商品（中国で「理財商品」とよばれる商品がそうした範疇のものであると思われる）が生み出され、かつ活発に売買されることになる。そうした商品の価格が高騰してファンダメンタルな水準と乖離する事態が生み出されれば、それをもってバブルの発生とよばれることとなる。

　しかし、影の銀行については必ずしも確たる情報が十分に存在しているわけではない。本書で詳しくふれるのはおそらく時期尚早である[30]。

　そうではなく、影の銀行について、本章の観点から指摘しておきたい焦点は、その規模に関する推計である。たとえば、ムーディーズの推計によれば、2012年末時点で影の銀行の規模は21兆元、対GDP比率で39％に相当するといわれている[31]。

　影の銀行とは、定義によって「影」だから表には出てこない経済活動を意味している。そうした経済活動の規模が対GDP比率39％に達するという事態は尋常ではない。

　かつて旧ソ連や旧東欧といった社会主義経済において、「闇の経済」とか「第二経済」とよばれた経済すなわち「シャドーエコノミー」が存在していたことがある[32]。計画経済でがんじがらめに統制された経済にあって、日常生活品や食料

---

30 実際、さまざまな報道が存在し実態がよくわからない。たとえば、「企業が余剰資金を別の企業にまた貸しするケースなどを加えた『中国の影の銀行は36兆元、GDPの7割に上る』（JPモルガン・チェースの朱海斌氏）との指摘もある」（『日本経済新聞』2013年7月5日）という報道が伝えられたこともある。GDPの7割という数字はほとんど想像を絶する。本文で述べているとおり、本章の視点からみて重要な情報は、影の銀行の規模であり、それら銀行の抱える不良債権である。日本の「住専」のような不良債権（比率）だとすれば、（そして体制移行がすすんでいるとすれば）「バブル」の現状を持続させることは容易ではない。『日本経済新聞』（2013年7月29日）によると、「中国シャドーバンキングの規模はGDPの4割強で、どれくらい損失が出るかが焦点だ」と述べられており、同記事によれば、「日本では融資が問題化した邦銀はバブル崩壊後、国内総生産（GDP）の2割に当たる100兆円を損失処理した」と伝えられている。あるいはまた、中国銀行業監督管理委員会の尚福林主席は、2013年3月末の理財商品の残高が8兆2,000億元に達したと述べたと伝えられ、それは2012年の名目GDPの約16％に相当すると報道されている（『日本経済新聞』2013年6月30日）。

31 Moody's Investors Service, "Announcement: Moody's: China's shadow banking continues to weight on the banks' credit profiles" (2013, May 13)

32 社会主義経済におけるそうした「闇の経済」あるいは「第二経済」については、たとえば、森田憲（1986）参照。

品あるいは外貨等を闇市場で手に入れる機会を供給する機能をはたしていたのである。したがって、計画当局もそのポジティブな機能を（むろん非公式に）認めざるを得なかったのだが、問題はその規模である。がんじがらめであれ何であれ、当局が規制する経済と同じ規模（100%）に成長させるわけにはいかないことは（統制が著しく困難になるため）自明である。（100%の「シャドーエコノミー」が表の経済と並存していれば、それは計画経済の機能が成立せず、社会主義経済とはいえないだろう）。いったい何%までなら許容可能かという問題に確たる回答は得られていないが、標準的にはおおむね30〜40%という理解ではなかろうか。

いうまでもなく、かつての社会主義経済の「シャドーエコノミー」と現在の中国の「シャドーバンキング」とを同一に論ずることが適切か否か判断が難しいが、しかし社会主義経済を統制する当局にとってGDPの何%までなら許容可能かという問題設定をすれば、似かよった性質の問題になるかもしれない[33]。

4．分析

以上、第3節で、中国のバブルに関する検討を試みた。第2節での日本のバブルの経緯との比較をとおして、本章での検討から得られる示唆とはいったい何だろうか。

第2節での日本の経緯との比較によって明らかなのは、M2の対前年増加額のGDPの対前年増加額に対する倍率が、日本に比べて大きいということである（日本の2.33倍に対して中国では4.85倍だった）。それは市中に出回る貨幣供給量がいっそう大きいことを意味しており、通常は、大きな「資本の非効率性」となってあらわれるだろう。

そうした「資本の非効率性」を、（本章の定義による）限界資本係数で捉えることにすれば、概略次のようになる。いま日本の1980年代初頭から1990年代初頭までの10年間、中国の2000年代はじめから2010年代初頭までの同じく10年間を対象としてみると、日本の平均の限界資本係数は0.289であり、それに対して中国

---

33 仮にムーディーズの推計が適切なものであり、「シャドーエコノミー」の許容範囲という問題と「シャドーバンキング」の許容範囲という問題が似かよった性質のものだとすれば、対GDP比39%という数字は許容範囲の上限にかなり近い。したがって、先にふれた「中国の影の銀行は36兆元、GDPの7割に上る」という判断は、「また貸しするケースなど」が加えられているという事情もあるが、ほとんど想像を絶する規模である。

の平均の限界資本係数は0.778に達する。明らかに中国の「資本の非効率性」が大きいものと思われる。また、先の節で行ったように異常値の検定を行ってみると、日本の場合の限界資本係数には異常値は存在せず、中国の場合の限界資本係数は2009年が明らかに異常値にあたる。そしてその乖離比率は41.053％という大きな数値に達している。すなわち、膨大に出回った貨幣供給量がファンダメンタルな水準を上回る数値を導き出し、大きな乖離比率を発生させていることは疑いない。

　さらに、資産に関連する変数を取り出して、乖離比率の日本と中国との比較を行ってみると、おおむね次のとおりである。

　株式市場に関していえば、日本の東証株価時価総額の乖離比率はバブル真っ盛りの時期（1986〜1989年）に、13〜19％前後の値を計測している。ただし、この数値は、上海の2007年の比率（40.060％）および、深圳の2007年の比率（38.042％）に比較すれば明瞭に小さい。

　日本の地価および中国の不動産価格はどうだろうか。日本の6大都市の商業地価格指数の乖離比率は同じくバブル真っ盛りの時期（1986〜1989年）に、おおむね10〜13％の数値を記録している。中国の住宅用建築販売価格、高級アパート販売価格、事務所用建築販売価格とも異常値を示している時期の乖離比率をみると、高級アパートおよび事務所用建築販売の2004年の比率は、おおむね22〜25％と大きな値である。ただし、住宅用建築販売の比率は約9％であり、また、2009年の比率は、住宅用建築販売価格が4.328％、高級アパート販売価格は0.528％であって、乖離比率の数値は小さくなっているといってよい。

　日本の外貨準備高は1987年という（先ほどと同様）バブル真っ盛りの時期に異常値を示しており、正常値を25.270％上回っている。中国の外貨準備高は、繰り返し述べているとおり、2002年から2004年および2007年に異常値を示している。ただし、乖離比率（の大きな年）は2004年に12.572％、2007年に9.285％であって、日本の外貨準備高の乖離比率に比較すれば小さな比率である。

　中国の場合大きな乖離比率を示しているのは、商品先物市場出来高であって、2003年に34.047％、2007年に23.107％そして2009年に20.532％を記録しており、2008年および2010年の乖離比率もまた15％を上回っている。

　以上みてきたように、日本の場合と比較して、中国の貨幣供給の増加額は（GDPの増加額との比率でみて）膨大な規模にのぼっている。また、日本の「バ

44　第Ⅰ部　中国のバブルの政治経済学

ブル真っ盛りの時期」の乖離比率を参考にすると、株価の乖離比率は上海および深圳とも明らかに日本の比率よりも大きい。また、中国の不動産の価格についていえば、日本の地価に比べて、2004年の乖離比率は明らかに大きく、2009年の乖離比率は顕著に小さい。外貨準備高については、日本の乖離比率が非常に大きく、中国は異常値の期間は長いが乖離比率は大きくはない。ただし、中国の商品先物市場出来高は異常値の時期も長く、また乖離比率も大きいといえる。

　以上述べてきたとおり、本章で参考とした統計・データにかぎっていえば、異常値を計測した変数が、日本では表1-4から表1-8に示されているように、比較的長い時期にわたる変数は株価と地価であり、それに（長くはないが）外貨準備高とM2平均残高、さらに不動産価格が加わる。中国の場合には、表1-14から表1-23に乖離比率が示され、さらにGDP増加額、名目GDP、M2増加額に異常値が認められるように（日本に比べて）比較的広い範囲にわたっている。また、クロスセクションデータに示されているように地域ごとの状況もさまざまに異なる。

　要するに、中国のバブルに関する状況は、その特徴と展望を適切に把握するのが、日本の場合と比較して、明らかに難しいといえる。

　そして、ここまでの検討で明瞭なように、明らかに形成されているバブルの軌跡を——少なくとも「事後的に」——捉えるのは可能だが、しかし発生したバブルに適切に対処するにはどうすればよいかは、はなはだ不明瞭な状態にとどまっている。

　したがって、概括すれば、日本の1980年代後半から1990年代初頭の時期をバブルと認定するのであれば、明らかに中国の2007年以降の時期は、バブルの状態にあるものと考えられる。しかし、それが弾けるか否かは別の問題であり、中国において「バブルが弾ける」ことを検証するには、体制にかかわる政治経済学的分析が欠かせない。次節の「おわりに」で若干の今後の研究課題を述べて、本章を閉じることとしたい。

おわりに

　通常の資本主義経済において、バブルあるいはバブルが疑われるという状況を観察してみると、そこに「参加している」各プレーヤーにはそれぞれ自らの合理

的理由が存在する。その意味では、バブルは合理的である。だが実際には、長期にわたって持続可能かどうかは、はなはだ疑わしい。（それは「囚人のディレンマ」の事例に似ている。すなわち、それぞれの囚人が与えられた「与件」のもとで自らの期待利益を最大化しようとすれば、全体としてパレート最適の状態には到達し得ない、という状況である。社会全体にとって望ましいパレート最適状態に達するためには、与件となる制度的前提すなわち囚人が互いに意見交換を行う機会が存在しない、繰り返しが許されない等々といった制度を変える必要がある）。それは、基本的にバブルに「参加していない」数多くの国民の存在があるからであり、したがって社会全体として、パレート最適状態に到達し得ないという事態となるからである。

　だが、資本主義体制ではなく社会主義体制を前提とすれば話は異なる。

　実際、「冷戦の終焉」によって資本主義体制への移行を試みた旧社会主義体制諸国が腐心したのは「インフレーショナリー・オーバーハング」（「モノ不足、カネ余り」現象——言い換えれば「過剰流動性」現象——）の退治であり、行き過ぎた貨幣供給量の削減だった。社会主義体制のもとでは、膨大な「過剰流動性」が存在しても、価格の高騰が起こるわけでも資産価値の目減りが起こるわけでもない（その代わりに、深刻な「物不足」に襲われ、「行列」が致命的に長くなり、「隠された格差」がいっそうひどくなった）。そうした制度的枠組みができあがっているのが社会主義という体制だからである。

　そうした視点に立っていえば、中国の状態がバブルだとすれば、中国は資本主義体制の国家であり、中国が社会主義体制の国家だとすれば（「インフレーショナリー・オーバーハング」は存在しても）バブルは存在しないことになる。そして、資本主義体制の国家だとすれば、早晩バブルは弾けざるを得ない[34]。だが、社会主義体制の国家だとすれば（バブルは存在しないから）バブルは弾けない[35]。

　本章で述べてきたとおり、「過剰流動性」が存在し、「カネ余り」状態が生産の拡大に結びつかない「資本の非効率性」が存在することによってバブルができ上がるということだとすれば、「インフレーショナリー・オーバーハング」が存在し、

---

[34] 仮に、本章でみたような、日本と同様の政策を（同様の影響を中国経済におよぼす規模で）とったとすれば、バブルは、その後、4年以内に弾けるだろう。

[35] 社会主義体制の国家において「なぜ弾けないか」というと、価格の高騰も実質資産価値の目減りも起こらない（すなわち、ファンダメンタルな水準から乖離した部分が存在していない）からである。

46　第Ⅰ部　中国のバブルの政治経済学

非効率な生産に悩まされてきた旧社会主義体制の国ぐには、相当の長期（数十年という長期）にわたって、いわば「疑似バブル」状態にないしは「疑似バブル崩壊」状態にあったということになる[36]。

　さて、（日本の経緯をふまえてもふまえなくても）バブルが弾けるか否かを判断するのは、ひとつは（1）（「過剰流動性」によって）「価格の高騰」や「実質資産価値の目減り」が起こっているかどうか、ということであり、もうひとつは（2）「公的資金注入」が政治的に困難かどうか、ということである。

　政治家が「価格の高騰」や「実質資産価値の目減り」に対処しなければならないのは、人びとの生活が不安定になれば自らの政治生命が脅かされるからである。また、公的資金注入が困難なのは、一般に比較的貧しい納税者から比較的豊かな資産所有者や商業銀行就業者への逆の所得再分配による格差の拡大[37]がひき起こされ、それが批判にさらされて、自らの政治生命が脅かされるからである。

　いずれも資本主義体制であり民主主義体制の国家で発生する事態であり、発生してしまったバブルを放置することは政治的にきわめて困難である。したがって早晩バブルは弾けることになる。

　中国の現状から判断すると、（1）「価格の高騰」や「実質資産価値の目減り（あるいは変動）」が発生していることは疑いない。だが、（2）「公的資金注入」が政治的に困難かどうかは疑わしい[38]。少なくとも日本の場合に比べれば、政治的に

---

36 当然のことだが、バブルかどうか判然としなければバブルが弾けたかどうかも判然としないだろう。

37 実際、「リーマン・ショック後に実施された4兆元（約64兆円）の大規模景気対策を受け、地方政府は競うようにインフラ投資や不動産の開発をすすめたが、そこにシャドーバンキング経由で流入したのが、高利回りを狙った富裕層や企業のマネーだった」（『日本経済新聞』2013年7月17日）と述べられているように、そうした「富裕層のマネー」を公的資金すなわち（比較的豊かではない層が関与していることの大きい）税金によって救済しようとすれば明瞭に逆の所得再分配を意味することになる。また、そうした（逆の）所得再分配政策による格差拡大という問題とは別に、バブルにかかわる重要な問題のひとつは、バブル自体が格差の拡大を促進するという事態であろう。中国にとってこの点はとりわけ重要である。機会をあらためて検討してみることとする。

38 しばしば報道によって伝えられるように、中国政府の指導者の多くが海外に自らの資産の口座を保有している事態を勘案すれば、商業銀行に公的資金を注入することは政治的に困難とは考え難い。かつて薄煕来ファミリーの海外総資産が80億元（約1,000億円）と伝えられたことがあり（『産経新聞』2012年4月24日）、ニューヨーク・タイムズ（電子版）が温家宝ファミリーの資産が少なくとも約27億ドル（約2,200億円）にのぼると伝え、27億ドルのうち80％は、中国共産党の規則では公開対象外であると報道していると伝えられた。またブルームバーグが2012年6月に習近平の親族が数億ドルの資産を保有していると報じたと述べられている（『産経新聞』2012年10月27日）。こうした膨大な（ファミリーの）資産を海外に「逃避」させることと比較すれば、商業銀行に公的資金を注入することは困難なこととはいえないだろう。

ははるかに容易だろう。

　中国の現状を観察すれば、日本の経緯に近いという意味で中国はバブルの状態にあるといえる。だが、それが弾けるか否かは決して自明ではない。「インフレーショナリー・オーバーハング」（過剰流動性）が存在し、「資本の非効率性」が存在しても、それが「疑似バブル」状態ないしは「疑似バブル崩壊」状態にとどまっていれば、容易には「弾けない」ないしは「弾けているようにはみえない」からである。

　中国のバブルは、その意味で、中国の体制移行を判定する格好のリトマス試験紙の役割を担っているといえる。中国のバブル現象それ自体という意味でも、中国の体制移行と発展という意味でも、今後の検討を要する課題である。

第 2 章[39]
中国におけるバブルと経路依存性

はじめに

第 1 章では、中国のバブル現象をあつかい、日本のバブルとの比較研究をつうじて「バブル現象」の理解につとめた。そこでは、グラブス・スミルノフ検定を用い「異常値」の検出を行った。それは、それまでの時系列から導かれる異常性の大きい時期の特定を行い、「バブルの発生」のいわば「早期警告指標」に役立てようとするねらいによるものである[40]。

だが、発生したバブルにどのように（痛みを最小にしながら）対処するかという問題は別の検討を要する。貨幣的にみれば、明らかに「過剰流動性」が相対的に小さな日本で明瞭にバブルが発生しているにもかかわらず、「過剰流動性」の相対的に大きな中国で、バブルの認定も対処策もいっこうに明瞭でないのは、いったいなぜなのだろうか。

本章は、そうした課題に答えるには、政治経済学的検討が不可欠であることを述べ、（主流派経済学とは一線を画するという意味で）新制度派とよばれたり、新政治経済学とよび得る枠組みの援用をつうじて、接近を試みることとする[41]。

まず、第 1 章で述べた「日本のバブル」（第 1 節）と「中国のバブル」（第 2 節）について、先の章の図・表を参考としながら、簡単にふれておこう。

---

[39] 本章は、第 1 章と内容的に重複しており、したがって重複部分を削除し比較的短い章となっている。
　なお、本章の元となる初出の論文は、森田憲・陳雲（2014b）である。併せ参照されたい。
[40] 森田憲・陳雲（2013a）参照。
[41] バブルに関する理論的分析については、たとえば Baddeley and McCombie（2001）参照。

第2章　中国におけるバブルと経路依存性　49

1．日本のバブル

1-1　日本のバブル：通説

　日本のバブルとよばれる現象は、標準的には、「プラザ合意」（1985年）に端を発し、1987年にバブルが明瞭となり、1991年に崩壊したものと理解されている。

　その大きな論拠は、明らかに、M2の（対前年比）増加率のGDPの（対前年比）増加率に対する比率が、1987年に2.33倍に達したことである。実際、バブルとは「資産価格のうち経済の実態から離れて上昇した部分」であると定義されるように[42]、ひとつは経済の実態から離れさせる「過剰流動性」の存在があり、もうひとつは経済の実態から離れさせるに至る「経済的非効率性」が存在している。言い換えれば、ひとつは「過剰流動性」の平面が存在し、もうひとつは（投機対象となる資産に現れるような）「経済的非効率性」の平面が存在することによる現象であるといえる。

　過剰流動性の存在を、M2増加額の対GDP増加額の比率をつうじて、みてみると、図1-2のようになり、経済的非効率性の存在を、限界資本係数をつうじてみると、図1-3のようにあらわされる。

　そうした過剰流動性と経済的非効率性が、株式市場にあらわれた表現が図1-4であり、不動産市場にあらわれた表現が図1-5である。

　そして、先に述べたとおり株価のピークは1989年であり、地価のピークは1991年であって、バブルの崩壊は1991年である。

1-2　日本のバブル：異常値検定

　先に述べたとおり、通常のアプローチにしたがえば、日本のバブルの発生は1987年であるということになるだろう。しかし、筆者は、グラブス・スミルノフ検定によって「異常値」の発生を調べた[43]。

　得られた結果から、比較的はやい時期からはじまり比較的長い期間にわたって異常値を示す変数がふたつ存在すること、すなわち、（1）ひとつは株価、（2）も

---

[42] たとえば、野口（1992）参照。
[43] 森田憲・陳雲（2013b）参照。

50　第Ⅰ部　中国のバブルの政治経済学

うひとつは地価であることがわかる。そして株価の異常値は1984年に生じており、地価の異常値は1986年に発生していることがわかる。日本のバブルの発生が1987年だという通常の理解と比較すれば、株価の場合には3年はやく、地価の場合でも1年はやい。

　すなわち、現在の時点でふりかえってみれば、バブルに対する警戒は、おそらく株価（東証株価時価総額）が異常値を示した1984年だとみるのが適切だというべきであろう。

　また、異常値と正常値の境界周辺の値を「正常値」とみなし、当該正常値と（異常値を示している）実績値との差を実績値で除した比率を「乖離比率」とよび、乖離比率がどれほどの値を示すのかをみると、表1-4（株価）および表1-5（地価）であることがわかる。いうまでもなく、乖離比率が大きいほど異常性が顕著である。

　表1-4および表1-5から判断すると、株価も地価も正常値を上回って乖離した水準は、明らかに、1986年に大きな値をとっていることがわかる。

　したがって、本書の枠組みからみると、はやければ1984年遅くとも1986年が、バブル発生と判断されるべき時期であると思われる。

2．中国のバブル

2-1　中国のバブル：通説

　先の日本の場合と同様の検討を、本節では中国を対象にして行ってみよう。

　日本の1987年にみられたような、M2の（対前年比）増加額のGDPの（対前年比）増加額の比率をみると、中国の場合は2009年に4.85倍であり、日本の2.33倍よりも明らかに大きい。それは、過剰流動性の存在であり、図1-9で示される。また経済的非効率性の存在を示す限界資本係数は図1-10であらわされる。

　中国の場合の過剰生産性と経済的非効率性は、外貨準備高と商品先物市場出来高であらわされ、それぞれ図1-11と図1-12で示される。

　日本の場合の株価および地価が、それぞれ1989年および1991年にピークを迎えている事実にそくしていえば、中国の場合の外貨準備高および商品先物市場出来高は、まだピークに達している兆候は存在しない。

第 2 章　中国におけるバブルと経路依存性　51

　したがって、日本の場合との類似の表現を使えば、中国のバブルの発生はおおむね2009年であること、しかし、少なくとも2012〜2013年時点でバブルが崩壊しているという兆候は認められない、ということになろう。

2-2　中国のバブル：異常値検定

　前節の検討にしたがって、通常のアプローチにそっていえば、中国は2009年にバブルが発生しているものと思われる。そして先の節と同じように、本節でも、グラブス・スミルノフ検定によって異常値の発生を調べることとしよう。

　得られた結果から、比較的はやい時期からはじまり比較的長い期間にわたって異常値を示す変数は、中国でもふたつ存在すること、すなわち、（1）ひとつは外貨準備高、（2）もうひとつは商品先物市場出来高であることがわかる[44]。そして外貨準備高の異常値は2002年に生じており、商品先物市場出来高の異常値は2003年に発生していることがわかる。膨大な過剰流動性が観察される2009年と比較してみれば、外貨準備高については7年はやく、商品先物市場出来高に関しては6年はやい。

　すなわち、日本の場合との比較でいえば、バブルに対する警戒は、おそらく外貨準備高に異常値が認められる2002年時点ですでに警戒を怠ってはいけない水準に入っていたとみるのが適切であろう。

　また、先ほどと同様、乖離比率がどれほどの値を示すのかをみると、表1-14（外貨準備高）および表1-15（商品先物市場出来高）であることがわかる。いうまでもなく、乖離比率が大きいほど異常性が顕著である。

　表1-14および表1-15から判断すると、外貨準備高も商品先物市場出来高も正常値を上回って乖離した水準は、明らかに、2003年から2004年に大きな値をとっていることがわかる。

　したがって、本書の枠組みからみると、はやければ2002年遅くとも2003年が、バブルの発生を警戒すべき時期であると判断されるだろう。

---

[44] 日本との比較で言及すれば、異常値を示す変数の数が、中国の場合、日本よりもはるかに多い。詳細は、森田憲・陳雲（2013b）参照。

52　第Ⅰ部　中国のバブルの政治経済学

3．理論的分析

3-1　当局の管理と投機家の行動：図解

　第1章で検討し先の節で概観した日本および中国におけるバブル現象を、本節ではもう少しフォーマルな分析の枠組みに乗せてみることにしたい。

　3-1節および3-2節であつかうのは、マンデル（1969）を援用した枠組みであり、本節で提起するのは、当局と投機家との管理および調整行動が、市場機構をつうじて均衡点に到達するのかそれとも（市場ではなく）政治的に介入せざるを得ない局面に達するのか、という問題を考える枠組みである。

　バブルを惹き起こす問題を考えるに際して、直接に手がかりとなるような枠組みとは、おおむね次のような性質のものであろう。

　先に述べたとおり、標準的なバブル現象の理解とは、「資産価格のうち経済の実態から離れて上昇した部分」ということである。実際、バブルであった1987年の日本の場合をふりかえってみると、GDPの対前年増加額は14兆3,000億円であり、M2の対前年増加額は33兆3,000億円にのぼり、M2の増加額はGDPの増加額のおよそ2.33倍にあたっている。こうした「過剰流動性」が、資産価格の経済実態からの乖離を生み出すことになったといえる。

　そうした表現をやや違った角度からながめてみよう。通常は、「限界資本係数」をつうじてすなわち資本の増加分1単位が何単位のGDPの増加を生み出すのかを検討するのだが、バブルを考える場合には、M2の増加分1単位が何単位のGDP増加を生み出すのかというふうに考えれば、ちょうど上記の倍率の逆数をみればよいこととなる。したがって、それはおおむね0.43単位ということになり、貨幣供給の増加分が生産の増加に、あまり大きくは、結びついていない現状を示しているものとみることができる。本書では、この値を「貨幣の効率係数」とよぶことにする。

　同様に、中国の2009年をみると、GDPの対前年増加額は2兆7,000億円であり、M2の対前年増加額は13兆1,000億円だから、M2の増加額はGDPの増加額のおよそ4.85倍に等しい。この倍率の逆数を、上記の表現にしたがって「貨幣の効率係数」とよぶことにすれば、M2の増加分1単位はおよそ生産物0.21単位の増加しか生み出していないことを示している。

図2-1 当局の調整

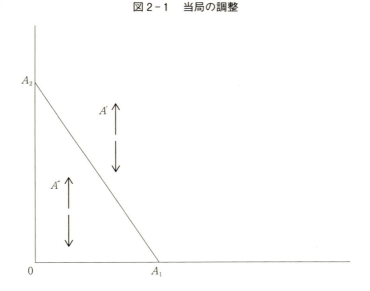

　いうまでもないことだが、貨幣供給がどれほど膨大に行われても、当該貨幣が効率的に用いられて生産の増大に結びついているのであればバブルが発生することはない。したがって、Ｍ２の増加分１単位が何単位の生産の増加を生み出しているかをみることは、すなわちバブルが発生しているか否かを判断する有意義な尺度であり得るだろう。

　いま技術の水準を一定と考えることとし、「投機対象市場に流入する貨幣の限界増加量」(以下では、煩雑を避けるため、貨幣供給の限界増加量とよぶ)と「投機対象となる資産あるいは生産物の限界増加量」(同様に、以下では、煩雑を避けるため、資産の限界増加量とよぶ)とが等しい状態を想定すれば、

　　貨幣供給の限界増加量＝資産の限界増加量

という(いわば均衡にあたる)関係を成立させるような、(投機対象市場における)「貨幣供給の限界増加状態」および「資産の限界増加状態」を、図に示してみよう。

　図２－１は(投機対象市場での)「貨幣」をあらわす平面である。横軸上に貨幣供給量 A_1 をとり、縦軸上に、A_1 に、上記の「貨幣の効率係数」(の近傍の水準)

図2-2 投機家の調整

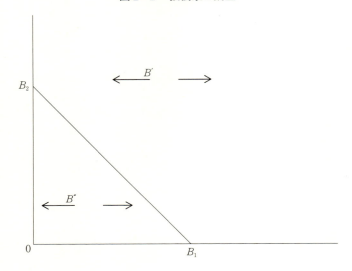

の逆数に等しい倍率を掛けた水準、A_2をとる。すなわち、経験的にみて、A_2はバブルを発生させ得る水準の貨幣供給量をあらわしているものと想定されるだろう。そして横軸上で示されるA_1とは、いわば「金詰まり」状態に近い水準の貨幣供給量をあらわすものと考える。(したがって、直線A_1A_2以下の水準ならば、バブルは発生しないだろう)。

図2-2は(投機対象市場での)「資産」をあらわす平面である。座標は、図2-1と共通の尺度によってあらわされている。横軸上には、生産可能な資産の水準B_1がとられ、縦軸上でもまた生産可能な資産の水準B_2がとられている。(生産可能な資産の水準が短期的に大きく変動するとは想定しづらいから、本章の分析上の想定では、毎年ほぼ決まった値をとるものと考えられる)。いうまでもなく、縦軸上のB_2の水準の方が(「金余り状態」の方が)横軸上のB_1の(「金詰まり状態」の)水準よりも大きいもの($B_2>B_1$)と想定される。

そして、以上の想定から、通常は$B_1>A_1$および$B_2<A_2$が成立するものと思われる。なぜなら、A_2はほぼ過剰流動性の存在を示す貨幣供給量であり、B_2は毎年大きく変動することはない水準の資産の生産額を示しているからである。またA_1は「金詰り」状態下での貨幣供給量であり、毎年大きく変動することはな

図2-3 全体の調整行動

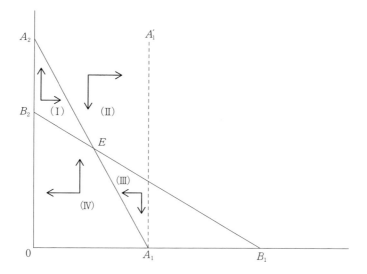

い水準の資産値B_1を下回っていることは疑いないからである。

図2-1および図2-2を重ね合わせると図2-3となる。いま、上で検討した状態だとすれば、A_1とA_2を結んだ直線A_1A_2と、B_1とB_2を結んだ直線B_1B_2とは必ず交点をもちかつそれは一意である。図2-3におけるE点がその交点にあたる。E点では、貨幣供給量が過不足なく資産額の増加水準に対応していることを示している。

だが、E点以外ではそうではない。A_2に近い状態とは明瞭に過剰流動性状態（「金余り」状態）であり、相対的に資産は小さい水準である。反対にA_1に近い状態とは明らかに流動性の不足（「金詰り」状態）であり、資産の水準額に比較すれば相対的に貨幣量が小さいという状態である。いずれにせよ、過剰流動性に焦点をあて、バブルの発生をたどろうとする本章の視点からみると、乖離が発生するのはA_2EB_1よりも右上方にある場合だということになる。

さて、経済がE点をはずれた状態に存在する場合、いったいどのように調整が行われるだろうか。

当局は、直線A_1A_2から逸脱した場合にその対処にあたる。A_1A_2の右側、たとえば図2-1のA'点にあるとすれば、市場には過剰な流動性が存在している。

56 第Ⅰ部 中国のバブルの政治経済学

当局は貨幣供給量を減らそうとするだろう。調整は、A'点から下向きの矢印の方向に行われる。反対に、A_1A_2の左側、たとえば図2-1のA''点にあるとすれば、市場における貨幣供給が不足しており、当局は貨幣供給量を増やそうとするだろう。したがって、調整は、A''点から上向きの矢印の方向に行われる。

　資産を（投機対象として）購入する投機家の調整行動は、直線B_1B_2から逸脱した場合にとられる。明らかに、投機が活発に行われる場合には、右向きの矢印として示され、投機が不活発な場合には、左向きの矢印として示されることとなる。たとえば過剰流動性のもとで投機が活発に行われる場合には、B'点から右向きの矢印で示されることとなり、反対に貨幣供給が不足している状態で投機が不活発であれば、B''点から左向きの矢印で示されることとなる。

　図2-3にもとづいて調整行動をもう少し詳細にみてみることにしよう。

　当該図2-3には、ふたつの直線によって区分される（Ⅰ）～（Ⅳ）までの領域が示されている。領域（Ⅰ）および（Ⅱ）にある場合は、上向きあるいは下向きで示される当局による対応と、右向きで示される投機家による資産購入拡大の動きとの力関係によって、E点に向かって収束するかそれとも市場が撹乱されるかが決まってくる。投機家による資産購入拡大の動きが当局の調整能力を上回る場合には、市場は激しく撹乱されながら、A_1点から立てた垂線A_1A_1'上（のおそらくA_1'点に近い地点）に到達する。当該地点に到達すれば、事態は政治的に収拾されるよりほかにない[45]。そうではなく、領域（Ⅲ）および（Ⅳ）にある場合は、上向きあるいは下向きで示される当局の対応と、左向きで示される投機家による投機的資産の縮小の動きとの力関係によって、E点に向かって収束するかそれとも投機行動が極度に衰退していくかが決まってくる。いずれにせよ、要するに、当局の流動性管理能力と投機家の調整能力との力関係によって決まってくるのである。

3-2　当局の管理と投機家の行動：連立微分方程式による分析

　先の節で図示した状態を、本節ではいっそうフォーマルに分析してみよう。次のような連立微分方程式の解の性質を調べるのである。

---

[45] ただし、政治的な解決は容易ではない。日本のケースについては、たとえば村松（2005）参照。

$$\frac{dL}{dt} = \alpha(F - S - \xi L) \tag{1}$$

$$\frac{dS}{dt} = \beta(L + S - M) \tag{2}$$

上記連立微分方程式で用いられている記号は次のとおりである。

L：当局によって対処可能と判断され得る流動性の上限
S：投機家によるネットの資金流入量
F：当局が保有し管理し得る流動性（一定）
M：直線 B_1B_2 上にあることを保証する流動性の総量
ξ：貨幣の効率係数（一定、$0<\xi<1$）[46]
α：当局の流動性管理能力（一定、$\alpha>0$）
β：投機家の調整能力（一定、$\beta>0$、$\beta<0$）

（1）式は政府当局による対処を示す式であり、（2）式は投機家による調整行動の動きを示す式である。

図2-3において、投機家が直線 B_1B_2 から乖離する動きを示している場合、それは S がいっそう大きくなっていく状態すなわち β が正の定数の場合を示している（矢印が（I）および（II）の領域で左向き、（III）および（IV）の領域で右向きならば β は負の定数となる）。さて、L および S を均衡値からの乖離と再定義すると、固有方程式は、

$$\lambda^2 + (\alpha\xi - \beta)\lambda + \alpha\beta(1-\xi) = 0$$

となる。$(1-\xi)$ は正だから固有根の実数部分が負になる（すなわち、図2-3の E 点に向かって収束する）のは、

$$\frac{\alpha}{\beta} > \frac{1}{\xi}$$

であるときに限ることが明瞭である。

また、もし、β が負ならば、固有方程式は、

---

46 本章が対象としているのは、バブルの対象となる投機対象市場における貨幣と資産の動向だが、貨幣供給量と資産量の比率自体は、経済全体の動向を反映しているものと想定する。

$$\lambda^2 + (\alpha\xi + \beta)\lambda + \alpha\beta(\xi - 1) = 0$$

となり、判別式を求めると、

$$(\alpha\xi - \beta)^2 + 4\alpha\beta > 0$$

だから、E 点に収束することがわかる。

　次の検討は、β が正の場合についてさらに検討をすすめることである。先にみたとおり、図2-3の場合、市場が激しく撹乱される危険のある事態に直面して適切に防ぎ得るのは、$\alpha\xi$ が β よりも大きい場合である。すなわち、ひとたびバブル現象が発生した場合、当局が適切に対処し得るには、当局の流動性管理能力が投機家の調整能力の「数倍」におよぶ必要があるということを意味している。そして「数倍」とは、上記の定式化が示しているとおり、ξ の逆数の値を意味する[47]。また、ξ とは、貨幣供給量の増額が資産の増額の何倍にあたるのかを示す値すなわち本書で「貨幣の効率性」とよぶ値の逆数だから、1987年の日本は2.33倍であり、2009年の中国は4.85倍の値に等しい。言い換えれば、当局の流動性管理能力が投機家の調整能力の「数倍」とは、本章で焦点をあてる投機対象市場でもまた、当局が供給したM2全体の限界増加額がGDP全体の限界増加額を上回る倍数に等しいのである。再び言い換えれば、当局による自らの（2.33倍あるいは4.85倍を示す）流動性供給能力が、すなわち投機対象市場においてもまた自らの「流動性管理能力」を意味することとなる。それは、当該市場においていったん追加的な貨幣供給を行ったとして、その追加分の貨幣を、どの程度の容易さをもって、減らすことができるのかを示している。

4．貨幣の効率性と経路依存性

　前節でみたとおり、連立微分方程式を用いて検討してみると、結局のところ、バブルに上首尾に対処できるか否かは、当局の流動性管理能力に依存していることがわかる。

　だが、「当局の流動性管理能力」とはいったい何だろうか。本節はその検討にあてられる。実際、貨幣の増減が容易であれば、バブルに対処するのもまた難し

---

[47] この点は、上記脚注46参照。

くはないだろうからである。

　本章の、バブルに焦点を合わせた、視点からみれば、結局のところ行き着く先は、(1) 均衡点である E 点かそれとも (2) 垂線 $A_1 A_1'$ 上（のおそらく A_1' 点に近い地点）のどちらかである。そのいずれであるかは、先に述べたとおり、当局の流動性管理能力に依存して決まってくる。

　「当局の流動性管理能力」を考える場合、参考になるのは日本の「住専」（住宅金融専門会社）の事例であろう[48]。端的にいえば、それは「ずさんな管理」という事態に行き着く。要するに、「効率的な生産」の見込みがない生産行動を対象に貨幣供給を行うことを意味する。上でふれた「流動性の増減」とは結局「効率的な生産」に必要な貨幣供給を行い、「非効率な生産」には貨幣供給を控えるという管理能力にほかならない。そして、「効率的な生産」と「非効率な生産」を予め見きわめ、そうした予測によって利益を獲得する（リスクを伴う）行動を、われわれは投機行動とよぶ。

　当然のことだが、政府の管理能力も投機家の調整能力も「効率的」なのか「非効率なのか」十分な検討が必要であり、とりわけ投機家の場合には通常大きなリスクが伴っている。また、投機家の場合には、貨幣供給が小さいという状況で大きな規模の投機行動をとることは難しいだろう（したがって全体としては直線 $B_1 B_2$ の右側では投機的取引を増やし、左側では投機的取引を減らすこととなる）。

　当局の管理能力も投機家の調整能力も適切に発動されれば、均衡点 E 点に行き着くだろう。だが、必ずそういう事態となる保証はない。

　当局が「ずさんな管理」を行い、投機家が不適切な判断を行えば、減らすべき貨幣供給量を減らすことができず、投機家は非効率な投機行動に貨幣を注ぎ込むだろう（図 2-3 の領域 II において、下向きの矢印が弱く、右向きの矢印が強力なため、垂線 $A_1 A_1'$ 上に到達することになる）。

　標準的には、当局の貨幣供給が「効率的な生産」に注ぎ込まれているか否かは、短期・中期的には不良債権比率に反映されるだろう。実際、先にふれた日本の「住専」の不良債権比率は、その「ずさんな管理」を反映して、非常に高い（表 1-10 参照）。

　とはいえ、いかに「ずさんな管理」が行われても、短期・中期的には当局が貨幣の注入を行えば、「ずさんな管理」を覆い隠すことができる。

---

[48] この点についてもまた森田憲・陳雲（2013b）参照。

60　第Ⅰ部　中国のバブルの政治経済学

　（中国の不良債権比率の状況は、表1-24のとおりである。「ずさんな管理」が行われていても「公的資金注入」によって小さな不良債権比率ですんでいるのか、それとも実際に「不良債権」が小さいのか、を適切に判断するのは困難である）。

　不良債権比率とは、基本的に、「過剰流動性」と「経済的非効率性」のいわば相対的な程度を示している。たとえば、過剰流動性が程度としては小さくても、経済が非常に非効率であり、融資の大半が返済不能であれば不良債権比率は大きくなる。

　そうした非効率な経済を対象に融資を実行するのは、何らかの政治的な意図が存在するものと思われる。そうした事情を伺わせるのは、中国の地域別にみた不良債権比率である。表1-26は不良債権比率の上位5地域を示している。

　さらに興味深いのは、そうした不良債権を形づくるに至る貨幣供給はいったいどこから出てくるのかという事情である。そのかなり多くの部分を占めるのは、（民間資金ではなく）財政資金である場合が大きいだろう。表1-27は、中国各地域のGDPに占める財政赤字の比率であり、その上位5地域を示している。

　表1-26および表1-27から明らかなように、不良債権比率の大きな地域と財政赤字の対GDP比率の大きな地域とはかなりの程度共通していることがわかる。チベット、青海という上位1位、2位および甘粛を含む3地域が共通しているのである。すなわち、背後に存在する政治経済的な状況を伺わせるものといえる。表1-26および表1-27とりわけ表1-27の財政赤字の対GDP比率の数値、とくにチベット自治区と青海省の膨大な比率（それぞれ101.37％と46.89％）は大いに示唆的である。（参考のためにみておくと、同じ2010年における、上海市の不良債権比率は、0.79％であり、財政赤字の対GDP比率は2.50％である。いずれも大きな数値ではない）。

おわりに：バブルと経路依存性

　本章はバブルを分析対象としており、ここまでξを貨幣の効率係数とよんで重要なキー概念を示すものとしてふれてきた。

　ところで、先に示したとおり、ξは貨幣の追加的1単位の増加が資産（生産）の追加的何単位の増加に結びつくかを示している。たしかにバブルの経緯をたどる場合、ξの値は重要な指標としての役割をはたすといえる。

第2章　中国におけるバブルと経路依存性　61

　しかし、前述のとおり、日本のバブルの場合、ζの値はおおむね0.43であり、中国のバブルの場合、ζの値はおおむね0.21である。明らかに中国の方が、（その対処にあたって）はるかに大きな流動性管理能力を必要とすることを示している。言い換えれば、同じ流動性管理能力だったとすれば、日本のバブルは弾けず中国のバブルは弾ける可能性が大きい。（先に述べた表現にしたがえば、図2-3の領域（Ⅱ）にあり、当局の管理能力を投機家の調整能力が上回れば、異常値が観察される事態が生まれるだろう。そうなった場合、垂線A_1A_1'上に到達させないためにはきわめて強力な「流動性管理能力」が必要となる）。しかし実際には、日本のバブルは崩壊し、中国のバブルには崩壊の明瞭な兆しはみえない。

　逆にいえば、必要な当局の流動性管理能力として大きな能力の存在を示しているのは、日本よりも中国の方だということである。

　その理由（少なくとも、そのひとつ）を探すのは難しいことではない。それは「経路依存性」とよばれる現象にほかならない。社会全体に安定性をもちこむ「自己強化メカニズム」の機構が、集権的な中国では強く働いており、逆に分権的な（言い換えれば民主主義体制の）日本では脆弱だということを示している。実際、社会のなかに「閉じ込められ」（ロックインされ）、経路依存性の一環を形成している「流動性管理能力」は、集権的な体制の方がはるかに強力だからである[49]。あるいはまた、中国国内でいえば、チベット自治区では強力に働いており上海直轄市ではそれほど強力ではないといってもよい[50]。国際社会におけるあるいは中国における、バブルをめぐる国際間あるいは地域間格差とは、したがって「経路依存性」を顕著に示している現象といえるであろう。

49　むろん、ここでは、その機構が永続的か否かを問題にしているわけではない。
50　それは、チベット自治区におけるさまざまな管理能力が上海直轄市におけるさまざまな管理能力よりも強力である必要があることを意味しているだろう。

第3章
中国の国家資本主義とバブル現象

はじめに

　本章は、中国におけるいわゆる「国家資本主義」に関する展望を、「バブル現象」の検討をとおして行ってみようとする試みである。

　本書では、別の章で「中国のバブル現象」をあつかい（第1章）、また「中国の台頭」をあつかっている（第5章）。本章はそれら各章と密接にかかわっている。念のためふれておくと、「中国のバブル現象」と「中国の台頭」とは次のとおりである。

　「中国のバブル現象」をあつかった章では、(1) 中国の状態がバブルだとすれば、中国は資本主義体制の国家であり、中国が社会主義体制の国家だとすれば（「インフレーショナリー・オーバーハング」は存在しても）バブルは存在しないことになる。そして、資本主義体制の国家だとすれば、早晩バブルは弾ける。だが、社会主義体制の国家だとすれば（バブルは存在しないから）バブルは弾けない。(2) 中国のバブルは、その意味で、中国の体制移行を判定する格好のリトマス試験紙の役割を担っているといえる、と述べた。

　要するに、中国は、一党独裁体制の国家として、100年にもわたる長い期間「一極システム」の覇権国たり得るか否か、そうではなく（見通し得る将来を視野に入れる限り）「多極システム」の一つの極として存続していくのかという問いを考え、中国の状態はバブルなのか否か、バブルだとすれば早晩弾けるのか否か、という問いの検討を試みたわけである。

　また「中国の台頭」をあつかった章では、(1) 今後近い将来、国際システムが「多極システム」および「一極システム」に向かうという状況と、中国がその「極」として存続し続けるという状況を前提とすれば、中国の「走出去戦略」は、ごく微かかもしれないが傾向としては、適切な方向への一歩であるものと考えられること。そして、(2) 中国に焦点をあてて国際システムの将来を展望してみると、

一党独裁体制の国家が「一極システム」の覇権国として100年にもわたる長い期間存在し続けるのはほとんど不可能であること、そして中国が「一極システム」のもとで覇権国たり得るとすれば、それは中国の（現在の概念で用いられている）「ソフトパワー」（あるいは「スマートパワー」）が世界全体に浸透していく場合であろう、ということを述べた。

本章は、したがって、「中国のバブル現象」の現状を分析し、覇権とバブル現象の関係を考え、そして国際システムにおける中国の位置づけを考えてみようとするものである。

以下、本章は次のような構成ですすめられる。第1節では、中国の貨幣供給の現状ならびに資本係数と保証成長率についての検討を行う。第2節では、いわゆる影の銀行について検討をすすめ、第3節では、中国のバブルおよび中国経済の成長をどうみるかということに関する日本の識者の諸見解をみてみる。そして第4節では、覇権国とバブルとの関係について考察し、国際システムの諸類型について考えてみる。最後に、結論として覇権体制についての考察を加えてみることとする。

1. 中国の貨幣供給

1-1 貨幣供給の現状

中国の貨幣供給は、明らかに2009年をピークとして増大傾向を示している。表3-1は、M2増加額をGDP増加額で割った値である。明らかに、2009年の膨大な貨幣供給増加額（M2増加額）の足跡をみることができる。なお、増加額ではなく、M2とGDPの比をみると[51]、2009年以降の貨幣供給量の増大を確認することができる。表3-2である。2000年以降はおおむね1.5〜1.6だった値が2009年には1.765となり、2010年には1.8157となっている。明瞭に2009年以降の貨幣供給量の増大を示しているといってよい。

むろん、こうした貨幣供給量の増大は、直接に資産価格の高騰をもたらすものだが、それ以前に存在する胡錦濤政権（当時）の成長志向的な政策運営がベースになっているといえるだろう[52]。

---

[51] いうまでもなく、貨幣供給量をM2プラスCDとして計算すれば、マーシャルのKに等しい。

64 第Ⅰ部 中国のバブルの政治経済学

表3-1 中国における M2 増加額/GDP
増加額の比率

年	M2増加額/GDP 増加額の比率
2000	1.55
2001	2.35
2002	2.42
2003	2.25
2004	1.34
2005	1.70
2006	1.48
2007	1.15
2008	1.48
2009	4.85
2010	2.13
2011	1.74

出所：『中国統計年鑑』2012年版より作成。

表3-2 中国における M2/GDP 比率

年	M2/GDP 比率
2000	1.3736
2001	1.4648
2002	1.5534
2003	1.6366
2004	1.5923
2005	1.6079
2006	1.5888
2007	1.5067
2008	1.5026
2009	1.7650
2010	1.8157

出所：『中国統計年鑑』2012年版より作成。

さて、日本のバブル現象を観察する際に、しばしば用いられる（もともとは野口（1992）による）図は、先にみたとおり図1-1のようなものである。基準とする GDP を株価および地価が、1987〜1988年ごろから1990〜1991年ごろまで上回っている状況を示している。したがって、株価および地価にもとづいて日本のバブルを判断すれば、1987〜1988年に発生し、1990〜1991年ごろに崩壊していることになるだろう。

（専ら「傾向」に関してだが）類似している図を中国についても作成することができる。図3-2である。GDP と上海株価指数の対前年増加率を示したものである。上海株価指数でみるかぎり、2006年から2007年にかけて「バブルが発生していたかもしれない」という推察が成り立つ（だが、実態はあいまいである）。森田憲・陳雲（2013b）でもふれたことだが、中国のバブルを捉えようとする場合、

---

52 したがって、2009年以前に、商品先物市場における出来高、外貨準備高に明瞭に「異常値」が存在している。詳細は、第1章参照。そうした傾向に加えて、リーマン・ショックが発生し、膨大な貨幣供給量の増大に至ったのである。

図3-1 中国のGDPおよび上海株価指数の対前年増加率

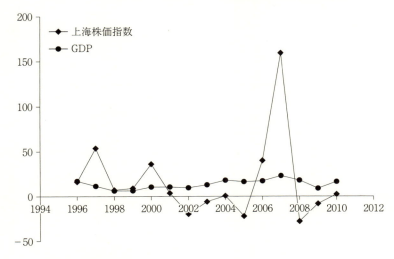

出所:『中国統計年鑑』(各年版) より作成。

図3-2 中国におけるM2/GDP比率

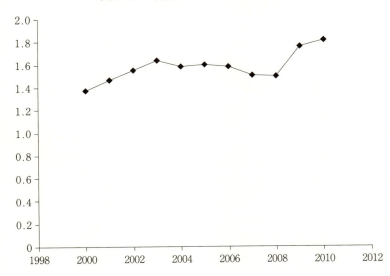

出所:『中国統計年鑑』2012年版より作成。

66　第Ⅰ部　中国のバブルの政治経済学

表3-3　中国の資本係数　　　表3-4　中国の貯蓄性向

年	資本係数
2000	3.98
2001	4.14
2002	4.01
2003	4.11
2004	4.38
2005	4.23
2006	3.98
2007	3.61
2008	5.70
2009	7.11
2010	6.06
2011	7.10

出所：『中国統計年鑑』2012年
版より作成。

年	貯蓄性向
2000	37.7
2001	38.6
2002	40.4
2003	43.1
2004	45.6
2005	47.0
2006	49.2
2007	50.4
2008	51.4
2009	51.5
2010	51.8

出所：『中国統計年鑑』2012年
版より作成。

現状では、かなりあいまい模糊とした段階で立ち止ってしまうことは、残念ながら、止むを得ない。

1-2　資本係数および保証成長率

　先に述べたとおり、資本係数とは1単位の生産物を得るために何単位の資本を必要とするかを示している。したがって効率的な生産に投入されれば資本投入は小さくて済むから、生産が効率的であれば資本係数は明らかに小さい。

　表3-3は、2000年から2010年に至る資本係数を示したものである[53]。傾向をみると、明瞭に、2008年から資本係数の値が上昇していることがわかる。

　表3-3で得られた資本係数に加えて、貯蓄性向が表3-4のように得られる[54]から、いわゆるハロッド・ドーマー・モデルの「保証成長率」を計算することが

---

[53] ここでの資本係数は、中国に関してしばしば行われるように、（名目）GDPに占める（名目）総資本形成の比率を実質GDP成長率で割った値である。この点に関しては、三浦（2013）参照。
[54] 国民所得水準に占める最終消費の比率を計算し、100から当該比率×100を引いた値である。

第3章 中国の国家資本主義とバブル現象　67

表3-5　中国の経済成長率

(単位：％)

年	保証成長率	現実の成長率 (不変価格表示)
2000	9.47	8.4
2001	9.32	8.3
2002	10.07	9.1
2003	10.49	10.0
2004	10.41	10.1
2005	11.11	11.3
2006	12.36	12.7
2007	13.96	14.2
2008	9.02	9.6
2009	7.24	9.2
2010	8.55	10.4

出所：『中国統計年鑑』2012年版より作成。

図3-3　中国の資本係数

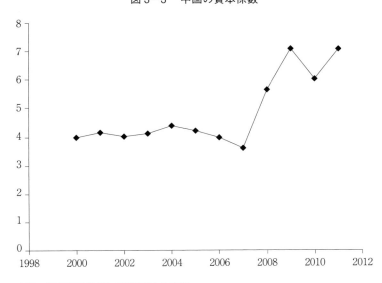

出所：『中国統計年鑑』2012年版より作成。

68 第Ⅰ部 中国のバブルの政治経済学

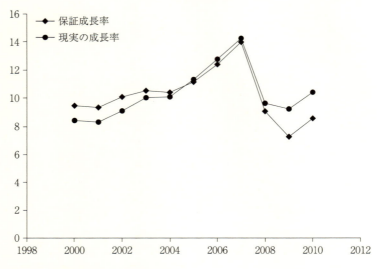

図3-4 中国の経済成長率

出所：『中国統計年鑑』2012年版より作成。

できる。(統計の取り方によって必ずしも同じ成長率ではないかもしれないが)表3-5によって、保証成長率とよばれる概念にそった傾向をみることが可能である。すなわち、2007年に13.96％だった保証成長率が2008年には9.02％に急速に低下していることがわかる。そして以後7.24％、8.55％であり、経済の効率が低下し、保証成長率が小さくなっていく傾向が認められる。(利用可能なデータからの計算だが、表3-5による限り、むろん成長率の数字それ自体は小さくはないのだが、傾向としてみると中国の成長力に若干の陰りがみえてきたといえるかもしれない)。念のため、表3-5に、同じく『中国統計年鑑』2012年版から、現実の実質 GDP 成長率を併せ示し、全般的な傾向の理解の便宜のために図3-4を示した。図3-4から明らかなように、保証成長率と現実の成長率が類似した傾向を示している。いずれにしても、全般的な傾向として、保証成長率ならびに現実の成長率から明瞭なように、2007〜2008年を境にして成長率の低下傾向が認められる。そして図3-2（中国における M２/GDP 比率）および図3-3（中国の資本係数）で明らかなように、貨幣供給量の増大が資本係数の上昇で示される経済効率の低下と有意なかかわりをもっていると考えることができる[55]。

２．影の銀行をめぐって[56]

2-1　影の銀行とは何か

　先に述べたとおり、とりわけリーマン・ショック以降膨大に供給された貨幣（すなわち、2009年におけるＭ２の対前年増加額は13兆1,000億元に上る。そして、周知のとおり、リーマン・ショックに対処するために中国政府が「財政出動」した規模は４兆元に達する）が存在したとしても、仮に多くの貨幣需要が存在し、効率的な生産に投入されたとすれば、決してバブルは起きない。しかし、貨幣が膨大に供給される場合、効率的な生産に向かわず、「ずさんな審査」を経て非効率な部門に投入される危険性が大きい。

　こうした事態が出現することとなった背景には、中国４大国有商業銀行の改革が存在する。しばしば指摘されてきたように、中国国有商業銀行の不良債権比率は非常に高いものだった。それは、社会主義体制下での銀行を考えれば当然のことである。社会主義体制下での銀行は、特に収益を求められるわけではなく、計画当局の指示にしたがって国有企業に融資を行う機関であって、（審査がずさんであるとかないとかいった）コスト・マインドはそもそも存在していない。したがって、そうした機関に向かって保有する債権が「良好か不良か」と問うことは無意味であり、そのような金融システムがグローバルな世界とは明らかに異なることもまた当然である。

　さらに、「影の銀行」という仕組み自体、中国特色を反映するものであって、中国では従来から「民間貸借」という家族や友人間の貸し借りのシステムが存在しており、もともと信用度が小さく、銀行融資の対象になりづらい貸借関係には、一種の「影の銀行」という「家族や友人間の貸し借り」が機能していたのである[57]。その意味では、多くの先進工業国の視点とは異なる存在とみるのが適切であり、グローバルな世界とは異なっていることもまた明白である。

---

55 当然のことだが、効率的な生産活動が活発に行われていれば、そうした現象は起こらない。なお、Ｍ２／GDP 比率と資本係数の相関係数は0.66861であり、（有意水準５％で）有意な相関であることがわかる。

56 本節の記述は、『週刊エコノミスト』（2014年３月11日号）における何編かの署名論稿（該当箇所に明記）によるところが大きい。

57 この点の指摘については、たとえば、五味（2014）、25頁参照。

70　第Ⅰ部　中国のバブルの政治経済学

　すなわち、社会主義市場経済および（グローバルな世界とは異なる）中国特色が色濃く反映されている複雑な中国の諸事情を正確に理解することは難しいといえる。とはいえ、中国自体が、「よりグローバル化される」方向に舵を切っていることもまた事実である。

　そうした事情を反映して、中国の金融システムの改革は、まず金融資産管理公司（全額政府出資）の設立からはじまることとなった。4大国有商業銀行の不良債権の多くが簿価で金融資産管理公司に買い取られたのである。ちなみに、4大国有商業銀行のそれぞれに金融資産管理公司が設立されており、総額でおよそ1.4兆元の不良債権が移管・回収されることになった。中国工商銀行には「華融」、中国建設銀行には「信達」、中国農業銀行には「長城」、中国銀行には「東方」という金融資産管理公司が設立され、不良債権処理がはかられたのである。買い取られる前の4大国有商業銀行の不良債権比率は、「約40％と推計されている」[58]。（ちなみに、2012年12月末の4大国有商業銀行の不良債権比率は、1.0％である）。

　すなわち、中国では、膨大に供給された貨幣から発生する大きな規模の不良債権化を防ぐために、大手国有商業銀行の貸出先を、低リスクの国有企業に絞ってしまったという事情が一方で存在し、その結果として他方で、とりわけ中小規模企業への融資ならびに把握することの難しい大量の貨幣の存在に頭を悩ませることとなったのである[59]。

　言い換えれば、返済される可能性の大きくない顧客に対して融資を行い、その債権を（当然のことだが）高い利子率を付することによって資産保有者に販売するのである[60]。そうした役割を果たしている主体を一般に「影の銀行」とよび、売買の対象となる金融商品を「理財商品」とか「信託商品」とよぶ（本章では、

---

58 松田（2014）、28頁。
59 したがって、メカニズムとしては、不動産融資を専門にあつかわない都市銀行に代わって不動産融資を専門とする住専（住宅専門金融会社）を設立し、（「ずさんな審査」のもとで）不動産融資を行った日本のバブルの時期の金融機関に似た側面を有する（ただし、規模は断然異なる）。なお、しばしば指摘された「誠至金開1号」のケースの場合（山西省の炭鉱企業向け融資のために中誠信託が中国工商銀行をつうじて販売した信託商品のケースは、2014年1月にデフォルトが懸念されたが、結局同年1月末に中国工商銀行から元金保証される旨の通知が出され、デフォルトが回避されたという場合）には、当該資金の出所は不透明なままである。金森（2014）によれば、中誠信託は、「自らと工商銀行および山西省政府が合意した」としているが、工商銀行、山西省政府とも、これを否定していること、また華融が債権を引き継いだという情報の場合も、華融がそれを否定していることが述べられている。要するに、よくわからない。金森（2014）は、したがって、「公的資金が投入された可能性」が高いと推測している。

以下、一括して「理財商品」とよぶ）。

ところで、地方政府は、予算法によって財政赤字の計上は許されておらず、地方債の発行も禁止されている。また、直接に銀行から借り入れることも禁じられている。だが、リーマン・ショック後の４兆元に達する「財政出動」に際して、地方政府は全体で1.25兆元に及ぶ財政出動（すなわち支出）を求められることになったのである。こうした窮状に際して、各地方に設立されることになった機関を「融資平台」とよび、（しばりのない）融資平台をつうじて、銀行借り入れや債券の発行を行い、資金調達をはかったのである[61]。

しかし、高いリスクに対応するためには高いリターン（すなわち、高い利子率）が必要である。「高リスク・高リターン」によって資金調達を支えてきたのが理財商品とよばれる財であり、それによって「影の銀行」が拡大してきた。中国の銀行では預金金利が規制されており、上限は3.3％だが、理財商品の金利は４〜10％であり、こうした高い利子率が理財商品への需要を大きくしている。

2-2　影の銀行の規模とメカニズムについて

「影の銀行」の規模については、諸説が存在しており、確定した情報が存在するわけではない。本節では、概略の見当をつけることならびにそのメカニズムについて考えてみることとする。

ひとまず、（先に述べた）日本のバブル期の数字を参考にしてみると、たとえば、1994年３月末時点における日本の都市銀行11行の不良債権額は、15兆7,657億円であり、1994年３月末時点における日本の住専（住宅金融専門会社）７社の不良債権額は、６兆2,918億円である。そして不良債権比率は都市銀行が5.8％であり、住専が56.5％である。ちなみに、1993年度の日本の名目 GDP は488兆7,548億円だから、都市銀行の不良債権額は名目 GDP のおおむね3.23％であり、住専の不良債権額は名目 GDP のおよそ1.29％に当たっている。日本のバブルの状況とは

---

[60] いうまでもなく、こうしたプロセスは「サブプライムローン」で観察されたものである。したがって、結局は経済が高い成長率を保って（いわゆる右肩上がりに）拡大していけば続けることができるが、経済の拡大が持続不能になった時点で弾けることになる。なお、そうした融資の可能性の判断は利子率の高さに依存することになるから、利子率がこうしたシステムの均衡の存在を模索する役割をはたすこととなる。なお、均衡利子率の形成とそのメカニズムについては本章の以下の記述を参照されたい。
[61] 五味（2014）、25頁。

72　第Ⅰ部　中国のバブルの政治経済学

そうした数字で表されるものだったのである。

　中国銀行業監督管理委員会によれば、2013年9月末時点における中国の銀行の不良債権残高は5,636億元である[62]。同じく、中国銀行業監督管理委員会によると、2013年6月末時点における中国の銀行全体の理財商品の残高は、9兆800億元に達する。

　また、中国の4大国有商業銀行が、2014年3月31日までに初めて開示した資料によれば、2013年12月末時点での「元本保証のない理財商品」の販売残高は約2兆8,000億元であり、同時期の理財商品全体の残高は10兆2,100億元だから、理財商品全体の約30％が、元本保証のない理財商品すなわち当局の監視の目が行き届かない「影の銀行」の中核とされる商品であることがわかる[63]。

　中国国家統計局が、2014年1年20日に発表した2013年の中国の名目GDPは、56兆8,845億元だから、上記「影の銀行」の中核を成す「元本保証のない理財商品」の販売残高は、同年の名目GDPの4.9％であり、理財商品全体の残高10兆2,100億元は2013年の中国の名目GDPの17.95％を占めることになる。名目GDPのおおむね18％という残高はかなり大きいものであろう。（なお、2013年9月末時点における中国の銀行の不良債権残高は、2013年末時点の名目GDPの0.99％すなわちほぼ1％に該当する）。

　『日本経済新聞』（2014年3月12日）には、「銅の国際価格が急落――理財商品への投機取引に利用」という記事が掲載されている。概略、次のような内容である。

　「中国の信用収縮観測を背景に、銅の国際価格が大幅に下落している。指標となるロンドン金属取引所（LME）相場は11日の時間外取引で1トン6,690ドル前後。直近高値の2月下旬から7％安く、約9カ月ぶりの安値圏にある。……一部投資家は米ドル建てで銀行からLC（信用状）の発行を受けて資金を調達して銅を輸入。すぐに銅を売却して人民元に替え、理財商品などで運用している。金利が高い人民元と低金利の米ドルの利ざやが狙いだ」。

　要するに、この記事から、「投資家が米ドル建てで銅を輸入し、その銅を売って人民元を買い、その人民元で理財商品を買う」という「影の銀行」にかかわる行動の一端を垣間みることができる。すなわち、要点は、こうした行動によって

---

[62]『日本経済新聞』2014年1月9日。
[63]『日本経済新聞』2014年4月1日。

第3章　中国の国家資本主義とバブル現象　73

図3-5　「影の銀行」と「表の銀行」の限界生産力曲線と利子率

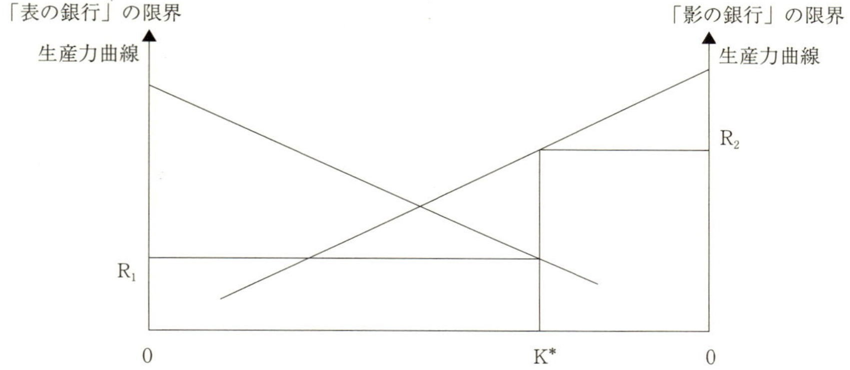

「表の銀行」の限界
生産力曲線

「影の銀行」の限界
生産力曲線

R_2

R_1

0　　　　　　　　　　　　　　　　　　　　　K^*　　　　0

出所：筆者作成。

　ある種の均衡が成り立っているということである。本節の以下では、「影の銀行」
の資本市場における均衡概念について述べてみることとする。
　先に述べたとおり、通常の銀行預金に適用される規制金利は3.3％だが、理財
商品に適用される金利は10％前後のものが存在する。そして、ひとまず（「影の
銀行」に対比して表現すれば）「表の銀行」の金利が3％、「影の銀行」の金利が
10％として均衡しているとすると、そこに一体どのようなメカニズムが働いてい
ると想定されるだろうか[64]。
　いま、資本市場を想定し、「表の銀行」における資本の限界生産力曲線と「影
の銀行」における資本の限界生産力曲線を考えることにすると、図3-5のよう
な状態が成立する。すなわち、「表の銀行」では資本の価格すなわち利子率が公
定価格として3％に決められており、「影の銀行」では限界生産力曲線と資本投
入量によって利子率が10％に決まっている状態が描かれている（すなわち、R_1
＝3％、R_2＝10％である）。
　さて、「影の銀行」における利子率を決める要因は一体何だろうか。それは限
界利益と限界費用の差（純利益）が最大になるように決められる、ということで
ある。たとえば図3-6がそうした状態を示している。図3-6で示されるように、

64 筆者は、かつて同様の枠組みを使って、東欧における「影の経済」を分析したことがある。詳しくは、
　森田（1987）参照。

図 3-6 総利益曲線と総費用曲線

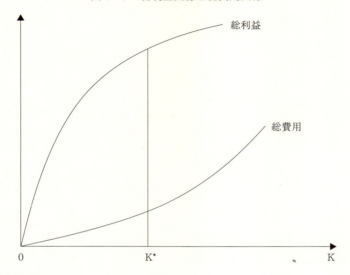

出所:筆者作成。

図 3-7 限界利益曲線と限界費用曲線

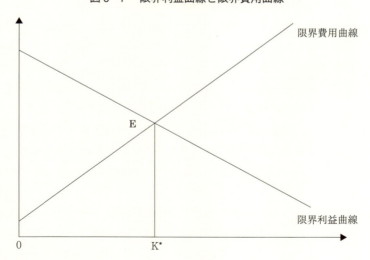

出所:筆者作成。

図3-8　資本市場の均衡形成メカニズム

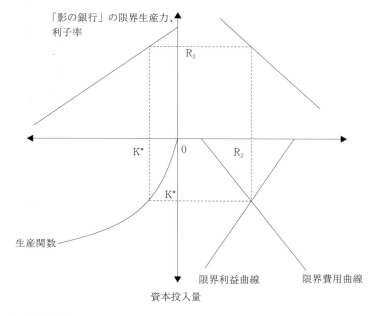

出所：筆者作成。

限界利益は逓減していき、限界費用は逓増していくと考えられる。ちょうど接線の傾きが同じになったときに限界利益と限界費用の差は最大となる。限界利益と限界費用として図示したものが図3-7である（両曲線の交点が純利益最大の水準を表している）。

そして、図3-5（の右原点から左側——以下同じ——）と図3-7をそれぞれ第2象限と第4象限で表現する図3-8によって図解することができる。図3-5および図3-7で示されるように、限界利益と限界費用の差（純利益）が最大になるように資本投入量が決められ、それに対応して資本の価格すなわち利子率の均衡水準が決まってくるのである。本章の主張の本質は、したがって、「表の銀行」と「影の銀行」における利子率の格差が存在したまま資本市場が均衡状態にあるものと考えることが可能だということである。そして、それは「影の銀行」に関する経済行動を決めるのは、主として純利益の大きさであって、利子率の水準ではないということを意味している[65]。

76　第Ⅰ部　中国のバブルの政治経済学

　言い換えると、それは純利益が変化することによって「影の銀行」に関する均衡状態が変化するということを示している。

　さて、それでは、中国におけるバブルの状況はどのように考えられるのだろうか。次の節では、日本の識者の見解をみてみることとしよう。

3．中国経済をめぐって：日本の識者の諸見解[66]

3-1　バブルの崩壊をめぐって

　以下、本節では、中国バブルは間違いなく早い時期に崩壊するという主張（本節では「バブル崩壊派」とよぶことにする）と中国にバブルは存在するかもしれないが簡単には崩壊しないだろうという主張（本節では「バブル非崩壊派」とよぶことにする）について、何人かの日本の識者の見解を取り上げてみてみることとする。

　中国に関するバブルをめぐって積極的に発言を行っている日本の代表的な識者の一人は、宮崎であろう。彼の著書（2013）の第2章は、そのものズバリのタイトルであって、「中国バブル崩壊、これだけの理由」というものである。

　繰り返しいうまでもなく、問題の根幹は、膨大な貨幣供給に見合った生産が行われ得るかどうかということである。宮崎は、そうした事情を「中国のGDPが成長する要素は消滅した」と述べ、その理由を説明している。いうまでもなく、膨大な貨幣供給が存在しかつ経済活動が停滞局面に入るのであれば、大量の貨幣が（効率的な）行き場を失うことになり、その処理に多くの時間と苦痛を伴うことになるだろう。

　宮崎があげている理由は次の3点である。第1は、政府による財政支出が民間消費の拡大につながっていないという点であり、したがって、（政府支出による投資が生産を喚起しないから）財政収入に結びつかず、財政赤字が拡大していくというプロセスとなる。たとえば、浙江省に建設された9つの空港のうち7つが赤字であるという事例があげられている。要するに投資計画がずさんであり財政

---

[65] 純利益の大きさを決める要因、すなわち限界利益を決める要因は何であり、限界費用を決める要因は何かという問題については次節以降参照。

[66] いうまでもなく、ここで取り上げる人びとの主張は筆者が恣意的に選択したものであって、何らかの「選択の基準」が存在するわけではない。

規律があいまいであって、財政赤字を簡単に発生させる体質ができあがっているということの指摘である。第2は、国有企業による採算を度外視した投資が、大きな過剰供給体制をつくりあげているという指摘である。このことも土台は同じであって、基本はヤーノシュ・コルナイのいわゆる「ソフトな予算」という仕組みの存在である。そして、第3は、貿易赤字の拡大の指摘である。人件費の高騰が起こっている中国では、生産を行う魅力が消え失せ、中国国内で需要のない産業は、バングラデシュ、ミャンマー、ラオス、カンボジアなどへ工場を移転させている。したがって、輸出が減る。それに対して、石油、鉱物資源等の輸入、小麦、大麦、とうもろこし等の食糧輸入も増加しているから、貿易赤字の解消は難しくなる、という指摘である。

　（宮崎の表現をそのまま借りれば）計画経済の行き詰まりを自由市場主義で克服しようとしても、不可能な地点に中国経済は直面している、という見解であり、行き着く先は——「中国バブルの崩壊」というだけではなく——「中国経済の崩壊」である。

　「バブル非崩壊派」の主張は、たとえば、丹羽（2014a）、（2014b）にみられる。丹羽の主張は、おおむね次のようなものである。中国のバブルは、いずれ崩壊するといった指摘が少なくないが、それはあまりに非現実的である（「万が一」そんな事態になれば、世界経済は惨憺たるものになるだろうから、破滅しそうになれば、日米が真っ先に助けに行かなければならない[67]）。さらに理財商品の問題は、すべてがデフォルトするわけではなく、またすべてが不良債権予備軍というわけでもない。地域差も大きく、ひとつの省で問題になったからといって大騒ぎするのは全体を見間違うおそれがある[68]。いずれにせよ、中国のバブルが崩壊するという見方は非現実的だというのが丹羽の主張である。

　丹羽の主張の裏付けとなる考え方は、中国の（丹羽の表現をそのまま借りれば）「社会主義的資本主義」という矛盾に満ちた体制の「わかりにくさ」や「不透明さ」であり、「われわれの従来の価値観では中国は理解できない」というものである。

　実際、資本主義体制ではバブルが起き、やがて崩壊することになるが、「社会主義的資本主義」という（矛盾に満ちていようと何であろうと）歴史上初の試みである中国の経済運営のもとでは、バブルが起きたからといって崩壊するとは限らない。

　「バブル非崩壊派」の主張は、また石山（2013）にみられる。石山は、その第

78　第Ⅰ部　中国のバブルの政治経済学

　3章「住宅・不動産の超級バブル」の中で、中国における15の銀行の貸付残高に占める不動産開発業者向け貸付残高と個人向け貸付残高の合計が、2010年6月末時点で、25％であること、また、「これまでバブルを発生させてきた国をみると、この比率が30％を超えるときがバブルのピークであり、間もなくバブルが崩壊している」[69]ことを述べ、現在の中国が「危険なレベル」であると述べている。そして、「現在の中国では、住宅・不動産バブルが存在することはたしかである」と主張している。

　しかし、中国政府や中国人民銀行の説明すなわち、「インフレとバブルはコントロールされた形で抑制されている。また、個人部門の住宅ローン負債はさほど大きくない。金融引き締めと住宅投機の規制はつづくだろうが、バブル崩壊というような激変はおこらない」という説明[70]を引用している。

　結局石山は、「私もこの見方に同意したい。中国バブルの大崩壊をひそかに期待していた人もいるだろうが、それはおこりそうにない」[71]と述べている。要するに、徐々にバブルが解消されていき、大きな変動が起こることはないとみているわけであり、それは結局中国政府が今後適切な対応を行うだろうという見通し

[67] 「惨憺たるもの」とはいったい何を意味するのか正確に理解することは難しいが、おおよその見当を付けるために日本の例をとり、貿易から推測してみることにしよう。『ジェトロ世界貿易投資報告』（2013年版）のデータによると、2012年の日本の対中国輸出入総額は3,337億500万ドルである。中国のバブルの崩壊によって輸出入がそれぞれ半額に減ってしまった（50％減少してしまった）とすると、1,668億5,250万ドルの減少となる。中国市場の縮小による影響である。2012年の日本のGDPは、総務省のデータによると、468兆1,845億円であり、2012年の米ドル円相場の平均をとると、1米ドルは79.86円に等しいから、5兆8,625億6,570万ドルとなり、1,668億5,250万ドルの減少とは、GDPのおよそ2.85％である。なお、日本の輸出のみに限れば、2012年は1,778億900万ドルであり、50％の減少は889億450万ドルだから、GDPのおよそ1.52％に等しい。さまざまなそして非常に重要な間接的諸効果が発生するに違いないから、2.85％とか1.52％という数字の正確さははっきりしないが、こうしたレベルの数字を指して「惨憺たるもの」と表現することはかなり主観的なものであろう。
　ただし、輸出入全体が半額になるということが、同じ比率で中国国内のGDPが半額になることだとすると、中国国内に「惨憺たる」影響が発生するだろうことは容易に推測できる。すなわち、「深刻な国内問題」の発生だが、そうした場合に、「日米が真っ先に助けに行かなければならない」と、日米の多くの人びとが考えるかどうかは疑問である。
　なお、いうまでもなく、上記の「50％の減少」という想定はあまりにもドラスティックであり非現実的である。日本のバブルを例にとれば、バブル崩壊といわれる時期のGDP成長率はプラスであって、1991年、1992年、1993年は、それぞれ6.57％、2.78％、0.93％である。成長率は小さくなってはいるがプラスである。
[68] この点は、後に述べる柴田・長谷川（2012）参照。要するに、地域ごとに違っていれば、対処は難しくなくなるだろうという考え方であり、合理的な見解であろうと思われる。
[69] 石山（2013）、130頁。
[70] この点は、後に述べる津上（2013）および柴田・長谷川（2012）参照。
[71] 石山（2013）、133頁。

にもとづくものである[72]。

　上でみたような、一方で宮崎の見解と他方で丹羽および石山の見解は、端的にいってふたつの点で異なっている。ひとつは「社会主義市場経済」をどうみるかという見解であり、もうひとつは「国民生活の軽視」に対する「国民の対応」をどうみるかという見解である。

　もっとも、宮崎の見解すなわち（彼自身の表現を借りて述べたように）中国経済は「計画経済の行き詰まりを自由市場主義で克服しようとしても」不可能な地点に到達したという見解は、文字どおりだとすれば、理解するのは難しい。丹羽が述べているとおり、中国は歴史上初の試みである「社会主義市場経済」によって運営されているからであって、決して「計画経済の行き詰まり」を「市場経済で克服しようとして」いるわけではないからである。あえていえば、むしろ逆であって、「市場経済まがい」の仕組みででき上がった不良債権・債務を、社会主義の仕組みのもとで対処しようとしているとみるべきものである。

　そうだとすれば、中国経済の下で膨らんだバブルは、容易には崩壊しない。「国家資本主義」とよばれたり「社会主義市場経済」とよばれたりしている中国経済の仕組みは、自由で民主的な仕組みの先進工業国に比較して国民生活は軽視しているかも知れないが、国家の威信および存続はとりわけ重視されているに違いないからである。各種資源の配分の権限は集権的な政府の手中にあるから、国民の生活は犠牲にされても、国家の威信や存続は守られやすい。したがって、バブルは容易には崩壊しない。

　すぐ上で述べたとおり、中国経済の現状は「国民生活軽視」の上に成り立っているという側面を否定することはできない。余りにも国民生活の軽視がひどく、また政府上層部の腐敗も容認できるレベルをこえている。したがって、いつまでも国民がおとなしくしたがっているはずはないから、遠からず一党独裁政権は維持できないだろうとみる見解が、「バブル崩壊派」である。

　それに対して、丹羽の見方のように、「歴史上初の試み」である中国の社会主義市場経済の運営に期待を寄せていたり、石山の見解のように、中国政府の政策

---

[72] 石山の診断によれば、「2012年のインフレは2.8％に落ちついており、その後も３％程度でつづいている。物価が３％上がる中で住宅・不動産価格が２％下がれば、実質的には５％の下落である。これが５年間続けば、約30％とみられるバブルは解消するだろう。これがもっともありそうなシナリオだと思われる」（133頁）。言い換えれば、中国政府の金融政策が上記のような想定にしたがって適切に行われればバブルは解消するという見方である。たしかにあり得そうなシナリオであるといえる。

80　第Ⅰ部　中国のバブルの政治経済学

が大きな激変をよぶことなくつづいていくだろうという見方をする場合には、「バブル非崩壊派」ということになるだろう。

　上記のふたつ目の点（「国民の対応」）は、判断が難しい。国民が自国あるいは自地域の現状をどうみているかという疑問に答えようとすれば、選挙をつうじて国民あるいは住民の意識を知るよりほかにないが、集権的な政治体制の下では原則としてそれは困難だからである。したがって、何らかの基準に照らして自ら判断し、国民の我慢が限界に来ているとみれば、中国の集権的な仕組みは崩壊しバブルは弾けるだろうという見方になる。そうではなく、中国政府の政策は大きく変化することはなく、経済も政治もおおむね変わりなくすすんでいくだろうという見方に立てば、バブルも弾けなければ、政権が崩壊することもないという判断になる。

　言い換えれば、「バブル崩壊派」の主張と「バブル非崩壊派」の主張とは、結局のところ、中国の政治経済の中長期的な行方をどうみるか、という見解に帰着することがわかる。だが、「バブル崩壊派」の主張をとり入れ、中国が崩壊していくシナリオを描くことは困難であろう。それは、「国家資本主義」とか「社会主義市場経済」とよばれたりしている集権的な中国経済の仕組みを前提にすれば容易に起こらないだろうからである。その意味でいえば、本節における「崩壊派」と「非崩壊派」の分類とは、結局のところ「成長派」と「非成長派」の分類に行き着くことになろう。

3-2　中国経済は「成長」か「非成長」か

　いうまでもなく、中国経済をどう展望するのかという見方は、多くの人びとがさまざまな見解を表明している。

　たとえば、「GDPで米国を抜く日は来ない」という津上（2013）の見方は、「非成長派」に属する[73]。それに対して、（中国経済の）「成長余力はまだまだ大きい」という柴田・長谷川（2012）の見解は「成長派」に分類される。一体何が違うのだろうか。

　ここでは、分析の焦点として、「米中逆転」があり得るのか否かという問題をとり上げて検討してみよう。すぐ上で述べたとおり、津上（2013）は「米中逆転

---

[73] なお、津上（2011）には、「7つの壁」が指摘されている。併せ参照されたい。

はない」という主張であり、柴田・長谷川（2012）は「米中は逆転する」という主張である。

　念のために付け加えておけば、「米中逆転」とは、あくまでも「GDP の話」であって、文化とか当該言語を話す人の数等といった話ではない。すなわち、なぜ（定義や客観性等々といった厄介な問題ではなく、その意味では至極単純な）「GDP の話」によって、「逆転の有無」で見解が分かれ得るのだろうか。本節では、そうした疑問にもとづいて、津上（2013）および柴田・長谷川（2012）の主張を検討してみることにしよう。

　津上は、第 9 章「中国が GDP で米国を抜く日は来ない」において、中国の中長期的な成長を唱える論者の「定番シナリオ」に対する疑問と懸念を論じている。そのひとつは、「都市化」の継続である。たしかに、「都市化」が順調にすすめば、生産性や付加価値を生み出すことが期待できる。だが、津上は、そこには解決すべき四つの問題が存在すると指摘している。(1) 第 1 は、経済水準と比べて不相応に高い不動産コストであり、産業の発達の障害になっているということである。(2) 第 2 は、「都市・農村の二元構造」であり、身分差別のため農民が出稼ぎに二の足を踏んでいる状況ならびに二元的土地制度が（土地利用の面から）都市化を制約する状況が存在するということである。(3) 第 3 は、（ルイスの転換点を迎え）内陸都市が「都市化」をすすめようとしても、もはや若者がなにほども残っていないという可能性の存在である。そして (4) 第 4 は、民営企業の疲弊である。

　要するに、不動産バブル、農民の身分差別、人口オーナス、国進民退という要因の存在があがっており、生産性や付加価値の向上がすすんでいかないという懸念にほかならない。

　さらに津上が強調するのは、分配の不公平であり、中国社会の安定性の毀損である。津上によれば、分配の不公平はふたつであって、(1) 国民間の貧富の格差であり、とりわけ急務なのは農民差別の撤廃だということである。そして、(2)「もっと重要な」ふたつ目は「官民格差」であり、特に「国家資本主義」や「国進民退」の是正だという主張である。

　要するに、強力な既得権益にメスを入れる構造改革が欠かせないという見方であり、（2020年代には人口オーナスが待っているから、それまでに）改革をすすめることができるか否かがカギであり、できなければ「中国台頭の終焉」が明瞭

82 第Ⅰ部 中国のバブルの政治経済学

になる、ということである。

　津上の主張の特徴は、本節で焦点をあてた「米中逆転」といういい方にしたがえば、米国経済の回復という見方にある。津上があげる米国経済の強みは、（1）構造調整がはやいこと、（2）少子高齢化の影響を受けない唯一の先進国であること[74]、（3）基軸通貨国の強みをもつこと、である。米国経済をめぐって常にふれられてきた「双子の赤字」についても、津上はかなり楽観的である。国民の貯蓄性向も回復し、オバマ大統領も財政再建に取り組んでいることを評価し、さらには貿易収支赤字も「シェールガス革命」に期待を寄せている。過剰消費が改善をみせず、「貿易赤字問題でやがては国が破綻する」かのようにいわれていた数年前とは様子が違ってきた、と述べている。

　したがって、次のように締めくくる。「仮に中国が2020年まで５％の成長を続けても、その間に米国も２％は成長するだろう。差分はわずかに３％、2020年に至っても中国のGDPは米国の３分の２に達するだけだ」。そして2020年代には「厳しい人口オーナスがやってくる。中国がGDPで米国を抜く日は来ないだろう」[75]。

　柴田・長谷川（2012）は、その第６章「米中逆転——中国経済の成長はつづく」において、彼らの主張を述べている。

　彼らの考え方の基本は、官であれ民であれ、現状を持続させることのメリットは大きく、反対に転覆させることのメリットは小さい。むしろ転覆させることのリスクの方が圧倒的に大きい、ということである。そして、格差の拡大についても、「底辺も上がっているから」既存システムへの挑戦のリスクは高いと思われることであり、したがって、「政治的暴発は考えにくい」という見解になる。さらにいえば、「中国はいまだに発展途上国」であり、かつ「発展が相対的に遅れてきた中西部や東北部」の今後の発展の余力を勘案すれば、中国の成長力は大きく、米中は逆転するということになる。

　要するに、生活インフラは貧弱であり、投資を行う余地は非常に大きい。従来

---

[74] この点については、留意する必要がある。伊藤（2012）は、「2011〜30年の期間に、アメリカの引退者人口は２倍になる。……しかしこの期間、アメリカの勤労者（18〜64歳）の人口は、たった18％しか増えない」（226頁）と述べており、また「2020年代の前半期に、アメリカの青少年人口の過半数は非白人となり、2042年ごろ、アメリカの白人は少数民族となる。アメリカの白人人口はすでに顕著な少子高齢化現象を示しており、今後のアメリカの人口増加は、ヒスパニック人口の増加に頼るしかない」（228頁）と述べている。

[75] 津上（2013）、242頁。

の投資主導型の経済モデルでさえも、当分は持続可能ではないか、と考えられる。「中国が思ったよりも息の長い成長を持続することも可能」[76]だという主張である。

　もう少し彼らの見解を、柴田・長谷川（2012）の第6章にしたがって、追ってみよう。

　彼らの見方は、「習近平時代は、中国の経済規模が米国を抜き、世界最大のスーパー経済大国に成長する時期となるかもしれない」[77]ということであり、彼らのいう「米中逆転のシナリオ」は次のとおりである。IMFの見通しによると、「米国が2～4％、中国が8％台で成長を続け、習近平政権の第一期目が終了する5年後の2017年には、米国は19.7兆ドル、中国は12.7兆ドルと、約3分の2の規模となっている」。なお、「仮に人民元レートが、購買力平価並みの1ドル＝約4.4元まで増価した場合、2017年時点で、米国は約19.7兆ドル、中国は約20.3兆ドルとなり、米中逆転が起こっている」[78]ことになる。上記の逆転は、したがって、習近平政権の第一期の5年間で、人民元の対ドルレートが約30％増価した場合に現実のものとなる。彼らの主張の要点は、「ましてや、政権が10年間、2022年までつづくとすれば、その間の米中逆転の可能性が非常に高い」[79]ということである。

　むろん、いわゆる「中国経済息切れ論」は、日本のみならず国際社会で根強く存在する。柴田・長谷川（2012）の描く「中国経済息切れ論」は、政治的理由および経済的理由に大別して次のとおり説明される。（1）政治的理由は、「近い将来、中国に政治的混乱が生じ、それに伴って経済も停滞する」というものであり、（2）経済的理由は、「近い将来、中国経済が構造的な転換を迎え、従来強みだった競争上の優位性が消失し、経済基盤が弱体化する」というものである。だが、彼らによれば、そうした「中国経済息切れ論」は、先ほど上で述べた「メリット＝リスク」論によって、排除され得ること、また、「中国発展途上国」論によって、中国の成長力は依然として大きいことから、米中は逆転するということになる。

　そうした両論を併記してみると、いくつかの仮定が大きな役割をはたしていること、しかし、基本的にはそれほど大きな相違は認められないことがわかる。

　真っ先にふれておくべきことは、津上（2013）の場合にも、「「官」が経済を強力に掌握しているので、急に「崩壊」する可能性は低い」[80]という点に異論はな

---

76 柴田聡・長谷川貴弘（2012）、272頁。
77 柴田聡・長谷川貴弘（2012）、236頁。
78 柴田聡・長谷川貴弘（2012）、237頁。
79 柴田聡・長谷川貴弘（2012）、238頁。

いということである。したがって、「成長楽観論」への警鐘ではあったとしても、「昔の勢い」がなくなっていくだけであって、崩壊するわけでも分裂するわけでもないという見方である。

ただし、「国進民退」であったり「官民格差」であったり等々という課題が、津上（2013）の指摘どおり、容易に解決できる性格のものではないこともたしかであり、その点は、柴田・長谷川（2012）にも、明瞭に、「中国が抱える巨大なリスクを否定しない」[81]と述べられている。

あえていえば、津上（2013）の場合が、米国経済の回復を考慮に入れ、中国経済の今後の見方がやや厳しい分「米中逆転」には懐疑的となる。柴田・長谷川（2012）の場合は、中国経済とりわけ中国政府による政策運営を評価している分、そしてIMFによる予測すなわち中国が8％台で成長を続けることおよび人民元の対ドルレートが約30％増価するという見通しのもとで判断すれば、「米中は逆転する」という結論に到達することとなる。

要するに、津上（2013）の場合は、米国の成長率が2％、中国の成長率が5％と想定することによって導かれる結論であり、柴田・長谷川（2012）の場合には、米国の成長率が2〜4％、中国の成長率が8％と想定し、人民元の対ドルレートが約30％増価するという前提のもとで得られる結論だということになる。どちらの場合であれ、（津上（2013）の場合を取り上げるとしても）「中国の台頭」は終焉するかもしれないが、「中国の崩壊」はない。

いずれにせよ、「中国バブルの崩壊」が仮にあったとしても、「中国の崩壊」はないものと考えられるだろう。そうだとすれば、次の問題は、国際社会での位置づけ、言い換えると「覇権の行方」はどのように考えればよいのかということになる。次節で考えてみよう。

4．覇権国とバブル

覇権とバブルとの間には有意な関係があるという主張が存在する。木下（2012）である。

覇権国の系譜は、（たとえば、モデルスキー＝トンプソン（1987）のように）

---

[80] 津上（2013）、241頁。
[81] 柴田聡・長谷川貴弘（2012）、239頁。

第3章　中国の国家資本主義とバブル現象　85

表3-6　覇権国のサイクル

サイクル	持続期間	覇権国	世界規模の対立
I	1518～1608年	ポルトガル	イタリア戦争（1499～1517年）
II	1609～1713年	オランダ	スペイン戦争（1581～1608年）
III	1714～1815年	イギリス（1）	フランス戦争（1618～1713年）
IV	1816～1945年	イギリス（2）	フランス戦争（1792～1815年）
V	1946～	米国	ドイツ戦争（1914～1918年） （1939～1945年）

注：訳語は篠原（1991）を参考にした（ただし、同じではない）。
出所：Modelski and Thompson（1987), p. 86.

表3-6のとおり表現される。実際、オランダは1609～1713年までの期間、覇権国の位置にあり、イギリスは1714～1815年までの期間、（第1期の）覇権国の位置にあった。そして、バブルとして周知のオランダにおける「チューリップ球根事件」は1637年に崩壊しており、イギリスにおける「南海泡沫事件」は1720年に崩壊している。すなわち、明瞭に覇権国の位置にあった国々において、世によく知られたバブルが起き、そして崩壊しているのである（もっとも、「ミシシッピーバブル」を経験したフランスは覇権国になっておらず、「大正バブル」や「平成バブル」を経験した日本も、「レンテンマルク」に象徴される猛烈なハイパーインフレに見舞われたドイツも覇権国にはなってはいない）。オランダ、イギリス、（そして「ブラックサーズデー」を経験した）米国がそれぞれバブルを経験していることから、木下（2012）は、「通常経済」と「恐慌経済」という2つの経済空間から構成される「経済の1サイクル」が覇権国誕生の必須条件であると主張している[82]。

　ところで、なぜ覇権国とバブルとが有意な関係（というよりも、「バブルの崩壊」は覇権国誕生の必須条件）にあるという主張が出てくるのだろうか。木下（2012）の主張は、「経済の1サイクル」に集中していて、この間の説明が、本章の視点からは、不十分なように思われる。だが、本章の視点からの解釈を試みることは可能である。覇権国（の候補）たり得る「成長経済」を持続している国家は、次第に貨幣供給が過大となって行き、やがて急激な貨幣の収縮を起こさざる

─────────
[82] なお、木下（2012）の用いている「通常経済」と「恐慌経済」という用語を、（大雑把であることを承知した上で）あえて普通の言葉で言い換えれば「成長経済」と「デフレ経済」に該当するだろう。

86　第Ⅰ部　中国のバブルの政治経済学

を得ない（すなわちバブルを発生させ崩壊させる）という状況に陥りやすいということであるように思われる。

　しかし、木下（2012）の議論を、本章のように中国を対象とする場合に適用可能かどうかは必ずしも自明ではない。それは木下自身が述べているとおり、「覇権国家成立のための条件」は5点列挙されており、その中に「資本主義が確立していること」および「民主主義国家であること」というふたつの条件が含まれているからである[83]。少なくとも木下の議論は、当然といえば当然だが、「国家資本主義」あるいは「社会主義市場経済」という体制の中国をそのまま受け入れる枠組みとして成立しているようにはみえない。ただし、覇権国とかバブルという議論を行う場合、現在の中国を排除するのは、明らかに、適切ではない。したがって、木下自身も（数頁を割いて）中国にふれており、中国が（米国の次の）覇権国になり得るかどうかという問題を設定し検討を加えている。たしかに、木下（2012）の議論を参考にしてもしなくても、中国が（米国の次の）覇権国になり得る条件は、かなりの程度、整っているように思われる。しかし、周知の懸念がいくつか存在する。木下にそくしていえば、そうした懸念として次の諸点があげられる。（1）一党独裁の国家システムと市場メカニズムをどのように両立させるのか、（2）国内問題すなわち格差の問題あるいは少数民族の問題等をどのように解決していくのか、そして（3）人民元の信用をどのように獲得するのか、という諸点である[84]。

　上記（1）および（2）の懸念は、いうまでもなく、ひとつは中国の「国家資本主義」という「あいまいな」体制をめぐる懸念であり、もうひとつは中国が抱える深刻な諸課題をめぐる懸念である。少なくとも格差や少数民族の問題をいっそう深刻にさせていくようであれば、そもそも中国が覇権国たり得ることは困難である。したがって、以下の議論は、ひとまずそれら深刻な諸課題が（各地で無数の暴動が起こり、収拾がつかなくなる等といった）限界をこえないことを前提とするよりほかにない。実際、本章の先の諸節で述べたとおり、多くの専門家は、中国政府は賢明にそれら諸課題に対処していくだろうという見通しをもっている

---

[83] そのほかの3つの条件とは、（1）経済バブルが発生し、その経済バブルが崩壊すること、（2）バブル崩壊後の恐慌経済下で財政出動して、後の発展のための社会資本を整備すること、そして（3）バブル崩壊後経済債権国であること、である。詳しくは、木下（2013）55〜56頁参照。

[84] なお、木下（2012）には、もうひとつの懸念（すなわち、上海バブルが崩壊したものと前提した上での懸念）が加わっているが、本章ではその点はとり上げないこととする。

ように思われる。本章において多数決で物事を決めようというつもりは毛頭ないが、筆者も基本的に中国政府は賢明に対処するだろうという見解に賛成である。

それでは、上記（3）の懸念はどうだろうか。いうまでもなく、覇権国とはその国の通貨が基軸通貨になることを意味するから、中国が覇権国となり人民元が基軸通貨となり得なくてはならない。そのための最低限の条件は、人民元市場が自由でありかつ制約のない市場として存在し、世界全体に流通することであろう。

だが、丹羽が述べているように、中国の試みは「歴史上初」のものであり、従来の経験から敷衍して推し量るという手法を中国にあてはめることが適切であるかどうか疑わしい。少なくとも、「中国政府は賢明に対処するだろうと考える」という思考の延長線上に立てば、人民元を基軸通貨として成長させ、「信用度を高め」[85]ていくだろうとみるのが合理的であろう。

結論：覇権体制をめぐって

先の節でみた議論についていえば、その重要な前提として、次のことを考えておく必要がある。すなわち、国際システムは一体「一極体制」を前提とするのか、それとも「多極体制」を前提とするのかということである。

いうまでもなく、国際関係論とか国際政治学という領域の視点に立てば、「一極体制」という仕組みはきわめて稀なものであり、また「冷戦」中における米ソ二極体制もまた稀な仕組みだったはずである[86]。

要するに、「バランス・オブ・パワー」（「勢力の均衡」）にもとづく「多極体制」が常態であるとすれば、そして冷戦後の米国による「一極体制」が例外の状態であったとすれば、米国の次の（一極体制の下での）覇権国が存在するという必然性はない。少なくとも、「米中逆転」をめぐる議論は緊喫のものではない。

ただし、「米ソ二極体制」すなわち「冷戦」構造と類似した「米中二極体制」の事態の到来を検討しておくことには意味があるだろう。

いずれにせよ、キーワードは「リアリスト」と「ウイルソニアン」である。前

---

85 木下（2012）、165頁。その場合には、木下の表現を借りるまでもなく、「史上初めての、共産主義市場経済国家による経済覇権国家が誕生することになる」（165頁）。なお、木下（2012）の主要な主張は、「日本が経済覇権国になる可能性はきわめて高い」（185頁）ということである（この結論に同意を表明する専門家が多いとは考えづらいだろう）。

86 この点は、たとえば、伊藤（2012）参照。

88 第Ⅰ部 中国のバブルの政治経済学

者は、また「多極体制」あるいは「バランス・オブ・パワー」であり、後者は「一極体制」あるいは「リベラル」である。もともと、国際政治の世界を支配してきたフレームワークは「リアリスト」あるいは「多極体制」だが、米国の強大なパワーを背景に「アメリカン・エクセプショナリズム」とよぶべき思想ができあがったといえる。米国の強力なパワーがあれば、主要な5ないし6カ国によるバランス・オブ・パワーの必要はなく、もっぱら米国の支配体制による世界ができあがるというわけである。

　問題は、中国がそうした米国による一極支配体制を引き継ぐことができるか否かということである。「米中逆転」があり得るかどうかという議論は、そうした枠組みを前提にして組み立てられているものに違いない。

　本章をつうじて行われた議論からわれわれが到達し得る最も「尤もらしい」結論は、したがって、見通し得る限りの将来における国際関係は、基本的には多極体制であり、とりわけ米中二国が強大な経済力・軍事力を有する体制であろう。それはおそらく二極体制とよび得るものであって、米ソ二国の体制になぞらえていえば、「新冷戦」とよび得る体制だろう。(本章で検討したように)「中国の崩壊」がないものとすれば、そうした結論に到着することになるだろう[87]。こうした体制の性質については機会をあらためて検討してみることとしたい。

---

[87] むろん、さらに時間軸を将来に延ばしてみれば、中国による一極支配体制ができ上がる（恐らくは小さくない）可能性が存在するだろう。なお、この点については、Minxin Pei（2014）を併せ参照されたい。

第4章
体制移行とバブル現象の政治経済学[88]

はじめに

　筆者は本書の先の節で、しばしば中国においてバブルと指摘される現象を取り上げて、日本との比較対照を中心に、分析をすすめてきた[89]。しかし、もっぱら「状況証拠」に依拠してみれば、中国は限りなくバブルに近いものと考えられるとしても、明らかにバブルの状態にあると断言するのは難しいし、さらにいえばバブルの崩壊を予測するのも困難である。

　本章では、そうした現状に鑑みて、視野を広げてみることとし、アメリカおよびヨーロッパの体制移行諸国を併せて分析対象としてみることにした（先進工業国のアメリカと日本、体制移行国のうち漸進主義路線を選択した中国とハンガリー、そして急進主義路線を択んだといわれるロシアとポーランドの6カ国を分析対象諸国とした）。

　いうまでもなく、標準的に「バブルの崩壊」とよばれる事態を経ている国々が存在する。本章でとり上げる国ぐにの中でも、日本、ハンガリーおよびアメリカがそうした国ぐにに属する。そしてあらためて繰り返すまでもないが、「バブルの崩壊」を示す科学的根拠は必ずしも明瞭なわけではない。したがって、中国バブルはすでに崩壊したとか中国バブルは間もなく崩壊するとかという科学的根拠に乏しい主張が存在することとなる。

　本章では、標準的に「バブルの崩壊」があったといわれる国ぐにをとり上げ、そうした国ぐにの状況の検討をつうじて中国の（全土ならびに長江デルタ地域の3都市の）状況との比較検討を試みることとする。

　なお、本章は主として CEIC Data に依拠し原則として世界銀行による統計・

---

[88] 本章は、Ken Morita, "Systemic Transition and Integration: On the Bubble Phenomena in China", Paper presented at the 9th World Congress, Makuhari, Japan, August 4-8, 2015, に加筆・修正を加えたものである。
[89] 併せて森田憲・陳雲（2013b）、（2014a）、（2014b）参照。

90 第Ⅰ部 中国のバブルの政治経済学

データにもとづいて分析を試みる。したがって、他の統計・データによる数値とは明らかに異なる場合があり得ることはあらためていうまでもない[90]。

　以下、本章は次のような構成によって行われる。第1節では現状を貨幣の倍率と資本係数にもとづいて再構成してみる。第2節は分析Ⅰであり、東欧とりわけハンガリーにおけるバブル崩壊現象の分析にあてられる。第3節は分析Ⅱであって中国をとりあげ、中国全土と長江デルタ地域におけるバブルにかかわる現象を分析してみる。第4節は展望であり、「中国バブル崩壊」論の検討と貨幣の効率係数にもとづいて若干の展望を試みる。そして最後に第5節で、簡単に結論が述べられる。

1．現状

　一般的には、バブルは、1991年ごろ日本で崩壊し、2001年ごろアメリカで崩壊し、そして2007年ごろハンガリーで崩壊したものといわれている。ここで「ごろ」とあいまいに述べたのは、その近傍の「いつ」、「崩壊した」のかは分析の対象であって、与件として存在するものではないからである。以下本節で若干の検討を加えてみることにする。

1-1　貨幣の倍率：M2増加額対GDP増加額比率[91]

　貨幣（M2）の対前年増加額のGDPの対前年増加額に対する比率（倍率）をみると、中国の2009年の値が5.029であって、最も大きい。本章での分析対象諸国をみると、次いで日本の1987年の4.059であり、3番目がアメリカの3.897である[92]。ヨーロッパ諸国はおおむね1.0以下であって、ほとんど1をこえることはない。

　以下、簡単に6カ国の「貨幣の倍率」をみておこう。表4-1から表4-6であ

---

[90] 明らかに、本書の先の章での統計・データと異なっている。そのことを明記した上で本章ではCEIC Data に依拠した統計・データにもとづいて分析を試みることとする。

[91] 以下本章では、貨幣という場合にはM2をさすものとする。また、第1章でもふれたとおり、貨幣（M2）の対前年増加額のGDPの対前年増加額に対する比率を「貨幣の倍率」とよぶこととする。

[92] ただし、念のためにふれておけば、日本のバブルの崩壊は1991年であるといわれるが、「バブルの崩壊」以降を視野に入れれば当然話は異なる。なお、先に述べたとおり、統計・データによって当該「貨幣の倍率」の数値は違ってくる。本書第1章を参照されたい。

第4章　体制移行とバブル現象の政治経済学　91

表4-1　貨幣の倍率（ハンガリー）

年	倍率
1992	1.063
1993	0.472
1994	0.331
1995	0.363
1996	0.469
1997	0.385
1998	0.383
1999	0.598
2000	0.398
2001	0.479
2002	0.473
2003	1.006
2004	0.319
2005	0.902
2006	0.897
2007	0.999
2008	0.829
2009	−0.663
2010	0.861
2011	1.014
2012	−1.729
2013	0.999

出所：CEIC Data.

表4-2　貨幣の倍率（中国）

年	倍率
1991	1.258
1992	1.114
1993	1.349
1994	0.874
1995	1.097
1996	1.479
1997	2.023
1998	2.522
1999	2.935
2000	1.564
2001	1.959
2002	1.925
2003	1.872
2004	1.306
2005	1.619
2006	1.995
2007	1.169
2008	1.487
2009	5.029
2010	1.908
2011	1.756
2012	2.628
2013	2.681

出所：CEIC Data.

る。

　日本の1987年の4.059という（大きな貨幣供給を示す）数字がバブルの発生・崩壊を促したものだとすれば[93]、中国の5.029、アメリカの3.897という数字もま

───────────

[93] バブルの発生につながるという意味では別の時期が視野に入るだろう。この点に関しては、森田憲・陳雲（2013b）参照。

92　第Ⅰ部　中国のバブルの政治経済学

表4-3　貨幣の倍率（日本）

年	倍率
1980	1.613
1981	2.230
1982	2.755
1983	3.263
1984	2.009
1985	1.925
1986	3.252
1987	4.059
1988	2.192
1989	2.617
1990	1.629
1991	1.728
1992	2.536
1993	14.000
1994	8.356
1995	6.823
1996	3.865
1997	5.565
1998	− 3.328
1999	− 4.321
2000	3.261
2001	48.980
2002	− 1.000

出所：CEIC Data.

表4-4　貨幣の倍率（ポーランド）

年	倍率
1991	0.272
1992	0.402
1993	0.337
1994	0.286
1995	0.308
1996	0.391
1997	0.437
1998	0.531
1999	0.683
2000	0.397
2001	1.252
2002	− 0.238
2003	0.516
2004	0.173
2005	0.972
2006	0.867
2007	0.537
2008	1.161
2009	0.642
2010	0.835
2011	0.854
2012	0.624
2013	1.236

出所：CEIC Data.

たバブルの発生を疑わせて然るべきものと思われる。だが、いうまでもなく、中国にバブルの崩壊を疑わせる兆候が存在するわけではない。

　先に述べたとおり、ハンガリーのバブルは2007年に崩壊したといわれる。だが、ハンガリーにおけるM2の対前年増加額のGDPの対前年増加額に対する比率は決して大きいものではない。表4-1のとおり、2007年時点でみても、0.999にす

第4章　体制移行とバブル現象の政治経済学　93

表4-5　貨幣の倍率（アメリカ）

年	倍率
1991	0.328
1992	-0.018
1993	0.076
1994	0.041
1995	0.841
1996	0.838
1997	0.789
1998	1.081
1999	0.987
2000	0.844
2001	1.555
2002	0.933
2003	0.660
2004	0.616
2005	0.867
2006	1.114
2007	1.938
2008	3.897
2009	-2.101
2010	-0.655
2011	1.529
2012	1.045
2013	0.954

出所：CEIC Data.

表4-6　貨幣の倍率（ロシア）

年	倍率
1994	0.202
1995	0.179
1996	0.141
1997	0.308
1998	0.604
1999	0.164
2000	0.234
2001	0.344
2002	0.384
2003	0.459
2004	0.349
2005	0.420
2006	0.549
2007	0.649
2008	0.254
2009	-1.142
2010	0.625
2011	0.514
2012	0.555
2013	1.112

出所：CEIC Data.

ぎない。0.999という数値を観察してバブルが発生しているとかバブルが崩壊するとかといった主張は誰もしないだろう。

　だが、ハンガリーにはバブルが発生し、そして2007年に崩壊したといわれている。いったいどのような証拠があり得るのだろうか（この点については次節参照）。

　ところで、なぜバブルが崩壊するのかという問いに対する答えは簡単である。

94　第Ⅰ部　中国のバブルの政治経済学

日本のバブルがいわゆる「総量規制」[94]によって破裂したといわれるように、多くは人為的に急速に貨幣の数量が収縮される場合にバブルの崩壊が起こる。

　だが、いうまでもないことだが、貨幣の超過供給が起こったとしてそれがすなわちバブルの発生を意味するわけではない。同時にまた注意すべき事態は、ハンガリーのケースのように、バブルの発生・崩壊がみられるからといって貨幣の超過供給が存在したわけではないという事例がみられることである。本章のこの時点で確認しておきたいことは、そうした（ハンガリーのような）事例の存在である。

1-2　資本係数

　バブルの発生は、一般的には、大幅に供給された貨幣が生産活動に投入されない場合に起こる。要するに貨幣の供給と生産の増大との間の関連が断ち切られた場合である。経済学では、そうした関連を捕捉する道具として「資本係数」をとりあげることができる。本節では、資本係数を用いて上記各国の状況をみておくことにする[95]。

　念のため付け加えておくと、資本係数の値が意味する事態とは次のとおりである。すなわち、資本係数とはGDP 1単位当たり生産に要する資本の大きさを示しているから、資本係数の値が大きいことはGDP 1単位を生産するために要する資本が大きいこと、言い換えれば資本が非効率に用いられていることを示している。たとえば、空室率の大きな団地やゴーストタウンの建設は明らかに大きな資本係数となって表現される。中国でしばしば指摘される「ゴーストタウン」は、統計的には大きな資本係数となって捕捉されることとなるだろう。なお、本章では、資本係数として、名目総資本形成を名目GDPで割った値を実質経済成長率で除した数値を示すものとする[96]。

　ところで、資本係数を使って観察すれば、事後的にではあるが、事態を鮮明に

---

[94]「総量規制」とは（当時の）大蔵省銀行局長通達「土地関連融資の抑制について」のうち、「不動産向け融資の伸び率を総貸出の伸び率以下に抑える」というものである。第1章参照。
[95]念のため付け加えておけば、第1章で用いた係数は限界資本係数であり、（少なくとも統計的には）得られる数値は明らかに異なっている。本章で（バブルの崩壊を捉えるうえで）重要な働きをする係数は、以下述べるとおり、資本係数である。
[96]この点については、たとえば三浦有史（2013）参照。

第4章 体制移行とバブル現象の政治経済学 95

表4-7 資本係数（ハンガリー）

年	資本係数
1997	7.808
1998	6.863
1999	8.474
2000	6.679
2001	7.063
2002	5.739
2003	6.543
2004	5.633
2005	5.955
2006	6.480
2007	47.320
2008	28.080
2009	−3.096
2010	26.160
2011	11.320
2012	−12.997
2013	12.997

出所：CEIC Data.

表4-8 資本係数（中国）

年	資本係数
1991	3.93
1992	2.63
1993	3.19
1994	3.23
1995	3.84
1996	4.04
1997	4.08
1998	4.74
1999	4.82
2000	4.17
2001	4.37
2002	4.17
2003	4.11
2004	4.29
2005	3.72
2006	3.39
2007	2.95
2008	4.57
2009	5.24
2010	4.61
2011	5.19
2012	6.36
2013	6.43

出所：CEIC Data.

捉えることができる。明らかに日本の1991年ごろ、アメリカの2001年ごろ、ハンガリーの2007年ごろには、当該時期を境にして資本係数は急激に上昇しているのである。以下、本章でとりあげる6カ国の資本係数を簡単にみておこう。表4-7から表4-12である。

　表4-7から表4-12において明らかなように、ある特定の年を境に急激に資本

96 第Ⅰ部 中国のバブルの政治経済学

表4-9 資本係数（日本）

年	資本係数
1981	7.426
1982	8.804
1983	9.070
1984	6.192
1985	4.447
1986	9.862
1987	6.927
1988	4.284
1989	5.918
1990	5.831
1991	9.702
1992	37.277
1993	170.877
1994	32.353
1995	14.470
1996	10.962
1997	17.600
1998	−13.030
1999	−124.270
2000	11.121
2001	68.450
2002	77.450

出所：CEIC Data.

表4-10 資本係数（ポーランド）

年	資本係数
1992	5.67
1993	3.91
1994	3.13
1995	2.67
1996	3.31
1997	3.27
1998	4.98
1999	5.54
2000	5.78
2001	17.07
2002	12.81
2003	5.29
2004	3.96
2005	5.53
2006	3.48
2007	3.44
2008	6.20
2009	7.68
2010	5.67
2011	4.67
2012	11.71
2013	11.43

出所：CEIC Data.

係数が増大する国々が存在する。ハンガリーにおける2007年は、2006年に比べて7.3倍増大している。日本の1992年は1991年に比べて3.84倍の増大であり、1993年は1992年に比較して4.58倍大きくなっている。さらにアメリカでは、2001年の資本係数が2000年に比べて3.77倍増大している。それら3カ国では、周知のとおり、バブルの発生と崩壊が伝えられている。なお、ポーランドにおいて2001年の資本係数が2000年に比較して2.95倍大きくなっているが、ポーランド政府の適切

第4章 体制移行とバブル現象の政治経済学 97

表4-11 資本係数（アメリカ）

年	資本係数
1992	5.702
1993	7.533
1994	5.464
1995	7.945
1996	5.795
1997	5.180
1998	5.291
1999	5.003
2000	5.894
2001	22.200
2002	12.166
2003	7.774
2004	6.087
2005	7.077
2006	8.935
2007	12.763
2008	−82.28
2009	−5.883
2010	7.455
2011	11.742
2012	8.446
2013	8.910

出所：CEIC Data.

表4-12 資本係数（ロシア）

年	資本係数
1999	2.317
2000	1.869
2001	4.311
2002	4.226
2003	2.859
2004	2.912
2005	3.149
2006	2.597
2007	2.831
2008	4.859
2009	−2.420
2010	5.022
2011	5.858
2012	7.134

出所：CEIC Data.

な対処によってバブルの発生が抑圧されたものと理解されている[97]。資本係数の対前年比率という指標でみれば、おおむね3倍を超える近辺が「バブルの崩壊」という意味での「経験値」ということになるであろう。

　また、ハンガリーの資本係数がその後も撹乱をつづけていること、日本の資本係数もすぐ上で述べたとおり、2年にわたって3倍を超える値が記録されており、

[97] たとえば、堀江（2010）参照。

98 第Ⅰ部 中国のバブルの政治経済学

その後も撹乱がつづいたことは明瞭である。しかしアメリカの場合にはそうではなく2003年、2004年には通常の値に戻り、世界的な金融危機の際には大きく乱高下を示しているが、その後はすぐにまた通常の数値となっている。同様の表現をすれば、ポーランドの資本係数には（2008年、2009年も含めて）大きな「撹乱」や「乱高下」の気配は認められない[98]。

そうした見方を適用してみると、中国の場合にはいかなる年も大きな値をとってはいない。貨幣の倍率がすこぶる大きな値を記録した2009年の場合でも、資本係数は対前年比1.15倍にとどまっている。繰り返し述べているように、現在のところ、中国にバブルの崩壊を疑う兆候は認められないというよりほかない。

したがって本章では、以下ハンガリーを中心にみてみることとし、そうした視点に立ってみると、中国のバブル現象はいったいどのように解釈できるのかを検討してみることにする。

2．分析Ⅰ：中欧

2-1 ハンガリーの体制移行

周知のとおり、ハンガリーの体制移行は漸進的な改革をつうじて行われたといわれる。そしてしばしば主張されるように、（漸進的な改革路線をとった）ハンガリーと、ポーランドのような急進的な改革をすすめた国との違いは明らかに貨幣の供給状況にあった（しばしば用いられる言葉を使えば「インフレーショナリー・オーバーハング」である）。図4-1の消費者物価において、1980年代後半から1990年代初頭にかけて猛烈な消費者物価上昇状態にあった（ポーランド）のか、そうではなかった（ハンガリー）のかという相違である[99]。要するに、ポーランドの主要な経済改革の目的が膨大に出回ったインフレーショナリー・オー

---

[98] アメリカについて語られる「ITバブル崩壊」とか「ドットコムバブル崩壊」という現象は、資本係数の動向から判断する限り、再検討の必要があるかもしれない。少なくとも日本やハンガリーのバブル崩壊とは一線を画する現象であると解釈できるだろう。

[99] もっとも、そうした認識が正しいか否かは議論が分かれるだろう。Lavigne（1995）のように、（1992年12月31日までの）チェコスロバキアが「ショック療法」による移行にしたがったものとすれば、猛烈なインフレの終息が急進的改革を取り入れた理由だという主張は一般性を失う（チェコの消費者物価上昇もスロバキアの消費者物価上昇もポーランドに比較すればはるかに緩やかである）。当該認識は、したがって、ポーランドとハンガリーとを比較した場合のものと解釈すべきだろう。

図4-1 消費者物価

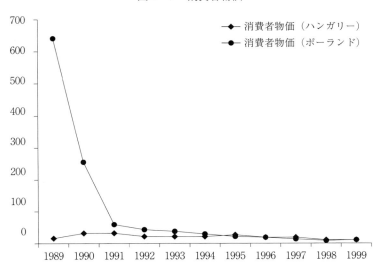

出所：Lavigne（1995）より作成。

バーハングの吸収（その意味での「安定化」）であったことは明白であり、ハンガリーにはそうした必要はなかったのである。

　ハンガリーは、カーダール政権のもとで、1960年代の末に、「東欧で最も自由な国に変貌した」と表現された（木戸蓊・伊東孝之（1977）519頁）。ただし、木戸・伊東によって付け加えられているように、「ふたつの制約」のもとにおいてである。すなわち、第1は、「ソ連の動向」であり、「極度にソ連に依存しており、行動の自由を欠いていた」（同519頁）という制約のもとにあったのである。その代わりに、国内政治の面では大幅な「自由裁量を許された」。しかしながら、第2に、「党内保守派の存在」という制約があり、改革の実施に強く抵抗されることとなった。

　そうした状況のもとで、カーダール政権は1968年1月に「新経済機構」を実施することとなった。市場経済の導入である。政治的にソ連依存をはかりかつ党内保守派の抵抗にあいながら、経済的に市場経済をとり入れたのである。こうしたカーダールによる1968年という早い時期からの改革が、ハンガリーの特徴でありしかもそれが「政治的なソ連依存と経済的な市場経済化」という「あいまいな」

形態のもとでなされてきたことが「ハンガリーの漸進的改革」を表わしている。実際、カーダールによる市場経済導入路線は他の東欧諸国とは明らかに異なる良好な経済実績を示しており、それはしばしば「労働意欲の相違」であると説明されてきた。

　そうした意味でいえば、良好な経済実績を蓄積してきたハンガリーでは、ポーランドのような「急を要する」経済改革の必要はなかったのである。

　そうはいっても、ハンガリーの改革が漸進的に「粛々と」すすめられたわけではない。当然のことだが、改革路線をめぐる政治的対立が存在している。

　堀林（2009）にしたがって簡潔に整理すれば、「1989年の政治レジーム転換（共産党の政治独占レジーム崩壊）以後、2006年までのハンガリーにおいては、国政選挙をつうじて右派と左派の政権交代が続いた」（185頁）のである。すなわち、1990年の総選挙後に成立した政権は（中道）右派民主フォーラム主導の連立（非共産）政権であり、次いで1994年総選挙後には（共産党から改称した）社会党主導連立（中道）左派政権が成立することとなった。さらに1998年総選挙後には、その後ハンガリー市民連盟とよばれることとなる右派政権が成立し、2002年総選挙後には社会党主導の（中道）左派連立政権が復活する。そうした状況に変化がみられるのは、2006年総選挙後であり、社会党主導の（中道）左派政権がひきつづき政権を担当することとなった。与野党逆転は起きなかったのである。

　社会党主導の（中道）左派政権が緊縮政策に転じた（2006年）のはそうしたタイミングの時期である。当然、社会党および（その協力政党である）自由民主連盟への支持は低下することとなった。そして、ハンガリーで生じたといわれる「バブルの崩壊」は2007年である。

　当然のことだが、2008年のグローバルな金融危機はハンガリー経済にも深刻な影響をおよぼした。金融面では、海外投資家によるハンガリー国債への投資の引き揚げ、フォリント（ハンガリー通貨）の急激な低下、IMFへの支援要請などである。さらに貿易の側面で海外市場の縮小による輸出の急激な落ち込みがあり、ハンガリー経済の悪化傾向は明瞭であった。

　だが、ガール・タルキが述べたとして堀林（2009）が伝えているように、「既に2006年の緊縮政策導入により2007年以後ハンガリー経済成長率はそれ以前の4％台から1％台に減速しており、そうした状況のなかでグローバル危機がハンガリー経済に波及したというのが実情である」（189頁）。したがって、ハンガリー

経済は「仮に世界金融危機がなかったとしても、成長はせいぜいここ数年1～2％にとどまっていたであろう」（190頁）と理解するのが適切である。

　要するに、ハンガリー経済全体の効率が大きく落ち込んでしまったというのが2006年前後の状況であり、やむを得ず緊縮政策に転じざるを得なかったということにほかならない。「バブルの崩壊」はそうしたプロセスで発生した現象（貨幣供給と生産との乖離現象）である。

　それでは、なぜポーランドでは経済成長の減速が起きなかったのだろうか。

　体制移行のプロセスにおける政治的対立は、ポーランドでも（右派と左派の交代を）経験している。

　田口（2005）が描いているように、ポーランドでは、次のようなプロセスを経ている。まず、1989年から1991年は、「連帯」政権の成立とショック療法の時期である。1989年6月の総選挙において（部分的に設定された）「自由選挙枠」のほぼ全てを「連帯」が獲得し、ポーランド統一労働者党（すなわち共産党）は1議席も得ることができなかった。同年8月末に、マゾヴィエツキ（「連帯」顧問）が首相に指名され、9月に東欧初の非共産党政権が誕生することになった。そして、1989年10月に「バルツェロヴィチ・プログラム」[100]が発表され、きわめてラディカルな市場経済化がすすめられることとなった（もっとも、バルツェロヴィチが試みた急速な市場経済化の「副作用」は甚大であり、「はじめは無条件で政府を支持していた国民の中にも不満が次第に高まって」いき、「1991年12月、経済政策への風当たりが強まる中、バルツェロヴィチ副首相兼財務相は辞任に追い込まれた」（田口（2005）、163頁））。ただし、1991年の総選挙では、ポーランド共和国社会民主主義（要するに旧共産党）を中心とする民主左翼連合は下院で13％の議席しか得ることができず、依然として中道連合政権が政権担当をつとめた。

　民主左翼連合が政権を担うこととなったのは1993年の総選挙後であり、ポーランド農民党との連立によって、パブラク政権が発足したのである。また「左派の台頭は顕著で」あり（田口同書、167頁）、1995年11月の大統領選挙の際にも、民主左翼連合のクファシニェフスキが当選することとなった。そしてこの時期、「旧体制時代のノーメンクラトゥーラが政治・経済の表舞台に続々と復帰した」（田口同書、169頁）のである。

---

[100]「バルツェロヴィチ・プログラム」については、たとえばBozyk（1989）、森田憲（1997）等を併せ参照されたい。

102 第Ⅰ部 中国のバブルの政治経済学

　1997年の総選挙では、右派諸勢力が民主左翼連合を下して政権に返りざき、バルツェロヴィチが再び副首相兼財務相として復帰した。

　だが、2001年の総選挙では、左派（民主左翼連合—労働同盟連合）が47％の議席を獲得し、ポーランド農民党との連立政権を組むこととなった。

　上記のとおり、ポーランドでもまた右派と左派との政権交代が起こっている。（「程度問題」を別にすれば）決してハンガリーの「漸進的改革」が政治的変動を惹起させたというわけではない。

　ポーランドが著しい経済成長の減速を避けることができたのは、（1）経済政策それ自体の揺らぎがほとんどなかったこと、および（2）経済の海外依存度が小さかったこと（ハンガリーの体制移行が「外資主導型成長」によるものであったことを想起されたい）によるところが大である。

　実際、むしろラディカルな経済政策を実施に移したのは、1993年の総選挙後に政権の座についた民主左翼連合である。田口（2005）が指摘しているように、「左派勢力の躍進によって市場経済化の底流が変わったわけではな」く（167頁）、「労働組合の牙城であったグダンスク造船所の倒産をはじめとしたリストラが進み、議会と大統領府のねじれ現象もなくなり、懸案だった新憲法が成立するなど改革は一層進んだ」（167-168頁）のである。すなわち、右派勢力であろうと左派勢力であろうといずれが政権の座についても「市場経済化の底流」は変わらなかったことこそ重要である（それが一体なぜなのかという疑問に答えるためには社会学的検討が必要であろう）。

　念のために付け加えておけば、先に述べたとおりバルツェロヴィチ・プログラムはきわめてラディカルなものだが、ハンガリーにおいて1995年に発表された緊縮政策すなわち「ボクロシュ・パッケージ」もまたラディカルなものである（それはボクロシュ・パッケージの背後に「ブレトン・ウッズ」があった（堀林（2009）、147頁）といわれるとおりである）。

　だが、コルナイが「早産の福祉国家」とよんだ事態の継承は大きな問題であった。いうまでもなく、「早産の福祉国家」とは「経済的能力を越えて社会支出がなされている状態」（堀林（2009）、159頁）のことであり、コルナイが主張するとおり、「カーダール時代以降のハンガリーがそうであり、その傾向は民主フォーラム主導政権にも継承された」（堀林同書、159頁）のである。そして、それはコルナイの主張つまり「社会的サービスからの国家の後退」を目ざすものといえた。

第 4 章　体制移行とバブル現象の政治経済学　103

表 4 -13　過去のレジームと現在のレジームの比較に関する意見の分布

（単位：％）

	チェコ	ポーランド	ハンガリー
現在			
はるかに悪い	9.4	18.9	23.4
少し悪い	14.0	34.3	18.4
同じ	20.6	11.1	22.6
少し良い	17.1	25.8	21.2
はるかに良い	32.8	25.2	5.2
合　計	100.0	100.0	100.0

出所：堀林（1999）、159頁。

表 4 -14　体制移行に関する国民の意見

（単位：％）

	1990	1991	1992	1993	1994	1995	1996
ポーランド	13	− 41	− 29	− 4	− 30	7	2
チェコ	37	17	24	28	25	24	9
ハンガリー		− 19	− 14	− 47	− 34	− 69	− 60
エストニア		30	7	23	17	24	27

注：数字は「純ポジティブの比率」である。
出所：Aslund（2002）, p. 384.

要するに、「財政的バラマキに伴う国家負担」の問題にほかならない。

　ハンガリーの移行に伴う「社会的コスト」をめぐっては、社会学者の分析が有意義であろう。表 4 -13と表 4 -14は、体制移行に伴う状況に関する人々の意見を示す資料である。

　表 4 -13によれば、（1994年 2 月の時点で）過去のレジームに比べて現在のレジームが「はるかに悪い」および「少し悪い」とみている人々の比率がハンガリーでは51％に達している。明らかにチェコの23.4％、ポーランドの39％に比べて高い。

　また表 4 -14は、当該国が正しい方向に進んでいるかそれとも間違った方向に進んでいるかという国民の判断をみたものである（明らかにチェコとエストニアが人びとの持続的な楽観性を示している）。とりわけハンガリーの場合には間違

104　第Ⅰ部　中国のバブルの政治経済学

図 4-2　財政赤字の対 GDP 比率

（グラフ：縦軸 0〜10、横軸 1995〜2013）

凡例：─◆─ 財政赤字（ハンガリー）　─■─ 財政赤字（ポーランド）　─▲─ 財政赤字（中国）

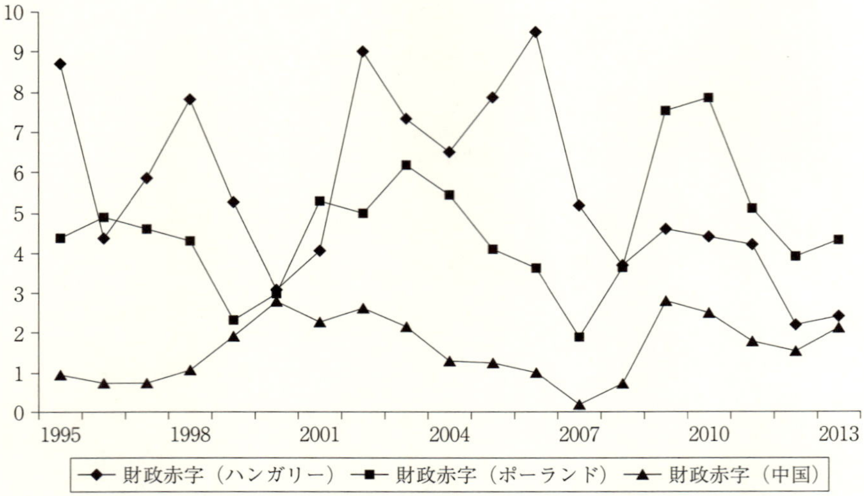

出所：CEIC Data.

　っているというスコアが高い。当該調査を引用しているアスルンドは、その著書
（2002）にわざわざ脚注20を設け、ハンガリーの人びとの悲観性は根強いもので
あり、それは「誰でも知っていることだ」と述べている。アスルンドの主張にし
たがえば、ハンガリー人のいわば根強い悲観的性向であり、言い換えれば「文化
的遺伝子」とでもよぶべきものに違いない。そしてもしそうだとすれば、体制移
行の経路は「文化的遺伝子」に有意に影響されることになるだろう。
　なお、アスルンドの主張にそって表現すれば、「人々は急進的な改革を支持し
ている」ことになる[101]。
　社会的コストにかかわるいくつかの統計を、本節ではハンガリーとポーランド
との比較という視点から（また次節でみることを考慮して中国を含めて示すこと
とする）みておくことにしよう。次のとおりである。
　財政赤字の対 GDP 比率を示す図 4-2 によれば、ハンガリーの財政赤字の比
率はポーランドの財政赤字の比率よりも大きい（1995年から2014年までの平均を
とってみると、ハンガリーは5.43％の比率であり、ポーランドは4.37％の比率で

---

[101] Aslund（2002）, p. 383.

第4章　体制移行とバブル現象の政治経済学　105

図4-3　失業率

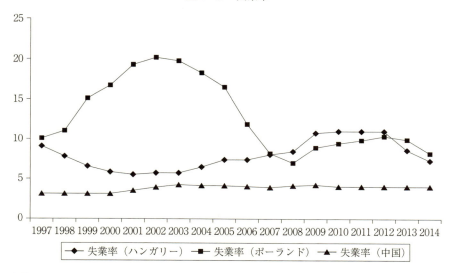

出所：CEIC Data.

ある）。EU（欧州連合）におけるマーストリヒト収斂基準の3.0％にもとづいていえば、ハンガリーはおおむね大きく外れており、ポーランドは年によっては当該基準を満たしていることがあるという状況である。

　より鮮明な事情は失業率にみられる。図4-3である。ポーランドの失業率は、ほぼ10％を上回る年がつづいており、2002年（12月時点）には20.2％を記録している。そしてポーランドの失業率は2007年に10％を下回ることになる。反対にハンガリーでは、2008年まで10％を下回っているが、2009年には10％を超えている。当該データから、おおむねポーランドの方が「痛みを伴う」（国民に忍耐を求める）厳しい政策の実施を行ったことが伺えるだろう。

　それでは、経済成長率はどうだろうか。図4-4である。1990年代初頭から（2000年から2003年までを除けば）明瞭にポーランドの成長率がハンガリーの成長率を上回っている。より厳しい政策がより効率的な経済をつくり出したものと思われる。

　ハンガリーとポーランドの改革の経路の相違は、しばしば（移行の初期だが）私有化の路線の相違として示される。端的に表現すれば、ハンガリーが「外資利

図4-4 経済成長率

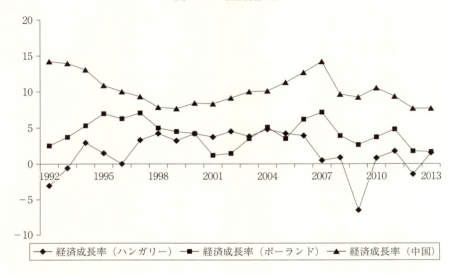

出所：CEIC Data.

表4-15 GDPに占める対内・対外直接投資（ストック）の比率

(単位：%)

	1980	1985	1990	1995	2000	2001	2002
ハンガリー							
対内		0.2	1.7	26.7	42.5	45.4	38.2
対外			0.6	1.1	4.4	8.4	7.3
ポーランド							
対内			0.2	6.2	21.7	22.4	23.9
対外			0.2	0.4	0.7	0.6	0.7
中国							
対内	3.1	3.4	7.0	19.6	32.3	33.2	36.2
対外			0.7	2.3	2.4	2.7	2.9

出所：UNCTAD, *World Investment Report 2003*.

図 4 - 5　貿易の対 GDP 比率

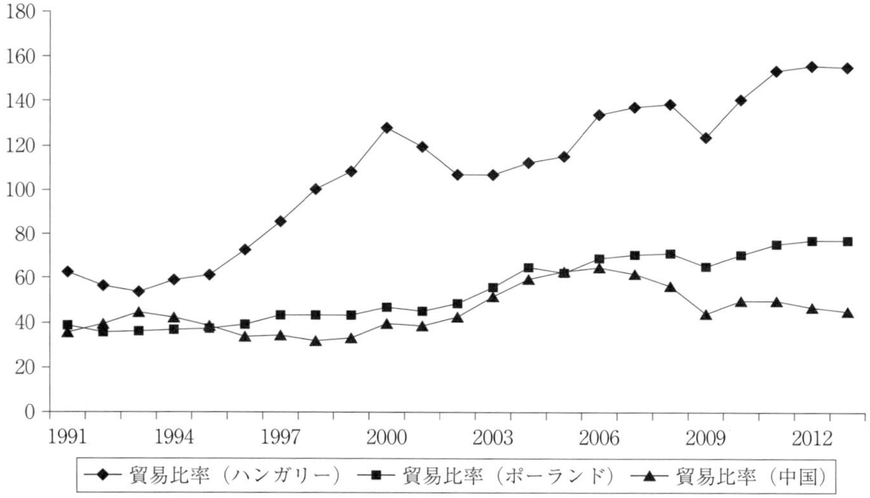

出所：CEIC Data.

用型」であり、ポーランドが（比較していえば）「国内資本利用型」である。表
4 -15によれば、対内直接投資の占める対 GDP 比率は、たとえば1995年でハン
ガリーが26.7％であるのに対してポーランドは6.2％にとどまっており、2001年
にポーランドの比率が22.4％に達している時点ではハンガリーは45.4％となって
いる。

　すなわち、端的に表現すれば、ハンガリーの体制移行はより外資主導による私
有化とより政府主導による改革をつうじてなされたものにほかならない。

　また、先にふれたとおり、ハンガリーの海外依存状態は貿易依存度でもみるこ
とができる。図 4 - 5 は、財の輸出入の対 GDP 比率である。ハンガリーの比率
はポーランドの比率よりもはるかに大きいことがわかる。ハンガリーの（政治経
済学的な意味での）脆弱性の一端が伺えるだろう。

2 - 2　ハンガリーのバブル崩壊

先の第 1 節をみると明らかなように、ハンガリーには2007年時点に至るまで、

108 第Ⅰ部 中国のバブルの政治経済学

図4-6 貨幣の倍率（ハンガリー、中国および日本）

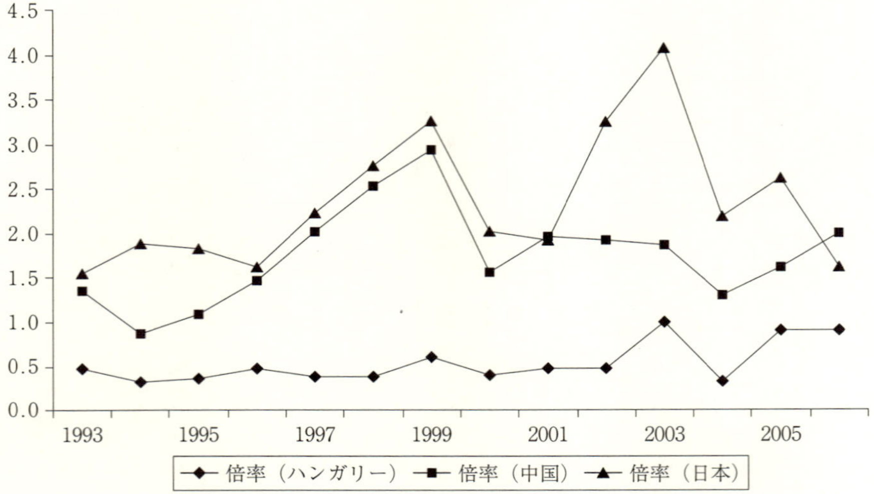

出所：CEIC Data.

バブルの崩壊を伺わせる明瞭な証拠をみい出すのは難しい。

　試みに、「貨幣の倍率」および「資本係数」の2006年時点までの経緯を中国および日本のケースと併せて図示してみると、図4-6（貨幣の倍率）および図4-7（資本係数）のようになる（ただし、日本の場合には、便宜上ハンガリーの2006年が日本の1990年に該当するように——時期をずらすという——加工を施してある）。

　図4-6（貨幣の倍率）および図4-7（資本係数）において、日本はバブルの崩壊の前年までが描かれており、中国はハンガリーと同じ時期の推移が描かれている。いうまでもなく中国ではその後バブルの崩壊が起きたという事実はない。2006年時点においてハンガリーでバブルが崩壊すると予測することは困難だったといえるだろう。（しかしいうまでもなく、第1節でみたとおり、ハンガリーは2007年に至って資本係数の急激な上昇が起こった）。しばしば指摘されるように、バブルは崩壊した後にはじめてバブルであったことが判明するのである[102]。

　前節までの検討から伺い知ることができるように、2006年のハンガリーと1990

---

[102] それは第1章（16頁）でふれたとおりである。

第 4 章　体制移行とバブル現象の政治経済学　109

図 4-7　資本係数（ハンガリー、中国および日本）

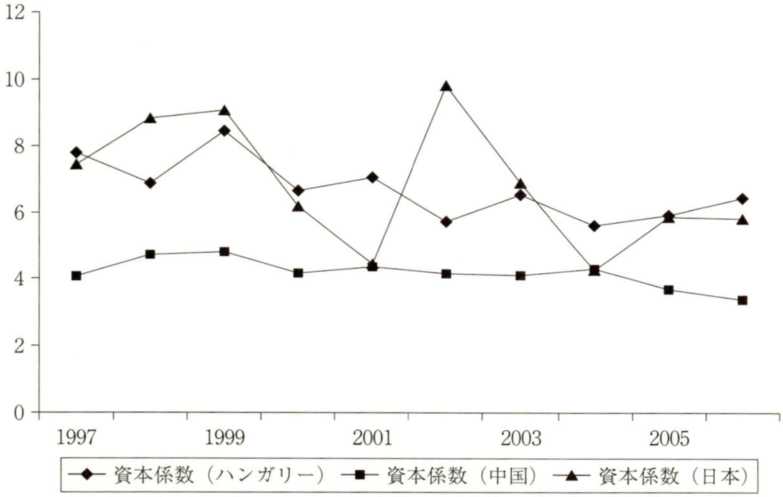

凡例：─◆─ 資本係数（ハンガリー）　─■─ 資本係数（中国）　─▲─ 資本係数（日本）

出所：CEIC Data.

年の日本との重要な共通点は、ハンガリーの「緊縮財政」であり日本の「総量規制」である。すなわち、急激な「貨幣の収縮」現象である。（それは図 4-2 の「財政赤字の対 GDP 比率」における2006年のハンガリーのケースでも明瞭に示されている）。

　また同時にいえることは、図 4-6 および図 4-7 でみたように、「バブルの崩壊」を経験することとなった日本やハンガリーとの比較対照で伺える中国の状況は、バブルの崩壊を予測させるいかなる兆候もみい出せないということである。

3．分析Ⅱ：中国

3-1　中国全体

　本節では、先の第 1 節での検討をふまえかつ第 2 節でのハンガリーの経緯と比較対照しながら、中国全体の状況をみてみることとする。

　表 4-15は、GDP に占める対内・対外直接投資（ストック表示）の比率を示し

ている。中国の（とりわけ「南巡講話」以降の）体制移行がハンガリーの類型すなわち外資利用型の類型に近いことが明瞭である。

図4-2は、財政赤字の対 GDP 比率の推移である。ハンガリーのとりわけ2006年の数値が大きいことならびに中国の財政赤字の対 GDP 比率が（相対的に）小さな値であることがわかる（先にふれたマーストリヒト収斂基準に照らしてみても、当該基準である3％をこえている年は存在していない）。

図4-3は、失業率を示している（ただし、中国の場合には通常そうであるように都市部登録者の失業率である）。体制移行に伴う「社会的コスト」を示しているポーランドの大きな失業率が明瞭であり、中国の低い失業率もまた顕著である。

図4-4は、経済成長率の推移である。ひときわ高い中国の成長率と低いハンガリーの成長率が明らかであり、いうまでもなくそれは経済効率の高さ・低さの忠実な反映である。

図4-5は、貿易の対 GDP 比率の推移である。先の節でみたとおりハンガリーの海外依存に伴う「脆弱性」が顕著に示されていること、そして（あくまでも相対的な意味でだが）中国の海外依存度の低さを読みとることができる。

要約すれば、ハンガリーのバブル崩壊に行き着くことになったと推測される諸要因すなわち（1）2006年の緊縮財政につながっている財政赤字の対 GDP 比率、（2）ハンガリーの「脆弱性」を示している貿易の対 GDP 比率、（3）「バブル崩壊」の底流として存在する経済の非効率性すなわち低い経済成長率等々は、中国とは明らかに無関係な要因であることがわかる。

いうまでもなく、「外資利用型」体制移行の類型の若干の共通性は存在しているかもしれないが、しかし中国において、外資が急速に引き揚げるといったふうな事態の到来は想定し難い。

多少の懸念があり得るとすれば、第1節でみた「貨幣の倍率」の2009年の大きな数値であろう。それは「バブルの発生」につながるかもしれないが、「バブルの崩壊」に至るには他のいくつかの要因、とりわけハンガリーの「緊縮財政」や日本の「総量規制」に示される貨幣の急激な収縮という要因が要る。それは適切な政策を施すことによって対処可能であり、中国政府当局には十分可能な対処策であろう（この点は後述）。

第4章 体制移行とバブル現象の政治経済学 **111**

図 4 - 8　中国地図

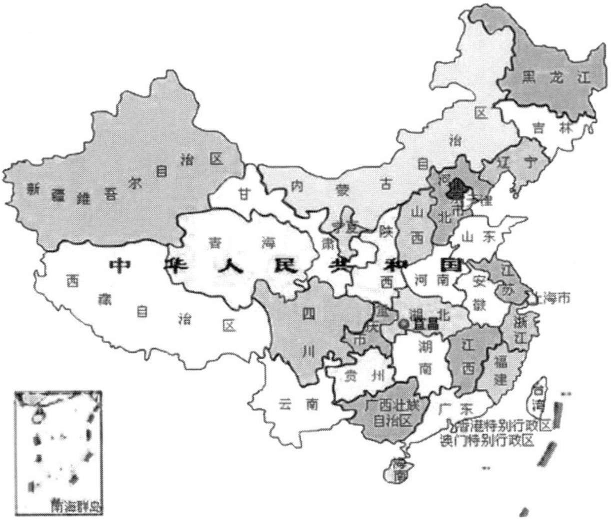

出所：陳雲教授提供。

3-2　長江デルタ地域

　周知のとおり、長江デルタ地域は中国における成長を牽引している。とりわけ
上海はしばしば「上海バブルの崩壊」がささやかれる直轄市である。本節では、
成長地域であり、「バブルの崩壊」が議論される上海を含んでいるという意味で
適切と思われる長江デルタ地域に焦点をあてることとし、江蘇省および浙江省に
ついては省都である南京市ならびに杭州市をとりあげることにする。

　まず、中国全土の地図を確認しておこう。図4-8である。そして江蘇省が図
4-9の地図で示されており、浙江省が図4-10の地図で示されている[103]。

　次いで、3都市に焦点をあてることにして、それぞれの経済成長率および財政
赤字の対GDP比率を確認しておくことにしよう。図4-11および図4-12である。

　経済成長率については、ほぼ明瞭な傾向が捉えられる。南京が最も高い成長率
であり、次いで杭州であって上海はおおむね最も低い（そうはいっても、明らか

103「出所」に明記したとおり、図4-8、図4-9、図4-10は陳雲教授の提供によるものである。提供い
　ただいた陳雲教授に感謝申し上げたい。

図4-9　江蘇省地図

出所：陳雲教授提供。

図4-10　浙江省地図

出所：陳雲教授提供。

第 4 章　体制移行とバブル現象の政治経済学　113

図 4-11　長江デルタ 3 都市における経済成長率

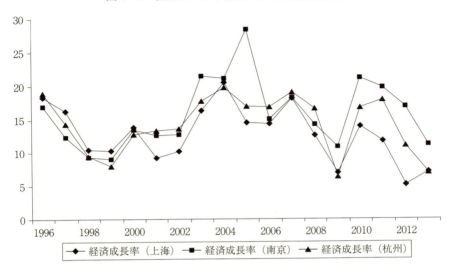

出所：CEIC Data.

図 4-12　長江デルタ 3 都市における財政赤字の対 GDP 比率

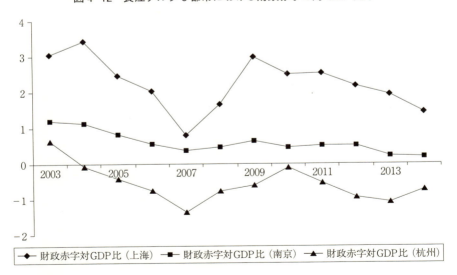

出所：CEIC Data.

114　第Ⅰ部　中国のバブルの政治経済学

表4-16　長江デルタ3都市における資本係数

年	上海	南京	杭州
1996	3.648	4.191	1.765
1997	3.510	2.716	2.453
1998	4.630	2.748	2.208
1999	3.843	2.877	3.857
2000	3.007	2.827	2.601
2001	4.570	3.492	2.356
2002	4.190	5.741	4.142
2003	2.780	3.547	3.217
2004	2.132	3.467	2.786
2005	2.914	2.319	2.917
2006	2.947	4.375	2.885
2007	2.129	3.520	2.524
2008	2.974	4.884	2.884
2009	5.086	7.174	8.440
2010	2.094	3.440	3.076
2011	2.318	3.751	2.948
2012	5.447	4.033	4.906
2013	3.963	6.062	8.559

出所：CEIC Data.

に成長率は全般的に高いだろう）。反対に財政赤字の対 GDP 比率は、上海が最も大きく次いで南京であって、杭州はそうではなくむしろ財政黒字を記録している（当該データでみても、財政赤字の対 GDP 比率が3％を超えている年はほとんどない。なお、図のうえでは杭州の「財政黒字」はマイナスとして表示されている）。

　したがって、いずれの統計でもバブルを伺わせる兆候は認められない。

　それでは、資本係数はどうだろうか。表4-16および（念のため傾向をみることができる）図4-13である。

　それぞれ上海、南京、杭州における資本係数を、固定資産投資を GDP で除した値を経済成長率[104]で割ることによって、計算してみると、表4-16および念の

図 4 -13　長江デルタ 3 都市における資本係数

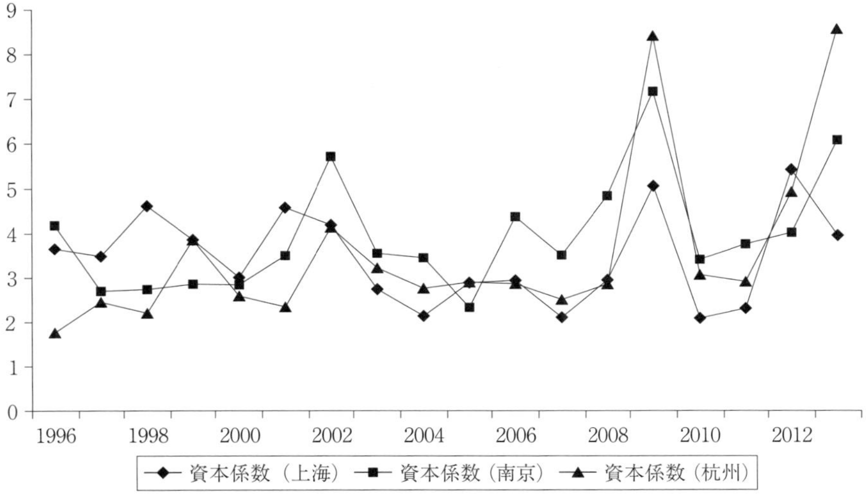

出所：CEIC Data.

　ため図示することにすれば図 4 -13のとおりである。2009年に上昇が観察され、杭州市の2009年と2013年にやや大きな値がみられるが、日本の「バブルの崩壊」やハンガリーの「バブルの崩壊」の場合に比較してみれば明らかなように、「バブルの崩壊」を伺わせる兆候はみい出せない。（杭州市の2009年の資本係数は2008年の2.93倍であり、2013年の資本係数は2012年の1.74倍である。2014年、2015年等々の資本係数が不明なため確固とした主張は困難だが、「バブルの崩壊」の兆候と判断するのは難しいように思われる）。

4．展望

4 -1　「バブルの崩壊」論をめぐって

　「バブルの崩壊」を多少ともアカデミックにあつかった研究とりわけ「事例研

---

104 統計上の制約から当該部分の成長率は名目である。当該統計から全般的な趨勢が明らかとなれば本章の目的からは十分であり、名目経済成長率であることが不都合となることはない。

116　第Ⅰ部　中国のバブルの政治経済学

究」を行ったケースは少ない。もう少し視野を広げた場合すなわち「投機行動」
の破綻をあつかった研究についても同様である[105]。そして、本章で主たる焦点を
あてている中国についてはとりわけそうである。

　したがって、本章では便宜的にではあるが（そしてまたアカデミックとはいえ
ないが）、先の章でもとりあげた宮崎（2013）の――「刺激的なタイトル」であ
る――第2章の主張（章のタイトルは「中国バブル崩壊、これだけの理由」であ
る）を参考にして検討してみることにする[106]。それらにしたがえば、次のとおり
である。

　第1は、（2050年でも）「米中逆転はない」という前提の存在である。要するに、
先に述べたとおり、ハンガリーの場合その底流に存在する経済的非効率によって
「バブルの崩壊」に至った事態を併せ考えれば明らかなように、中国経済の効率
が大幅に改善しやがてアメリカを逆転することはないという見通しに立っている
ということである。言い換えれば、したがって、非効率によるバブルの崩壊とい
うシナリオを排除できないということにほかならない。なお、当該シナリオは宮
崎のものではない。日本経済研究センターによる『2050年予測』であって、同予
測によれば2050年のGDPはアメリカが27.3兆ドルで世界第1位、中国は9.6兆
ドル、日本は4.7兆ドルという予測である（米中間には非常に大きな差異が存在
することになる）。アメリカを追い抜くかどうか（はそれ自体きわめて大きな問
題だが）を別にしても、中国の経済成長のシナリオは実に重大な問題である。経
済が停滞すれば資本係数を大きくするように働き、やがては「バブルの崩壊」に
行き着く危険を排除できないからである[107]。

　第2は、「中国の過剰な投資・生産・輸出政策」という問題である。2008年9

---

[105] この点に関しては、森田憲（1979）および（2002）参照。

[106] いうまでもなく、宮崎（2013）が「中国バブル崩壊」論の代表であるとか典型であるとかと主張して
　いるわけではない。あくまでも（どういう主張が行われているかを示すという意味で）「中国バブル崩
　壊」論の一つの事例として取り上げているにとどまる。なお、この点に関しては、呉軍華（2005）を
　併せ参照。

[107] 宮崎をはじめとする「中国バブル崩壊」（のみならず「中国崩壊」）を主張する人びとの多くは、中国
　国家統計局はいうにおよばず、本章が用いているCEIC Data（のうちの多くは世界銀行からのデータ
　である）ならびにほぼすべての国際機関の中国関連統計・データの信頼性に疑問を抱き、実態は異な
　ると主張することがしばしばである。たしかに中国に関する統計・データが本当に信頼に値するのか
　否かは真剣に検討する必要があるだろう。それは旧ソ連をはじめ旧東側諸国の統計・データに常につ
　いて回った疑いでもある。しかし、旧ソ連等々の国ぐにの場合がそうだったように、ひとまずわれわ
　れは諸統計・データにもとづいて議論を行ってきている。そういう前提でいえば、宮崎が日本経済研
　究センターの予測にもとづいて議論を展開していることにはやや違和感を覚えざるを得ない。

月のリーマン・ショックに直面して中国は４兆元の財政出動を行った（宮崎は「破天荒の自殺行為」とよんでいる）。こうした財政出動は一党独裁体制だからなし得ることだという指摘は正しいが、結果は構造改革にはつながらなかったという指摘は適切とはいえない。本来、「構造改革」は財政出動のもとに行われるものではないからである（財政が豊かな場合の方が改革は容易だが、しかし喫緊ではなくなる）。また、「過剰な投資・生産・輸出政策」の原因が、「赤字でも雇用を優先して過剰生産、赤字輸出をする中国の事情による」という指摘も正しいが、しかし赤字でも雇用を優先できる一党独裁体制のもとでは、バブルは崩壊しない（歪みは別の形で表れるのであって、「バブルの崩壊」という形では表れない）。

　第３は、「中国の成長要因は消滅した」という認識である。むろんこの点の主張は、第１の米中逆転の議論と重なっている。そして主張のポイントは、中国経済の成長の内訳は「尋常ならざるほどの奇形」だということである。不動産投資がGDPの47％を占めていたり政府の財政出動がきわめて大きいという特徴があり、GDPを伸ばしつづける要素はどんどん消滅している（非効率になっている）という指摘である。先に検討したように、本書ではそうした事態がほんとうに存在しているのか否かの検討のために、「資本係数」の計測を行い、「財政赤字の対GDP比率」の推移を観察した。そして先の節でみたとおり、中国の「資本係数」の値も「財政赤字の対GDP比率」の値もきわめて良好である。「尋常ならざるほどの奇形」でもなければ「政府の財政出動がきわめて大きい」というわけでもない。

　第４は、「中国経済が抱える三大矛盾」の主張である。三大矛盾の指摘は宮崎によるものではなく、国家情報センター予測部世界経済研究室副主任・張茉楠氏によるものである。同氏によれば、「第一の矛盾は、政府主導の不動産投資が拡大し、民間のそれは下落したという矛盾。製造業の利潤は下落一途となった。第二は、中央政府は不動産取引の歳入で潤い、地方政府は開発を増やしたが、歳入が減少したという矛盾。第三は『安定的な成長』と『高度成長の堅持』を同時に標榜する矛盾」（宮崎（2013）、61頁）である。先に第３章でふれたとおり、宮崎はそうした事態をさして「計画経済の行き詰まりを自由市場主義で克服しようとしても、不可能な地点に中国経済は直面しているという意味である」（61頁）と述べている。それは、「計画経済から市場経済への移行」そのものだが、しかし「不可能な地点」とは一体何か、「不可能な地点」に直面すれば一体何が起きるの

かはいっこうに明瞭ではない。

第5は、「五大銀行が資本不足に陥る危険」という問題である。発展研究センターの李佐軍研究員は「2013年7月か8月に危機が表面化する危険性が高い」と警告を発していたと述べられている。そして、李研究員の研究論文によれば「中国が直面する危機はバブル崩壊と地方政府の債務危機で、両者は緊密にリンクしている。利払いと歳入減に陥った地方政府は土地の切り売りを続けるが、もはや残った農地は少なく、土地担保の借金はうなぎ登り」である（宮崎（2013）、63頁）と指摘されている。実際、地方政府が無造作に借りた債務は、中国銀行業監督管理委員会の調べで9.3兆元（156兆円）もあり、このうち3兆4,900億元（58兆円強）は2016年までに返済期限を迎える。したがって、「もはや待ったなし」だという主張である。

おそらく上記の事情は市場経済を念頭に置いた場合の「待ったなし」の状況に違いない。たしかに市場経済ならば「待ったなし」である。しかし中国は一党独裁体制の「社会主義国」であって、元来社会主義国の金融では「いつまでも待てる」のである。（コルナイによる）「ソフトな予算」のもとにある限りは破産も倒産もない（あり得るとすれば「ソフトな予算」という仕組みそれ自体の解体である）。

いつでも多かれ少なかれ危機が叫ばれる中国で、そうした危機が表面化しないのは、どこかで危機を吸収し得る柔軟なメカニズムが存在しているからであり、当該メカニズムは中国政府の管理下にあって吸収されているとみるべきものだろう。

第6は、「中国の銀行の不可解な貸し付け」であり、したがって「中国の債務爆発は時間の問題」だという認識である。要するに真っ当な審査も担保もとることをせず大金を責任不明の開発公社に貸し付けたという主張であって、当然「焦げ付くのは火をみるよりも明らか」だが、「親方日の丸」ならぬ「親方五星紅旗」だから大丈夫だと貸しまくったと述べられている。いうまでもなく、こうした事情は日本のバブル期の不動産融資と重なる側面をもっている。いわゆる「住専」（住宅金融専門会社）は、「ずさんな審査」のもとに貸し付けを行った。そうした場合、欧米や日本の金融機関はいわゆる「貸しはがし」行動を取って「債権」の回収に入る。だが、中国ではそうではなく「理財商品」の発行によって乗り切ろうとする。きわめて高い利子によって「預金者のカネの転用」（宮崎（2013）、65

頁）をはかるのである。しばしば「ねずみ講」と（欧米の経済ジャーナリズムから）名付けられるこうしたスキームは当然無限にはつづかず、いつかは「破綻」するだろう。債務爆発は時間の問題というわけである。

　しかしながら、「ねずみ講」ならいつかは破綻するが、中国のスキームが破綻するか否かは自明ではない。十分な規模で経済が拡大していき、そのプロセスの中で「不良債権」の回収を（漸進的に）はかっていき、やがて清算されるのなら破綻しない。

　第7は、「中国経済の不健全な構造」であって、要するに、格差の問題である。貨幣が大幅に供給されても貧困層には行き着かず、したがって消費に回らず、富裕層は余った所得を資産の蓄積に注ぎ込むのであって、生産は過剰になるばかりでいっこうに格差の解消には向かわないというわけである。いうまでもなく、この点の指摘は正しい。だが、経済構造そのものの問題は背景としてきわめて重要だが、「バブルの崩壊」を防ぐ適切な政策や管理能力の問題とは次元が異なる。

　最後に第8は、「汚職の問題」である。中国政府上層部の汚職の規模に関する確たる情報が存在するとは思えないが、断片的に流布される情報から判断すればその規模はほとんど想像を絶する。そして汚職によって手に入れた資産のうちかなりの規模は海外に逃避していく。いわゆるキャピタル・フライト（資本の逃避）である。大規模な資本の逃避が発生する発展途上国は原則として先進国に発展する可能性は小さい（ただし、中国がそうした過去の経験則にあてはまるか否かは現時点では不明である）。この点の指摘もおそらくは正しいし、また中国政府の管理能力を疑うという意味での視点も正しいが、しかし、そうした疑いそれ自体が的確であるという保証は存在しない。正しいか否かの証明はおそらく政権の転換が起こらなければわからない。この問題もまた「バブルが崩壊」するか否かという問題とは次元が異なるというよりほかはない。

　以上、宮崎（2013）に依拠しながら、（「網羅的」とはいえないが）いくつかの「中国バブルは崩壊する」という主張の検討を試みた。だが、「中国バブル崩壊」論が説得力に富んでいるとはいい難い。また、上記のような主張が成立するなら明らかに資本係数を大きくするように働き、「バブルの崩壊」が容易に捕捉されることになるだろう。

　さて、先の節でみたとおり、日本やハンガリーで「バブルの崩壊」に直接に結びついた政策とは、「総量規制」（日本）であり「緊縮財政」（ハンガリー）であ

った。だが、あらためて強調するまでもなく、「総量規制」や「緊縮財政」がとられたからといって「バブルの崩壊」が起こるわけではない。急激な貨幣量の収縮が「バブルの崩壊」につながっていくのは、第1に、貨幣を生産に結びつける機能や効率が失われているからであり、また第2には、政府の管理能力の欠如が存在するからである。通常、分権的な体制の国家では後者の政府の管理能力は（集権的な体制の国家に比べて）劣っている（仮に管理能力に劣っている集権的な体制が存在していれば、その政権は持続可能性に欠け即座に崩壊するに違いない）。「バブル」が、資産関連価格がファンダメンタルな水準を上回って上昇する現象だと定義すれば、優れて分権的ないしは民主的な体制のもとで発生する現象であって、集権的な体制のもとでは起こらない（先に述べたとおり、別の歪みとなって顕在化するはずである）。もともと「中国バブル崩壊論」は、中国の市場経済化と民主化が十分にすすんでいることを前提にしなくては成立し得ない。（逆にいえば、仮に「中国バブルの崩壊」があったとすれば、中国の市場経済化と民主化が十分にすすんでいることを示している）。

4-2　貨幣の効率係数

　本書第2章において、投機家と当局の行動に関する理論的な枠組みを設定し解の性質を調べた。当局の対処を示す式と投機家の調整行動を表す式との連立微分方程式を解いてみたのである。

　そうした分析をつうじて明らかになったのは、メカニズムの働きによって均衡に到達する場合とそうではなく市場が激しく撹乱される場合が存在することである。そして後者の事態に際して、それを適切に防ぎ得るのはある条件を満たす場合だということである。

　本章の事態に即して表現すれば、当該条件とは、「バブル現象と思われる事態が発生した場合、当局が適切に対処し得るには、当局の流動性管理能力が投機家の調整能力の「数倍」におよぶ必要がある」ということである。そしてその「数倍」とは、本書で「貨幣の効率係数」とよんだ値の逆数を意味する。

　「貨幣の効率係数」とは、「M2の増加分1単位が何単位のGDP増加を生み出すのか」を示す値にほかならない。

　上記の説明から明らかなように、「貨幣の効率係数」の逆数とは、本書で「貨

幣の倍率」とよんだ値に等しい。したがって、当局がバブル現象に直面して適切に対処し得るためには「貨幣の倍率」に等しい（投機家の調整能力を上回る）管理能力をもつ必要があるということである。

本章第1節で述べたとおり、2009年の中国の「貨幣の倍率」は、5.029であって、「バブルの崩壊」が存在した日本の1987年の倍率4.059よりも大きく、また2007年のハンガリーの倍率0.999よりもはるかに大きい。上記の連立微分方程式の解の性質に即して表現すれば、市場が激しく撹乱され政府の介入なくしては事態の収拾が困難な場合に直面する可能性が大きいことを示唆している。

問題の根幹は、したがって、中国政府の流動性管理能力の程度にかかっているといってよい。先にふれた宮崎（2013）のように、中国政府が腐敗にまみれた政府だと見立てるのであれば、早晩「バブルの崩壊」は避けられないだろう。いうまでもなく民主的な市場経済の国で「貨幣の倍率」が5.029におよべば、そのようなバブル経済は速やかに崩壊するだろう。だが、依然として崩壊していないのは、中国が違った体制（社会主義体制）で動いているからであり、そのもとで強力な流動性管理能力を保有しているからであろう。

したがって、本章での検討のとおり、「中国の崩壊」は視野に入れないとして、「中国バブルの崩壊」を念頭に置けば、少なくとも本章で精査した統計・データから判断するかぎり、「中国バブルの崩壊」の兆候はみられないと考えるのが適切である[108]。

5．結論

本章での検討から得られた結論は次のとおりである。

（1）本章で分析対象とした国ぐには、先進工業国2カ国（アメリカ、日本）、漸進的改革をすすめた体制移行国2カ国（中国、ハンガリー）、急進的改革をすすめた体制移行国2カ国（ポーランド、ロシア）の6カ国である。それら諸国のうち、アメリカ、日本、ハンガリーで「バブルの崩壊」が認められる。それらの国ぐにでは特定の時期に資本係数が3倍を超えて上昇している。

（2）体制移行国のうち、ハンガリー（漸進的改革）とポーランド（急進的改革）

---

[108] この点に関しては、森田憲・陳雲（2013b）、（2014a）、（2014b）を併せ参照されたい。また、Shiller（2014）も有益である。

とを比較してみると、第1にマクロ経済指標でみて明らかにポーランドがより厳しい改革をしたこと、第2にハンガリーがより外資利用型の改革であったこと（海外依存度が大きかったこと）、第3に国民による改革への支持に大きな相違が認められること（ハンガリーの国民性は「悲観的であること」等文化的遺伝子の違いが指摘される）、といった相違が存在している。

　(3) 比較的長期にわたってバブル崩壊の影響が認められるハンガリーと日本という2カ国に共通する重要な事実は、ハンガリーの「緊縮政策」であり日本の「総量規制」であること、すなわち急激な貨幣の収縮であることがわかる。

　(4)「貨幣の効率係数」を用いてみると、バブルの崩壊については政府当局の流動性管理能力の程度が大きくかかわっていることがわかる。

　(5)「貨幣の倍率」、「資本係数」等々いずれの指標を以て判断しても、中国（全土）のバブルの崩壊という兆候は認められない。

　(6) また長江デルタ地域の3都市（上海、南京、杭州）の資本係数等を以て判断しても、それら諸都市にバブルの崩壊という兆候は認められない。

第Ⅱ部　中国の国際化の政治経済学

第 5 章
中国の対外直接投資の政治経済学

はじめに

　2012年12月7日、カナダ政府は、中国海洋石油公司（国有企業）によるカナダ石油大手企業ネクセンの買収を認可したことを発表した[109]。買収総額は151億ドルであり、カナダにおける中国企業による買収としては過去最大の規模とみられている。

　同買収については、カナダ議会などから反対論が出ていた。

　中国海洋石油公司のネクセン買収計画は、2012年7月に発表されており、野党新民主党による「中国がカナダの天然資源を買い占めるのを容認すべきではない」とする批判が出され、与党である保守党からも同じ趣旨の批判が出ていたのである。カナダ政府が同計画を認可した理由としては、中国海洋石油公司がカナダの法令を順守し、カナダの発展に貢献することを約束したからであると述べられている。

　また、同ケースや類似したケースに関連して、「各国の基幹産業にまで進出しはじめた中国企業への警戒が、世界で高まっている」とか「中国の各企業は取引上の透明性も欠く。背後に見え隠れするのは中国共産党の存在。それこそが各国が懸念する「中国リスク」でもある」[110]というふうな指摘も聞かれる。同記事のタイトルが如実に示しているとおり、要するに「スパイの危険」である。

　中国海洋石油公司とネクセンとの関係、さらには中国政府とカナダ政府との関係は、実のところ、世界各地で急速に広まっている中国の対外直接投資にかかわる諸問題の（規模の大きな）ひとつの事例である。

　端的にいえば、そうした（規模の大きな）ひとつの事例をめぐって、カナダ政府のなかおよび世界のメディアにさまざまな議論が沸き起こっているのである。

---

[109] 以下の同買収の記事は、2012年12月8日『産経新聞』による。
[110] 『産経新聞』2012年12月21日。

第5章　中国の対外直接投資の政治経済学　125

　この数年、キング（2006）や河添（2011）、（2012）のように中国人や中国企業が世界各地でさまざまな問題を引き起こしていることを記述し、世間の喚起を促している書籍もみられる。そうした事例は、おおむね実態を伝え、安易に中国人や中国企業を受け容れることの危険性を指摘している記事や書籍である。いわゆる「中国の台頭」をめぐって加えられている警告といってよい。

　本章は、そうした現状に鑑みて、「中国の台頭」に関する事態をどのように捉えることが出来るのか、あらためて検討を加えてみようとするものである。

　本章第2節でふれるように、先行研究をつうじて、中国の対外直接投資の実態には従来の対外直接投資の理解とは明らかに異なる側面が存在し、政治的リスクや文化的差異が対外直接投資にとって有意にネガティブな要因とは認められないという結果が得られている。また、本章第3節でふれるように、しばしば伝えられる中国の重商主義的政策についても若干の変化が認められる。そして、本章第4節で検討を加えるように、そうした趨勢は今後の国際システムを展望する上でも大きな意味をもつものと考えられる。

　以下、本章は次のような構成ですすめられる。第1節では、中国の「走出去戦略」[111]の内容にふれながら中国の対外直接投資の経緯と現状について概観してみる。第2節では、第1節の概観をベースにして、デヴィスおよびディエゴ・クエル他による中国の対外直接投資に関するアカデミックな分析をふりかえり、その特色についてみてみることとする。第3節では、中国のグローバル化についてしばしば指摘される重商主義的な政策について考えてみることとし、第4節では、「中国の台頭」をめぐって今後どのような展望がなされるのか若干の考察を加えてみる。そして最終節で簡単に結論が述べられる。

1．中国の対外直接投資：概況[112]

　まず鳥瞰図的に位置づけてみるために、体制移行を行っている国ぐにを比較する目的で、（2003年から2010年をとり）中欧のポーランドおよびハンガリーをと

---

[111] 「走出去」とは「海外進出促進」であり、英語での表現は "go global" である。

[112] 中国に関する統計、とりわけ対外直接投資の統計については、統計の種類ならびに年版等によって大きな違いが存在する。本章では、各年版でそれぞれ掲載されている統計に焦点をあて当該統計数値によることとする。なお、したがって、本文での記述と表5-2の数値とは必ずしも同じではないことがあり得る。

126 第Ⅱ部 中国の国際化の政治経済学

表5-1 中国・中欧における対内直接投資および対外直接投資（対 GDP 比率）

(単位：%)

		2003	2004	2005	2006	2007	2008	2009	2010
中国									
	対内	1.29	1.29	1.35	1.16	1.14	1.32	1.05	1.05
	対外	0	0.04	0.23	0.34	0.31	0.63	0.62	0.67
ポーランド									
	対内	0.90	1.24	1.96	3.41	3.69	2.16	1.90	1.28
	対外	0.04	0.16	0.65	1.54	0.85	0.64	0.72	0.62
ハンガリー									
	対内	1.38	2.53	4.51	3.69	2.05	3.55	1.01	1.17
	対外	1.05	0.33	1.28	2.10	1.88	1.50	1.33	0.76

出所：UNCTAD, *World Investment Report*, annual.

りあげてみると、次のことがわかる。2003年から2008年については、対内直接投資および対外直接投資ともに中欧諸国とりわけハンガリーの対 GDP 比率が大きく、中国の比率との間に大きな差異がみられる。しかし、2009年および2010年にはそうした差異は急速に縮小している。言い換えると、2009年および2010年の世界経済全体の停滞の中で、ポーランドおよびハンガリーは対内・対外ともに比率を有意に小さくしていっているのに対して、中国は大きく減らすことなく、むしろ対外直接投資の比率は拡大傾向がみられるのである[113]。

　それでは、中国の直接投資とりわけ対外直接投資はどのような状況にあるのだろうか。たとえば、ジェトロによる統計をみると、1992年から中国の対外直接投資の統計がみられる。しかし、表5-2のとおり、2000年まではごく小さな数値にとどまっている。実際、『ジェトロ投資白書』（2002年から『ジェトロ貿易投資白書』に、2010年から『ジェトロ世界貿易投資報告』に変更されている）をみても、対外直接投資はその数字が記載されているのみであって、多少とも詳細な記述はみあたらない。それだけの規模だったのである。

　対外直接投資の規模が急激な上昇をみせるのは2000年をすぎてからであり、そうした趨勢にあわせて、2002年版から『ジェトロ貿易投資白書』にも記述がみら

---
113 なお、対内および対外直接投資の対 GDP 比率については、表4-15を併せ参照。

表5-2　中国の直接投資

(単位：百万ドル、％)

	対外直接投資（A）	対内直接投資 （実行ベース）（B）	(A)/(B)×100
1992	195	11,008	1.8
1993	96	27,515	0.3
1994	80	33,767	0.2
1995	131	37,521	0.3
1996	346	41,726	0.8
1997	339	45,257	0.7
1998	259	45,463	0.6
1999	591	40,319	1.5
2000	622	40,715	1.5
2001	790	46,878	1.7
2002	983	52,743	1.9
2003	2,087	53,505	3.9
2004	3,712	60,630	6.1
2005	6,954	60,325	11.5
2006	16,130	63,021	25.6
2007	18,720	74,768	25.0
2008	52,150	92,395	56.4
2009	43,300	90,033	48.1
2010	59,000	105,735	55.8
2011	60,070	116,011	51.8

出所：『ジェトロ貿易投資白書』（各年版）、『ジェトロ世界貿易投資報告』（各年版）。

れるようになる。それによれば、中国政府は第10次５カ年計画（2001～2005年）で正式に「走出去戦略」を発表し、対外投資の促進を打ち出している。そしてその重点は、（1）海外での加工貿易の促進および（2）資源の確保の２点であることが述べられている。本章の出発点はここからである。

　2001年の中国の対外直接投資状況をみると[114]、新規認可企業数は312社であっ

---

114 同状況は、認可ベースであり、かつ（投資本国としての）中国側の投資にのみ焦点をあてることとする。なお、以下の各年についても同様である。

て対前年比2.5%減だが、金額をみると7億9,000万ドルであり対前年比26.2%増である。

2002年はどうだろうか。投資件数は350社、金額は9億8,300万ドルであって対前年比38.8%の増加である。

政策的にみると、中国政府は、対外直接投資に関しては前年同様に積極的に推進している。とりわけ対外投資の外貨管理について、浙江、江蘇、上海、山東、福建、広東の各省・直轄市をテスト地域とし、各地域の（外貨管理局）分局に、それぞれ2億ドルの外貨購入限度を設定して、（その金額以内ならば）対外投資企業に外貨購入の認可権限を与える等手続き・制限の緩和につとめることとしている。

投資パターンについていえば、いわゆる「貿易型投資」（貿易会社設立等）が全体の60%を占めており、同時に（1）家電、紡績、機械電気関連企業の海外生産拠点設立および（2）資源開発型投資が増加している。

2003年には、投資件数で対前年比45.7%増の510社、金額は同じく対前年比112.3%増の20億8,700万ドルと大きく拡大している。そして、2003年もまた中国政府は海外投資における外貨管理に関する試行地域を拡大しており、合計で23億3,000万ドルの外貨購入限度を設定している。さらに外貨リスク審査制度の撤廃、外貨資金源審査制度の簡素化が実施されている。対外投資促進政策である。

投資形態をみると、サービス貿易型投資（貿易、小売・卸売、運輸、研究開発、旅行等）が最大（41.7%）であり、次いで資源開発型投資（25.2%）、加工製造型投資（24.7%）となっている。

2004年には、中国の対外直接投資は大きく拡大しており、37億1,200万ドル（対前年比77.9%増）に達している。そして対内直接投資（実行ベース）の6.1%を占めている。

大きなシェアを占めるのは、鉱物採掘業への投資であって全体の52.8%であり、また製造業分野の占めるシェアは全体の13.5%である。そして2004年の中国の対外直接投資の主流はM&Aである。なかでも、2004年12月の中国のパソコンメーカーであるレノボ（聯想）によるアメリカIBMのパソコン事業の全面買収が大きな案件だった。

2004年においても、中国政府はいっそうの規制緩和政策をすすめている。同年10月中国商務部は、「対外投資および企業設立の審査事項に関する規定」を施行し、

対外投資に際して必要な審査資料の数を10から5に減らしている。また国家発展与改革委員会も同年10月に、「対外投資項目認可暫定管理弁法」を公布して、認可が必要なプロジェクトの金額を100万ドルから1,000万ドルに引き上げている。いっそうの対外投資促進政策の実施である。

　投資対象を地域別にみると、2004年には、中南米地域（主として英領ケイマン諸島）が全体の46.2％を占めており、次いでアジア（主として香港、インドネシア）が38.6％、欧州（カザフスタン、ドイツ、ロシア等）が8.5％を占めている。

　2005年は、表5-2にみるとおり、69億5,400万ドルに拡大しており対内直接投資に対する比率も11.5％に増大している。そして海外の中国企業数は1,067社にのぼる。

　このうち、40億8,000万ドルを占める資本投資についてみると、業種別には、製造業が29％（11億7,800万ドル）、採鉱業が28.7％（11億6,900万ドル）情報通信・コンピューターサービス・ソフトウエア業が26.3％（10億7,100万ドル）を占めている。投資形態では、M＆Aが23億ドルであり56.5％の比率を占め、グリーンフィールド投資は17億7,000万ドルで43.5％である。

　進出先の国・地域をみると、アジア地域（主として香港、韓国、タイ、カンボジア、日本）が24億5,300万ドルで60.3％を占め、中南米（英領ケイマン諸島、英領バージン諸島、ベネズエラ等）が6億5,900万ドルで16.2％を占めている。以下アフリカ（スーダン、アルジェリア、ナイジェリア等）2億8,000万ドル（6.9％）、北米（米国、カナダ）2億7,000万ドル（6.7％）、欧州（主としてロシア、ドイツ、イギリス）2億5,700万ドル（6.3％）、大洋州（オーストラリア、ニュージーランド）1億4,800万ドル（3.6％）である。

　2005年もまた、中国政府は中国企業の海外進出支援のため、いっそうの規制緩和策を講じている。すなわち、外貨管理の試行地域をすべての地域に拡大し、また外貨購入限度額を（33億ドルから）50億ドルに拡大している。（さらに、2006年7月1日から、国家外貨管理局は外貨購入限度額を撤廃している）。

　2006年には、対外直接投資は161億3,000万ドルに達し、対内直接投資の25.6％にあたっている。全体の大きな流れであるM＆Aは47億4,000万ドルに達しているが、比率は36.7％に縮小している。

　2006年から2010年におよぶ第11次5カ年計画において、中国政府は対外直接投資に関する方針を次のように定めている。(1) 優位性をもった産業を中心に、海

外における加工貿易を促進し、原産地の多角化をはかる（すなわち、比較優位原則の世界規模での展開に自国企業を合わせるという方針である）。(2) 国境をこえるＭ＆Ａ、株式参加等をつうじて、中国の多国籍企業を育成する（そうした自国の多国籍企業の育成は、(1) の世界規模での比較優位原則の展開という方針に重なるものである）。(3) 海外での資源の共同開発を拡大する。1番目および2番目の方針が世界全体の効率化といういわば抽象的なレベルでの経済原則であったのに対して、この3番目の方針は明らかに中国独自の戦略にかかわるものである。

　いうまでもなく、2006年もまた投資規制緩和策をすすめており、国家外貨管理局は、先に述べたとおり、2006年7月1日以降対外投資に関する外貨購入限度額を撤廃している。

　2006年の対外直接投資の特徴は、「海外経済貿易合作区」（中国企業工業団地）の建設であろう。2006年11月に、合作区第1号として、パキスタンにおいて「パキスタン・ハイアール・ルーノ経済区」が着工されている。合作区建設のねらいは、いうまでもなく、合作区のなかに中国企業の投資を集中させ、投資効率の向上ならびにリスクの軽減をはかることである。中国政府が合作区の建設を重視していることは、パキスタンの経済区建設の記念式典に胡錦濤国家主席（当時）が出席している状況が、明らかに示している。

　具体的な対外直接投資案件として顕著なのは、(1) 資源・エネルギー確保に向けた海外企業（およびその権益）の買収、ならびに (2) 製造業分野での大規模投資である。

　2007年の対外直接投資は、187億2,000万ドルであり過去最高額だった。なお、対内直接投資との比率は25％であり、ほぼ2006年と同様である。対外直接投資増大の背景には、いうまでもなく中国政府による投資促進政策があるが、同時に中国企業自身の実力が備わってきたことにもよるといってよい。

　『ジェトロ貿易投資白書』（2008年版）は、中国の対外投資の意義・目的を次のように指摘している。(1) 対外投資をつうじて国際市場を開拓し、より多くの中国製品の国際市場への進出を促進すること（いわば「市場開拓型投資」）。(2) 中国経済の発展に伴って発生する資源需要を満たすこと（「資源関連型投資」）。(3) 中国企業による国際競争力を、より大規模な市場での競争をつうじて、向上させること（「対先進国型投資」）。(4) 対外投資をつうじて、外国のすすんだ技術を

第5章　中国の対外直接投資の政治経済学　131

学習し導入すること（「技術水準向上型投資」）、である。いうまでもなく、これまでの中国の対外直接投資は、上記（1）および（2）を中心にすすめられてきたものと思われる。

　同時に、対外直接投資は、貿易と違って現地に進出するため、現地従業員との摩擦、現地社会との摩擦を避けることが難しいといえる。それは、M＆Aをつうじて買収した企業の収益の伸び悩みとなって現れる。同じく『ジェトロ貿易投資白書』（2008年版）では、摩擦や収益の低迷の主要な要因として、（1）現地の法規や社会的慣習に対する認識の不足、（2）現地市場に関する調査不足、（3）対外直接投資に際して必要な専門的人材の不足、をあげている。端的にいえば、中国企業の国際ビジネスにおける経験の不足である。

　2006年でもふれた「海外経済貿易合作区」（中国企業による工業団地）の建設は、2007年でも同様に中国政府による対外直接投資政策の「目玉」だったといえる。2007年9月に新たに認可された11カ所を加えると、合計で16カ国・19カ所の合作区が認可されているのである。

　2007年の具体的な案件で顕著なのは、これまでと同様、資源・エネルギー確保に向けた海外企業およびその権益の買収であるといってよい。

　2008年には、対外直接投資は521億5,000万ドルとなり、対内直接投資の56.4％を占めるまでに拡大している。また、中国商務部が第11次5カ年計画期間中（2006～2010年）に目標としていた累積投資額600億ドルを、2006年から2008年の3年間で（累積額で870億ドルであり）大幅に上回っている。

　投資増加の背景は、2007年と同様である。中国政府による対外投資促進政策の効果であり、また中国企業自身の対外投資の活発化である。

　2008年時点での中国の（非金融）対外直接投資の国・地域別フローの構成比を（中国商務部・国家統計局・国家外貨管理局『2008年度中国対外直接投資統計公報』によって）みると、香港が69.1％、南アフリカが8.6％、英領バージン諸島が3.8％、オーストラリアが3.4％、シンガポールが2.8％、英領ケイマン諸島が2.7％であり、香港および英領バージン諸島等タックスヘイブンの国ぐにへの投資が大きな比率を占めている。その背景として（中国の専門家による指摘として）述べられているのは次の2点である[115]。（1）一部の中国企業が、中国国内で外資系企業としてのステータス・優遇措置を得るべくタックスヘイブン等に外資系企

115『ジェトロ貿易投資白書』（2009年版）171頁参照。

業を設立し、その後外資として中国に再投資を行っていること、および（2）中国企業が、香港やタックスヘイブン諸国をつうじて、税務コスト等の削減をはかっていることである。要するに、中国の対外直接投資の急速な拡大の背景には、外資系企業であることによる優遇措置の獲得ならびに税制上の優遇措置の獲得（税務コスト削減）という目的が存在している。

とはいえ、実際に具体的な案件が増大していることもまた明瞭であり、それはとりわけ資源・エネルギー確保ならびに製造業分野での拡大にみられる。

2009年の中国の対外直接投資は、433億ドルであり対内直接投資との比率でみると、48.1％にあたっている。

こうした規模の大きな対外直接投資の背景には、中国政府の政策が存在し、かつ中国企業自身がブランド・技術・市場確保を目的として活発な対外投資を行っていること、そして中央国有企業を中心に資源確保を目的としてオーストラリアやアフリカ等への投資を行っていることがあげられる。

実際、2009年5月1日から、商務部による「対外投資管理弁法」（商務部令2009年第5号）が施行され、それによって投資案件の認可権限が地方政府へ大幅に委譲されたほか、企業設立時の申請手続きの簡素化、審査期間の短縮化がはかられている。

もっとも、2009年の中国の国・地域別対外直接投資の構成比は表5-3のとおりであり、香港およびタックスヘイブン諸国が大きな比率を占めていることに変わりはない。そのことは先に述べたとおり、明瞭に中国企業による優遇措置の獲得、税務コスト削減措置によるものである。

2009年の対外直接投資は、これまでと同様に資源・エネルギーの確保および製造業分野のいっそうの拡大であるといってよい。またM＆Aが対外投資の主要な形態であることも変わりはない。ただし、新たに産業分野が多様化してきていることが指摘される。この点は注目されてよい。

なお、2009年末時点で対外投資を行っている中国企業は合計で1万2,072社であり、件数でみるとその内訳は民営企業が9,324社で全体の77.2％を占めている。国有企業は1,624社で13.4％、香港、マカオ、台湾を含む外資系企業は584社で4.8％となっており、国有企業の比率がやや低下傾向にある[116]。

2010年の中国の対外直接投資をみると、投資額は590億ドルに達しており、対

---

[116] いうまでもなく、金額表示でみると明らかに異なり、国有企業の比率は大きくなる。本章次節参照。

第5章 中国の対外直接投資の政治経済学 133

表5-3 中国の対外直接投資の国・地域別構成（2009年）

(単位：%)

国・地域	構成比
香港	63.0
ケイマン諸島	9.5
オーストラリア	4.3
ルクセンブルク	4.0
英領バージン諸島	2.9
シンガポール	2.5
米国	1.6
カナダ	1.1
マカオ	0.8
その他	10.3
合計	100.0

出所：『ジェトロ世界貿易投資報告』（2010年版）。

内直接投資の55.8%にのぼっている。2006～2010年の投資額を累計すると2,501億3,100万ドルであり、第11次5カ年計画で商務部が目標としていた600億ドルの4倍をこえる数値となっている。中国の対外直接投資は急速に拡大しているというほかない。

　そして、対外直接投資増大の背景ならびに商務部の政策的措置等については、前年と変わっていない。

　また、対外直接投資の国・地域別構成をみると、表5-4のとおりであって、依然として香港およびタックスヘイブン諸国の比率が圧倒的に大きいことは明瞭である。ただし、2008年に中国で行われた『企業所得税法』の改正以降は外資優遇措置が弱まったため、タックスヘイブン諸国への投資のうちで中国に迂回される投資が減少し、むしろ第三国向け投資の増大という事態となっている。

　業種別の投資をみると、ビジネスサービス業すなわち投資会社による資本移動が最も大きく205億ドルであって、全体の36.3%を占めている。次いで採鉱業が133億ドルで23.5%を占めており、製造業は22億ドルで3.9%である。

　投資案件をみると、依然として資源・エネルギー関連が顕著だが、同時に自動車、航空機リース、アパレル等多様化の傾向も明らかとなっている。

134　第Ⅱ部　中国の国際化の政治経済学

表 5 - 4　中国の対外直接投資の国・地域別構成（2010年）

（単位：%）

国・地域	構成比
香港	56.0
英領バージン諸島	8.9
ケイマン諸島（英）	5.1
ルクセンブルク	4.7
オーストラリア	2.5
スウェーデン	2.0
米国	1.9
カナダ	1.7
シンガポール	1.6
ミャンマー	1.3
その他	14.3
合計	100.0

出所：『ジェトロ世界貿易投資報告』（2011年版）。

　2011年の中国の対外直接投資は、601億ドルとなり、対内直接投資に対する比率も50%をこえており、明らかに対外直接投資における大国となったといってよい[117]。M＆Aによる直接投資は222億ドルと拡大し、全投資に占める比率は36.9%となっている。とりわけ対EU（当時の）27カ国投資は43億ドルに達し、対前年比94.1%増である。対アフリカ投資もまた17億ドルであり対前年比58.9%増となっている。

　いうまでもなく、依然として香港およびタックスヘイブン諸国（ケイマン諸島および英領バージン諸島）への投資が大きいという実態は変わっていない。その理由が、税務上のコスト削減であり、海外からの資金調達拠点としての活用であるという理由も変わっていない。

　以上概観してきたとおり、中国政府による「走出去戦略」をつうじて、中国企業による対外直接投資は急速に拡大しており、その基本的趨勢としては、第1に、

---

[117] 『ジェトロ世界貿易投資報告』（2012年版）8～9頁によると、2010年時点での中国の対外直接投資は世界第5位に相当している。なお、対内直接投資と対外直接投資とのバランスについては、中国政府は2015年までに対内と対外の投資がちょうど等しくなるように対外直接投資を促進するという目標を設定している。詳細は、Davies（2012）とりわけp. 7, Footnote 23を参照。

香港ならびにタックスヘイブン諸国への投資が大きいことであり、そして第2に、資源・エネルギー確保を目的とする投資が大きいということである。第1点目は、先に述べたとおり、おおむね優遇措置確保のためおよび租税コスト削減のためということが主たる理由であるといってよい。そして産業分野としては、多くはリース業、不動産業等で起こっている。それに対して第2点目は、たとえばオーストラリアやカナダのような資源・エネルギー保有国への投資であり、M&Aによる投資もグリーンフィールド投資も活発である。本章冒頭でふれた、151億ドルという規模に達する中国海洋石油公司のネクセン買収計画は、そうした傾向をふまえた大きな案件である。

　次節以降では、そうした中国の対外直接投資をめぐって行われた若干の分析をふりかえってみることとする。

2．中国の対外直接投資：検討

2-1　ケン・デヴィスによる整理

　先の節で、中国の対外直接投資をめぐって概説を試みた。その概説をベースとして本節では、若干の分析をふりかえってみることとする。とはいえ、中国の対外直接投資については、多少ともアカデミックな分析はごく僅かにすぎない[118]。そのことを承知したうえで、現在のところ、どのように考えられているのかを展望し、本章の見解につなげていくこととする。

　本節では、まず前節の概観の整理という意味を含めて、デヴィス（2012）の分析をみることとし（2-1節）、次いで中国の対外直接投資に関して活発に分析を行っている、ディエゴ・クエル他の主張（2012a）および（2012b）についてみてみることにする（2-2節）。

　デヴィスによる2010年の統計をもとにした分析をみると、対内直接投資では第二次産業が大きいのに対して、対外直接投資ではサービス業等第三次産業が31％、第一次産業が15％を占め、採掘・原油関係産業が14％を占めており、明らかな違いがみられる。また地域別構造では、対香港投資が全体の63％を占め、さらに対英領バージン諸島およびケイマン諸島投資が13％を占めており、両者で76％に達

118　しかし、急速に増えていることは事実である。

136　第Ⅱ部　中国の国際化の政治経済学

するという構造は先に述べたとおりである。なお、対先進諸国投資は全体の9.4％
だが、そのうち7.9％はオーストラリアへの投資である。対アフリカ投資は4％
であり、対オーストラリアおよび対アフリカ投資は天然資源確保を目的とするも
のである。

　また、（2010年の）対外直接投資の66％は国有企業によって行われている[119]。
デヴィス（2012）が依拠している復旦――VCC（ヴァーレ・コロンビア・セン
ター）[120]による中国の多国籍企業に関するサーベイ（2008年時点までの実態調査）
では、対外資産額の首位は中国中信集団公司の437億5,000万ドルであり、以下中
国遠洋運輸（集団）公司（203億4,500万ドル）、中国建築工程総公司（139億2,300
万ドル）である（表5-5）。

　表5-5で示されているように、中国の対外直接投資は、（中国という国家が）

---

[119] 中国商務部等の統計から作成された、中国の対外直接投資額に占める国有企業の投資額および比率を
示す（ジェトロ作成の）図5-Aは下記のとおりである。（なお、対外直接投資額の順位でみると、上
位20社はいずれも国有企業であり、件数は少なくても金額は大きいことがわかる）。

図5-A　国有企業の対外直接投資額

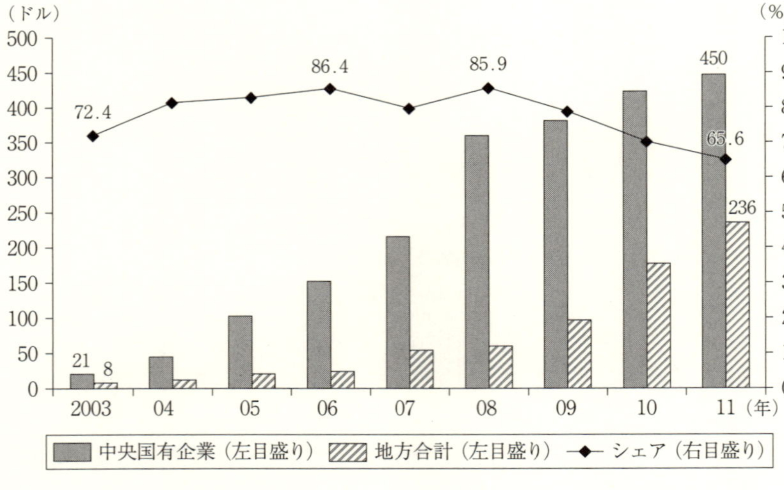

注：原出所は、中国の商務部・国家統計局・国家外貨管理局による『2011年度中国対外直接投資
統計公報』である。
出所：「ジェトロ通商弘報」（2012年11月6日）。

[120] 復旦大学（中国）、ヴァーレ社（ブラジル）およびコロンビア大学（アメリカ）による共同研究セン
ターである。

表 5-5　中国企業の対外資産額

順位	企業名	産業	対外資産額（百万米ドル）
1	中国中信集団公司	複合	43,750
2	中国遠洋運輸（集団）公司	運輸・倉庫	20,345
3	中国建築工程総公司	建設・不動産	13,923
4	中国石油天然気集団公司	石油・ガス	9,409
5	中国中化集団公司	石油・ガス	6,409
6	中国海運集団総公司	運輸・倉庫	5,962
7	中国海洋石油総公司	石油・ガス	5,247
8	中国交通建設股份有限公司	建設・不動産	4,010
9	北京控股有限公司	複合	3,662
10	中国中鋼集団公司	金属・金属製品	3,514
11	中国鉄道建築総公司	建設	3,146
12	中興通訊	通信	3,143
13	中国外運長航集団有限公司	運輸・倉庫	2,813
14	聯想控股	コンピューター関連	2,732
15	上海汽車	自動車	2,317
16	中国五鉱集団公司	金属・金属製品	1,694
17	宝鋼集団有限公司	金属・金属製品	1,091
18	海爾集団公司	家電	784
合計			133,949

出所：Fudan-VCC survey of Chinese multinationals, 2008.

工業化を目ざして海外のエネルギーや天然資源へのアクセスが確保できるように拡大しつづけているものと想定できる。

　とりわけ、*Columbia FDI Profile* に示されているように、グリーンフィールド投資に関しては、その多くが規模の大きい投資でありかつ資源・エネルギー投資ならびに自動車、不動産投資が占めている[121]。なお、先の節（表 5-2 および注113）でみたとおり、対外直接投資は急速に拡大しており、したがって対内直接投資に対する比率もまた大きくなっている。

[121] Davies（2012）p. 16, Annex table 7 参照。

138　第Ⅱ部　中国の国際化の政治経済学

表 5-6　中国の対外直接投資対象国および件数

国　　名	対外直接投資件数
オーストラリア	14
アメリカ	10
インドネシア	9
イギリス	8
カナダ、ロシア	7
シンガポール	5
エクアドル、インド、カザフスタン	4
ドイツ、イラク、日本、メキシコ、韓国、スイス、アラブ首長国連邦	3
アフガニスタン、アンゴラ、ブラジル、コスタリカ、ペルー、フィリピン、サウジアラビア、南アフリカ、スーダン、ベネズエラ、ベトナム	2
アゼルバイジャン、バハマ、チリ、コンゴ、ガボン、ギリシャ、イラン、ジャマイカ、マレーシア、モーリタニア、モンゴル、オランダ、ナイジェリア、パキスタン、パプアニューギニア、ポーランド、スロバキア、シリア、台湾、タイ、トルコ、ウズベキスタン、イエーメン、ジンバブエ	1

出所：Quer, D. etc.（2012b）。

　重要なことは、中国の対外直接投資が産業別でも地域別でも多様化がすすんでいるということであり、文字どおり「走出去」がすすんでいることをうかがわせる。そしてそのことは、たしかに中国自身の制度的な整備を促し、いっそうの投資をすすめていく土台となっていくものと思われる。

2-2　ディエゴ・クエル他の主張

　次に、中国の対外直接投資に関して興味深い分析を行っている、ディエゴ・クエル他の主張（2012a）および（2012b）を中心にみてみることにしよう。

　彼らの第 1 の検討（2012a）は、中国企業としてフォーチュンのグローバル500にリストされている35の大規模企業による対外直接投資がどのように行われるのか、言い換えると「100％所有」（以下 WOS と表す）で行われるのか、それともそうではないのか（ジョイント・ベンチャーによって行われるのか）という意思決定が、どのような要因と有意なのか、どのような要因と有意ではないのか、

という問題をめぐって行われている。

彼らは、5つの仮説を示し、使用するデータの所在を明らかにした上で、統計的検討を行っている。5つの仮説とは下記のとおりである。

（1）受入国の政治的リスクが大きいほど、中国企業はWOSの選択を行わない。

（2）受入国と中国との文化的差異と、中国企業のWOSの選択とは無関係である。

（3）投資が行われる産業が技術集約的であるほど、中国企業はWOSを選択する。

（4）投資を行う企業規模が大きいほど、中国企業はWOSを選択する。

（5）投資を行う企業の国際投資の経験が豊富であるほど、中国企業はWOSを選択する。

そうした仮説に対して彼らが行った統計的検討の結果は、端的に述べれば、次のとおりである。

（1）受入国の政治的リスクの大きさと中国企業のWOSの選択との間には有意な関係は認められない。

（2）受入国と中国との文化的差異と中国企業のWOSの選択との間には有意な関係は認められない。

（3）投資が行われる産業の技術集約度と中国企業のWOSの選択との間には有意な関係が認められる。

（4）投資を行う企業規模と中国企業のWOSの選択との間には有意な関係は認められない。

（5）投資を行う企業の国際投資の経験と中国企業のWOSの選択との間には有意な関係は認められない。

要するに、設定された仮説とその有意性の検定から得られる結論によれば、中国企業が100％所有の対外直接投資を選ぶことと有意な関係が認められるのは、当該産業の技術集約度という要因のみだというのが彼らの検討の結果である。

むろん、本章の冒頭で述べたように、中国の対外直接投資をめぐる分析はまだはじまったばかりであり、上記の仮説をめぐってもさまざまな分析が存在し得る。だが、明らかなことは、従来の対外直接投資をめぐって広く受け容れられている考え方とは異なる検定結果が得られているということである。

100％所有形態の直接投資を行うということは、いうまでもなく、より安全な

そしてより大きな利潤獲得機会が得られると判断される場合にとられる。

したがって、受入国の政治的リスクが大きいことは危険回避行動をとらせるように働くと想定されるから、通常は（1）の仮説は支持されると考えられる。だが、支持されなかった。

また、受入国との文化的差異が大きいことは、利潤獲得機会としてはネガティブに働くものと想定されるから、ふつうには（2）の仮説は棄却されると考えられる。だが、支持された。

同様な想定は（4）の仮説でも（5）の仮説でも同じように判断される。だが、仮説はいずれも棄却されたのである。

それらは、通常の先進諸国による対外直接投資とは明らかに異なる中国の対外直接投資の特色を示すものであろう。

さらに、ディエゴ・クエル他の主張（2012b）は、同じくフォーチュンのグローバル500にリストされている中国の29の大規模企業による52カ国への直接投資（2002年1月から2009年12月までの139の直接投資）について、その立地に際しての意思決定（すなわち投資受入国の決定）とその際のふたつの主要な要因、すなわち投資受入国の政治的リスクおよび文化的差異との関係について統計的検討を行っている。その際の仮説とは以下のふたつである。

（1）受入国の政治的リスクは、中国企業の対外直接投資の決定とは無関係である。

（2）受入国と中国との文化的差異は、中国企業の対外直接投資の決定にネガティブな影響を与える。

なお、検討の対象となった国および対外直接投資の件数は表5-6のとおりであり、また検討の対象となった29の中国の大規模企業と（2002年から2009年の間の）直接投資件数は表5-7のとおりである。前節で概観したような、香港およびタックスヘイブン諸国が投資受入国として大きな割合を占めるという状況とは異なる事態を対象としているといってよい。

さて、上記ふたつの仮説に関する統計的検討の結果得られた結論を端的に表せば、次のとおりである。

（1）受入国の政治的リスクと中国企業の対外直接投資の決定との間には有意な関係は認められない。

（2）受入国と中国との文化的差異は、中国企業の対外直接投資の決定に大きな

第5章　中国の対外直接投資の政治経済学　141

表5-7　中国の対外直接投資企業および件数

企業名	対外直接投資件数
中国石油天然気集団公司	22
中国石油化工集団公司	11
中国工商銀行	10
中国海洋石油総公司	9
中国銀行	8
聯想控股	8
中国中鋼集団公司	7
中国電信集団公司	6
中国五鉱集団公司	6
中国中化集団公司	5
中国鋁業公司	5
中国建設銀行	4
宝鋼集団有限公司	4
上海汽車	4
中国冶金科工集団公司	4
中国中信集団公司	3
中国遠洋運輸（集団）公司	3
中国聯合通信有限公司	3
中国国家電網公司	2
中国移動通信集団公司	2
第一汽車	2
中国建築工程総公司	2
中国華能集団公司	2
江蘇沙鋼集団有限公司	2
中国人寿保険股份有限公司	1
中国中鉄股份有限公司	1
中国鉄道建築総公司	1
中糧集団有限公司	1
中国交通銀行	1
合計	139

出所：Quer, D. etc. (2012b).

表5-8　重商主義の枠組み

重商主義	（新）古典派
保護貿易主義	自由貿易主義
投資規制政策	投資促進政策（走出去）
国民経済中心主義	国際経済協調主義
ナショナリズム	インターナショナリズム
介入主義	レッセ・フェール
統制経済主義	経済的自由主義

出所：竹本（1999）を参考に修正を加えて作成。

142　第Ⅱ部　中国の国際化の政治経済学

ネガティブな影響を与えるものではない。

　先の検討と同様、そうした統計的検討の結果は、従来の対外直接投資をめぐって広く受け容れられている考え方とは異なっている。受入国に政治的リスクが認められれば、対外直接投資の抑制要因となるものと想定されるから、(1) の仮説は棄却されると考えられる。だが、支持された。また、先ほどと同じように、受入国との文化的差異が大きいことは、明らかにネガティブに働くものと想定されるから、(2) の仮説は支持されると考えられる。だが、おおむね棄却されるという結論が得られたのである[122]。中国に特有の事情が存在するものと思われる。

　上で概観した、ディエゴ・クエル他 (2012a) および (2012b) において行われている検討結果の理由についての解釈は、おおむね華人・華僑の存在である。すなわち受入国における華人・華僑の存在が、明瞭に受入国での政治的リスクの軽減に役立ち、またあり得ると想定される文化的差異のネガティブな影響の軽減に寄与しているものと解釈されている[123]。

3．中国と重商主義

　貿易や（直接および間接の）投資行動の活発化をつうじて経済のグローバル化が進展してきたことは疑いない。だが、中国がグローバル経済の主要なプレイヤーとして登場してきたのは比較的新しい現象であり、とりわけ対外直接投資行動についてはそうである。

　本節では、そうした中国のプレイヤーとしての登場をどう捉えるか、特にしばしば指摘されるように、その「重商主義」的行動をどう捉えるかという点に注目して考えてみることとする。

---

[122] いうまでもなく、中国の進出によって、進出先の国ぐににさまざまな「摩擦」が発生している（この点は先に述べたとおりであり、たとえば河添 (2010)、(2011) 等参照）。問題はそうした摩擦現象が利潤獲得行動にとって障害となるかどうかということであろう。ならないのであれば、統計的に阻害要因としては現れない。

[123] それに加えて、Quer, D. etc. (2012a) および (2012b) においてふれられている要因は、中国の対外直接投資が、通常の直接投資のように、利潤獲得動機を主要な決定要因として行われているわけではないという事情である。「ドラゴン多国籍企業」(Mathews (2006) とよばれている中国型対外直接投資の特色として指摘され得るものであり、「政府の関与と民間の構想」とのユニークな「混合」というべき要因が存在しているといえるだろう。なお、通常の直接投資の分析については、たとえば、森田憲・陳雲 (2006) および (2009) 等参照。また、とりわけ森田憲・陳雲 (2009) では、「国際レジーム」の考え方を用いて直接投資にアプローチしていることに注意されたい。

なぜ重商主義かという点については、それが第一義的には国力・国富の増大を
はかるという意味をもっているということであり、また国力・国富の増大をつう
じて「覇権」につながっていくという側面をもっているからである。

ところで、重商主義という用語については、さまざまな（かつ整合的とはいえ
ない）定義や理解が存在する。したがって、それらをごく簡単にふりかえった上
で本章の「立ち位置」を明らかにしておく必要があるだろう。それが本節の分析
目的である。

そのことを明瞭にしておくための効果的な方法は、「重商主義の枠組み」を示
してみることだろう。そして対比されるのは、古典派（および新古典派）の見方
だといえる。竹本（1999）を参考に修正を加えた上で示してみると、おおむね表
5-8のとおりであろう。

本章との関連でふりかえってみると、主要な視点のひとつは、促進的と規制的
な投資政策である。そしてそれ以外にも、重商主義が、保護、統制、介入、ナシ
ョナリズム、国民経済中心主義であるのに対して、古典派は、自由、レッセ・フ
ェール、インターナショナリズム、国際経済協調主義である、という見方になる。
要するに、国家が有意に介入するのか（重商主義）、市場中心の国際協調なのか
（古典派）という相違といってよい。それは、ヘクシャーが重商主義の本質とし
てあげたいくつかの体系、すなわち、(1) 国力体系としての重商主義、(2) 保護
体系としての重商主義、(3) 貨幣的体系としての重商主義等と軌を一にするもの
であろう[124]。この点を、さらに若干整理して示してみると次のようになるだろ
う[125]。重商主義は、(1) 国力充実のための政策である。(2) 貨幣とその蓄積を重
視した政策である。(3) 貨幣あるいは金銀・財宝の蓄積ならびに国外への流出防
止の諸政策である。そして (4) 産業保護主義的な政策である、ということになる。

表5-8の全体的な枠組みを土台として、その政策的な側面を判断してみれば、
おおむね次のようにいってよい。それは、先に述べたとおり、重商主義の重要な
政策目標は国力・国富の増大ということであり、そうした政策目標が重要だとい
うことは、背景にそうさせる国際的環境が存在しているということであろう。そ
のことはまた、重商主義の本質にかかわってくる。シュモラーによる指摘のよう
に、（重商主義の本質は）「単なる貨幣増加論、貿易差額論、関税政策、保護貿易

---

124 Heckscher（1935）参照。
125 下記諸点については、鈴木（2006）を参考とした。

144　第Ⅱ部　中国の国際化の政治経済学

（の主張）、あるいは航海条令等々にあるのではなく、従来の地方的領域的経済政策に代わるに、国家的国民的政策をもってし、それによって社会およびその組織、国家およびその制度を根本的に改造することにあったのである」[126]ということになる。要するに、重商主義の本質は国家や制度の抜本的な改造だという主張なのである。

　そうだとすると、国力・国富の増大といい、国家や制度の改造といったとして、それはいったい誰のためなのかという議論になるだろう。国民ひとりひとりの経済力の合計としての国力・国富の増大なのか、それとも特定の階級あるいはグループの利益を想定するのかという議論である。

　この点は明らかにアダム・スミス（1904）の重商主義批判とかかわってくる。スミスの重商主義批判の主張は明瞭に、「ある階級の利益を促進するということは」「正義と公平に明らかに反する」ということであり[127]、国力・国富の増大とは、国民ひとりひとりの労働生産力の増大によって成り立つという主張である。言い換えれば、スミスの主張による国力・国富の増大とは国民ひとりひとりの生産力の増大の結果であり、ある特定の階級あるいはグループの利益の増大ではない。

　繰り返し述べているとおり、重商主義という考え方は、多くのあいまいな部分を含んでいることは間違いない。そのことを前提としてあえていえば、重商主義とは国力・国富の増大であり、そしてスミスの主張にしたがって端的にいえば、それは特定の階級あるいはグループの利益の促進策ということになる[128]。

　それでは、「重商主義」という視点から判断してみると、現代中国の対外直接投資をめぐる体制や政策はどのように考えられるだろうか。

　第1節でみたとおり、中国は本章の分析対象に関してみるかぎり、きわめて「投資促進的」な政策を打ち出している。問題は、それが国民ひとりひとりの富の増大を目ざすのか、それともある特定の階級あるいはグループの利益の促進を目ざしているのか、ということになるだろう。

　中国の政策が「重商主義」ないしは控え目にいっても「重商主義的」だという主張は、（あいまいな定義であることを認めたうえで）特定の階級あるいはグルー

---

[126] Schmoller（1896）参照。本章の記述は鈴木（2006）101頁によっている。

[127] Smith（1904）参照。本章の記述は同じく鈴木（2006）102頁によっている。

[128] 国力・国富の増大が国民ひとりひとりの経済力の合計によって発生しているとすれば、そのような制度は重商主義という定義の範疇には属さないということになる。ただし、本章ではそうした見方が適切か否かの検討は行わない。

第5章 中国の対外直接投資の政治経済学 145

表5-9 中国のジニ係数

地域	ジニ係数
中国全体	0.61
農村部	0.60
都市部	0.56
沿海部	0.59
内陸部	0.55

出所：『日本経済新聞』（2012年12月11日）。

プの利益促進策だという見方を反映しているものと思われる。決して国民ひとり
ひとりの利益の増大を念頭においているわけではないということである。

　そうした主張の根拠として存在するのは中国における格差の大きさだろう。ジ
ニ係数を所得の分布の指標としてみることにすれば、2000年時点での中国のジニ
係数は0.41であり、その後中国政府の公式発表はない[129]。2000年時点での0.41と
いうジニ係数もそれ自体大きな値だが、西南財経大学（四川省）の調査によれば
その後の格差ははるかに大きくなっている。同大学調査による2010年の中国のジ
ニ係数は表5-9のとおりである。

　当然のことだが、分配の公平性に関する精確な理論的根拠をみい出すことはき
わめて困難である。また、ジニ係数についても、どの程度の数値ならば分布が均
等なのかあるいは不均等なのかを判断する根拠をみい出すこともまた非常に難し
い。だが、標準的にいわれているとおり、0.4を上回れば分布が不均等であり、
少なくとも0.5をこえていれば何らかの是正措置が求められるという判断にした
がえば、中国全体のジニ係数0.61という値は、通常考えられる数値をはるかに上
回っている。国民ひとりひとりの生産力の増大の合計をもって（限界生産力命題
が成立する場合のように）国富の増大とする見方を受け容れるのは困難である。
国富の増大があったとしてもそれは非常に偏ったものであり、施されるべき是正

---

[129] 当然、格差拡大を隠蔽しているという批判が存在する（たとえば、『日本経済新聞』2012年12月11日
　　参照）。なお、2013年1月19日付『産経新聞』は、中国国家統計局馬建堂局長が1月18日の記者会見で、
　　中国（全体）のジニ係数が2012年で0.474であり、ピークの2008年で0.491だったと述べ、「所得分配の
　　改革が進み、格差は縮小した」と強調したことを伝えている。同記事はまた、0.474というジニ係数に
　　対して中国国際工商学院（上海）の許小年教授が、「偽りの数字だ」とコメントし、実際の格差はさら
　　に大きいとの見方を示したと伝えている。

146 第Ⅱ部 中国の国際化の政治経済学

措置が適切にとられていないとみるのが妥当である。すなわち、国力・国富の増大が、特定の階級あるいはグループの利益を目的としていると判断されてもやむを得ない状況にあるだろう。

また、中国の政策がしばしば重商主義的だと判断される理由のひとつが為替政策にあることはいうまでもない。

固定制ないしはそれに近い為替制度を採用している国の均衡為替レートを精確に求めるのもまた難しいが、現在の人民元レートをもって市場レートだと認定するのは難しいだろう。むろんアメリカが中国を「為替操作国」としてあつかっていないとしても、人民元レートが過小評価されているという見方は根強いし、それはおそらく正しい（中国の人民元レートが均衡レートの近傍にあると主張するのは非常に困難だろう）。

中国政府当局による人民元レートの過小評価は、通常いわれているとおり中国の労働者の低賃金[130]とあいまって貿易収支の黒字を大きくし、中国の外貨準備を大きな額に押し上げている（外貨準備高については図5-1参照）。経済学が通常想定するように、国庫に蓄積された貿易黒字は海外からの輸入等に使用されて国民の生活水準を向上させることによって赤字化し、為替レートが均衡に向かっていくと考えるのが、国民ひとりひとりの利益に適っている。人民元レートの過小評価を継続するという為替政策は、国民ひとりひとりの利益よりも外貨を国庫に蓄積する方を優先しているという意味で、明らかに重商主義的である。

蓄積された外貨準備は、通常は何らかの形で資本収支の赤字となっていく。近年の中国の大きな外貨準備は、たとえばアメリカの国債の購入にあてられて赤字化しているしまた対外直接投資によっても赤字化している。しかし同時に中国は大規模な対内直接投資受入国であり、そのことは資本収支の黒字化を意味する。実際、表5-2で示したとおり、2011年の対外直接投資の規模は対内直接投資の51.8％であり、直接投資は資本収支の黒字化要因である。

通常、経済学の想定では、貿易収支の黒字は資本収支の赤字となって調整されるが、中国は貿易収支でも資本収支でもともに黒字であり、それは政府による介入の結果である。中国では、貿易収支の黒字によって外貨が蓄積され、資本収支の黒字によってもまた外貨が蓄積されていく。どのようなあいまいな定義を用い

---

[130] むろん中国には最低賃金制が存在する。だが、その履行には明らかな問題があるだろう。この点については、たとえば谷口・朱・胡（2009）第9章参照。

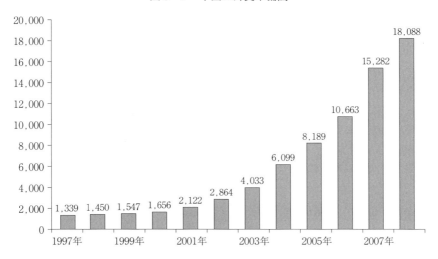

図5-1 中国の外貨準備高

注：2008年は6月末時点の数値。
出所：『中国経済データハンドブック』。

ようと、中国が重商主義的な政策を採用していることは疑いない。それは、たとえば貿易収支の均衡をつうじて、国民ひとりひとりの利益あるいは効用が増大していくという経済学の想定とは明らかに異なっている。

大規模に蓄積された富ないしは外貨準備が、国力の増大という意味での国防費に使われているのではないかという想定もまた中国の重商主義的な政策の存在を示しているだろう。

図5-2は中国の国防費を表している。同図で明らかなように、中国当局の発表による、2012年の国防予算案は6,702億元であり、前年実績の11.2％増である。この数字は2011年のGDP成長率9.2％を上回る伸び率である[131]（なお、対GDP比ではおおむね1.3％である）。

---

[131] 『朝日新聞』（デジタル版）2012年3月5日付記事によれば、中国軍高官が、中国の2011年の国防予算は実際には公表額の1.7倍にのぼると証言している。仮に1.7倍だとすれば、対GDP比では約2.2％となる。なお、ストックホルム国際平和研究所（SIPRI）によれば、2011年の中国の軍事支出額は（1ドル＝80円の換算をすれば）10兆3,417億円であり、対GDP比は2.1％である。同じくSIPRIによると、アメリカは55兆1,672億円（対GDP比は4.7％）、日本は4兆3,623億円（対GDP比は1.0％）である。また、世界全体の軍事支出額に占める比率は、アメリカが42.45％、中国が7.96％、日本が3.36％である。

148　第Ⅱ部　中国の国際化の政治経済学

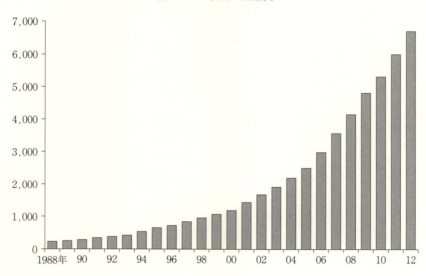

図5-2　中国の国防費

注：2012年は予算ベース。
出所：『朝日新聞』（デジタル版）2012年3月5日。

　それでは、中国の重商主義的な政策の今後の趨勢は、いったいどのように理解するのが適切だろうか。次節で検討してみることとする。

4．中国の対外政策の分析：中国と国際システム

　先のふたつの節でみたとおり、本章でみる「中国の台頭」の趨勢は、対外直接投資の側面における中国特色を明瞭にし、また中国の重商主義的政策における変化の兆しとして表れているものと考えられる。
　実際、第2節でみたように、（依然として議論の余地があり得ることを前提として）従来の対外直接投資とは異なる特色が中国の対外直接投資には認められること、すなわち、(1) 受入国の政治的リスクと中国企業の対外直接投資の決定との間には有意な関係は認められないこと、および (2) 受入国と中国との文化的差異は、中国企業の対外直接投資の決定に大きなネガティブな影響を与えるものではないこと、が指摘され得たのである。また、第3節の表5-8の整理にした

第5章　中国の対外直接投資の政治経済学　149

がっていえば、中国の対外直接投資促進政策は、疑いなく（新）古典派の枠組み
に入るものであり、そうした視点に立てば、中国が依然として重商主義的な政策
をとっていることはたしかであるとしても、中国政府による「走出去戦略」とは
重商主義から脱却する効果的な政策だということになり得るだろう。

　それでは、そうした傾向を念頭においた上で、今後の展望として「中国の台頭」
をどのように理解するのが適切なのか、とりわけ「国際システムの変化」とのかか
わりをどのように考えるのが適切なのか、を以下本節で考えてみよう。

　周知と思われるが、国際システムの見方をあえてごく単純化してみれば、「一
極システム」と「多極システム」[132]のふたつに分けることができる[133]。

　経済学的な接近として、モデルスキー（1987）のような「長期サイクル」の見
方を採り入れるとすれば、「覇権国」のサイクルはおおむね100年であり、それは
ポルトガルであり、オランダであり、イギリスであり、アメリカだった。言い換
えれば、それはひとつの覇権国が存在し、国際システムの安定という国際公共財
を供給するという「一極システム」に共通する見方だといえる。キンドルバー
ガー（1973）によるいわゆる「覇権安定論」につながる考え方である。

　そうではなく、「多極システム」による国際社会の安定とは、複数のたとえば
2あるいは5ないし6の「極」が存在し、それぞれの「極」のパワーが均衡して
おり安定を保っているという状態をいう。こうした「多極システム」の見方から
判断すると、唯一の覇権国が存在し国際システムの安定を保っていくためには他
の諸国を凌ぐ経済力と軍事力を保持しており、かつ多くの人口を擁している必要
があり、そうした状態が長期にわたって存続し得るのは困難である。したがって、
国際システムが安定を保持し戦争ではない状態が長期的に存続し得るとすれば、
相対的に影響力の大きな複数の国ぐにがバランス・オブ・パワー（勢力の均衡）
を保っている状態と理解するのが適切だということになる。

　それでは、「パワー」とはいったい何だろうか。この点が「一極システム」と「多
極システム」とでは明瞭に異なる[134]。

　（「一極システム」を主張する）ジョセフ・ナイの唱える「ソフトパワー」は、
アメリカが覇権国であり得る（そしてありつづける）理由の説明であり、「一極

---

132 むろんそれぞれの論者によって異なるが、複数のシステムは「一極システム」ではないという意味で、
　「多極システム」としてグループ化しておくこととする。
133 それぞれの「システム」を主張する論者のネームリストも必ずしも一様ではないが、本章ではたとえ
　ば伊藤（2011）、（2012）の分類等を参考とした。

150　第Ⅱ部　中国の国際化の政治経済学

システム」の場合のパワーは比較的複雑な内容となる。ハードパワーである軍事力、経済力および人口といった比較的シンプルなパワーとは異なって、文化、政治的観念、政策等から構成され、「国際社会からの信頼」を得ることのできるパワーである[135]。

　だが、（ジョン・ミアシャイマー等世界の国際政治学分野の多数派[136]が主張する）「多極システム」の場合のパワーは、先にふれたとおり、ややシンプルである。（人口が多いことをひとまず前提として）この点を理解するために、具体的な事例として日本を考えてみよう。標準的に想定される「多極システム」の「多極」とは、アメリカ、ヨーロッパ、中国、インド、ロシアの5極であろう[137]。これら5極に共通する条件は何だろうか。ひとつはいうまでもなく世界全体のGDPに占める比率が、購買力平価で計測して、少なくとも3％前後はなくてはならないだろう。そうでなければ「極」が「極」として経済的に独立して存在し得ない（表5-10参照）。

―――――――――――――――――――――――――――――――――――

[134] ただし、ナイの表現を借りれば、「パワーとは天気のようなものだ。誰もがそれに頼っているし、それについて語っている。だが、ほとんど誰もそれを理解していない」（Nye (2004) Chapter 1, p. 1）（邦訳は筆者）。そして実際に、（本章では詳しくはふれないが）「一極システム」にも「多極システム」にもさまざまな概念が存在する。要するに明確に語ることが困難な概念だというほかない。パワー概念については、またたとえばMearsheimer (2001) 等参照。

[135] 比較的あいまいな定義だが、この定義を導入することによって、現状から判断すると、非民主的で集権的な体制をとる国が覇権国でありつづけるのは難しいことになるだろう。やや極端だが、理解しやすい事例をあげれば、たとえばチベット自治区におけるチベット民族の住民の大多数が「北京政府を信頼」して中華人民共和国のひとつの自治区を形成しているとすれば、それは「ソフトパワー」によるものであり、そうではなく北京政府の経済力、軍事力あるいは警察力によって抑えつけられている状態だとすれば、それは「ハードパワー」によるものだということになる。どちらが長期間にわたって存続し得るかはいうまでもない。なお、近年では「ソフトパワー」とともに「スマートパワー」という概念で語られることがある。「スマートパワー」とは、「ハードでもソフトでもなく、両者の巧みな組み合わせ」と述べられている（詳しくはArmitage and Nye (2007), Introduction, p. 7 参照）（邦訳は筆者）。いずれにせよ、ハード以外の諸要素が必要であるという意味で「非ハードパワー」ということになる。なお、「スマートパワー」という概念は、同用語を最初に用いたといわれているスザンヌ・ノッセルによると、「国際政治の主要な手段としての軍事力」だけではなく、「貿易、外交、対外援助、アメリカ的価値の世界的啓蒙・促進」も同様に主要な手段として重視する、という考え方である（詳細は、Nossel (2004) 参照）。なお、本章では、「非ハードパワー」という意味で、「ソフトパワー」あるいは「スマートパワー」という表現を用いている。より詳細な「ソフトパワー」と「スマートパワー」という概念については、たとえばNye (2011) 参照。

[136] 多数派か否かの判断は、たとえば伊藤 (2011)、(2012)、日下・伊藤 (2011) 等参照。

[137] この点もたとえば伊藤 (2011)、(2012)、日下・伊藤 (2011) 等参照。ただし、念のためにふれておくと、ミアシャイマーの想定する国際システムは、ロジックとしては (1) 不安定な二極構造、(2) 安定した二極構造、(3) 不安定な多極構造、(4) 安定的な多極構造であり、このうち (1) は現実に存在するのは「かなり珍しい」（Mearsheimer (2001)、邦訳433頁）。そして戦争が起こる確率が低いのは、安定した二極構造だというのがミアシャイマーの理解である。Mearsheimer (2001) 参照。

第 5 章　中国の対外直接投資の政治経済学　151

表 5-10　各国の世界全体の GDP ^(＊1) に占める比率

（単位：%）

国名	比率
アメリカ	19.1
中国（＊2）	14.3
日本	5.6
インド	5.6
ドイツ	3.9
ロシア	3.0
イギリス	2.9
ブラジル	2.9
フランス	2.8
イタリア	2.3

注：(1) GDP は購買力平価表示である。
　　(2) 中国には台湾を含まない。
出所：IMF, *World Economic Outlook* (October 2012) より作成。

　それではなぜ（2012年12月時点で 1 億2,752万人の人口があり）2011年（10月）において世界第 3 位の経済力を持ち、（IMF による購買力平価でみた水準によると）世界の GDP のおよそ5.6％を占める日本が「極」を形成し得ないのだろうか。答えは簡単である。それは「極」たり得るためには軍事力すなわち強力な攻撃力と強力な抑止力を保有する必要があるからである。現在のところそれは核兵器および核抑止力だが、日本は核を保有していない。独自の核を保有せずアメリカの「核の傘」のもとにあって代替的な抑止力を得ている状態である。日米同盟によるアメリカの「核の傘」が本当に機能しているかぎりで日本は核抑止力をもつが、アメリカが「核の傘」を実際に行使する気がない場合およびアジア地域から撤退し「核の傘」が消え去る場合には即座に核抑止力を失う。自力で攻撃力および核抑止力を保持していない状態や核抑止力を失った状態で「極」を形成し得ないことは明瞭である。

　現在核保有国と認められている国家はアメリカ、ロシア、イギリス、フランス、中国、インド、パキスタン、北朝鮮の 8 カ国であり核保有が確実視されているイスラエルを含めれば 9 カ国となる。だが、パキスタン、北朝鮮、イスラエルが

152　第Ⅱ部　中国の国際化の政治経済学

「極」を形成しているとは通常は認められない。それは「極」として形成し得る経済力が不足しているからである[138]。

　それでは、中国に焦点をあてた場合、国際システムの将来展望とはどのようなものだろうか。

　まず、現状から判断すると、中国は重商主義と理解される戦略から脱却することが必要である[139]。そうでなければ現代の国際社会のもとで信頼し得るプレイヤーとして位置づけられるのは難しい。その意味で、先に述べたとおり「走出去戦略」にもとづく対外直接投資の増大は、ひとつは国際社会におけるプレイヤーとしての経験を積むという意味で、もうひとつは資源・エネルギーの確保という意味で、効果的な戦略であろう。なお、重商主義的な行動として指摘されることの多い人民元の「過小評価」政策は早晩修正されるとみるのが適切である。それが「国際金融のトリレンマ」から導かれる合理的な解釈である。金融政策の独立性を保持し、（活発な対内・対外直接投資を含む）自由な資本移動をすすめていくとすれば、為替レートを（過小評価であれ過大評価であれ）固定させておくことはできない[140]。

　そうした前提のもとで、あり得るであろう将来展望としては、今後おそらく5年から10年はアメリカの「覇権」状態すなわち「一極システム」がつづくとみることができる。だが、それ以上の期間にわたると、アメリカの経済力、軍事力が現在の水準を維持していくと想定するのはほとんど不可能だから[141]、第1の問題は、アメリカが「一極システム」の覇権国の座を降りた後、どのような国際システムが形成されるかということである。

　その答えは、（「一極」ではなく「複数極」という意味での）「多極システム」に移行するとみるのが適切であろう[142]。それが5極あるいは（日本を含む）6極なのか、それとも経済力でも軍事力でも相対的に大きなアメリカと中国の二極な

---

138 したがって、アメリカのリアリスト派の何人かの国際政治学者によって（——現実的か否かの議論は別として——将来的に日本が核武装をするものと考え）日本を含む6極が「多極システム」を形成する可能性があると想定されるようである。この点は、先の注（135）、（137）と同様、たとえば伊藤（2011）、（2012）、日下・伊藤（2011）等参照。

139 その意味での、国際社会による中国の重商主義的政策への警戒感を除去ないしは軽減していくためには、「ソフトパワー」を増強していくべきだということになる。そうでないとすれば、経済力、軍事力および（華人・華僑を含む）人口による「ハードパワー」に頼るほかないが、長期にわたってもっぱら「ハードパワー」に依存し、覇権国を維持していくのは容易ではないだろう。

140 むろん、理論的には、為替レートを固定しておき資本移動に制限を加えるという選択肢があり得る。だが、グローバル化をすすめる中国がそのような選択を行うと考えるのは現実的ではない。

第5章　中国の対外直接投資の政治経済学　153

のかは現状では不透明だが、いずれにせよ「多極システム」に移行するものと考えられる[143]。

　第2の問題は、しかし、そうしたバランス・オブ・パワーが過渡期としてではなく長期的に保持されていくかどうかである。本章の目的は、リチャード・アーミテージやジョセフ・ナイ等の主張する「一極システム」の見方とケネス・ウォルツやジョン・ミアシャイマー[144]等の主張する（一極ではない）「多極システム」の見方とを比較検討することではない[145]。本章のこの段階で確認しておくべきこ

---

[141] 膨大な双子の赤字すなわち財政収支赤字と経常収支赤字が解消に向かう気配は存在しないから、それほど遠くない将来にアメリカの覇権状態が経済的に維持不能になることは明瞭である。ただし、当然だが、アーミテージやナイのような主張を受け容れるとすれば、経済力や軍事力のような「ハードパワー」はともかくとして（スザンヌ・ノッセルによる表現を借りれば）「貿易、外交、対外援助、アメリカ的価値の世界的啓蒙・促進」とりわけアメリカ的価値の世界への浸透が「ソフトパワー」（あるいは「スマートパワー」）を形成し、アメリカの覇権を維持するのに有効だということになり得る。だが、その場合の重要な問題は、そうしたアメリカ的価値の浸透がほかならぬ中国で存在しなければならないということである。比較的遠い将来のことは判断し難いが、5年後から10年後の比較的近い将来にアメリカの「ソフトパワー」（あるいは「スマートパワー」）が中国に浸透し（それは明らかに、習近平政権のもとで中国が民主主義体制に変わるということである）、アメリカの覇権が維持されていくと想定するのは難しいだろう。

[142] 2012年12月10日、アメリカの国家情報会議（NIC）は、2030年の世界情勢を予測した報告書を発表した。同報告書によれば、2020年代には中国が世界最大の経済大国になると分析しているが、しかし米中を含め「いかなる国も覇権国家にはならない」と予測している。ただし、同報告書は、「新興国の台頭で「パックス・アメリカーナ（米国主導の平和）」の時代は急速に終わりに向かうと分析し、同時に米国に取って代わる超大国の出現も考えられず、ひきつづき米国が主要国の先導役の地位を保つ」という見通しを示している。「多極システム」ではなく、相対的な（あるいは緩い）覇権ないしは相対的な「一極システム」という見通しである（『産経新聞』2012年12月12日参照）。ただし、むろんだが、その先の将来は見通されていない。

[143] この点に関するミアシャイマーの見解は興味深い。彼によると、「最も起こりそうなシナリオ」は、ヨーロッパは（アメリカの撤退と）ドイツの支配的な復活による「不安定な多極構造」となり、北東アジアでは、（アメリカの撤退に伴う）「2つのシナリオ」の方向への発展すなわち（1）中国が潜在覇権国にならないシナリオと（2）中国が潜在覇権国になるシナリオが考えられる。前者では日本が圧倒的な大国になり「安定した多極構造」となるが、後者の場合には北東アジアは「不安定な多極構造」となるというものである。（詳細は Mearsheimer（2001）Chapter 10参照）。しかしながら、ミアシャイマーの分析は2000年時点でのバランス・オブ・パワーにもとづいており、その時点での彼のもつデータによれば日本のGNPは4.09兆ドル、中国のGNPは1.18兆ドルであって日本は中国の3.5倍だった。この状況は明らかに急激に変化しているから、現在は、上記「2つのシナリオ」のうち（1）は消滅し、（2）が「最も起こりそうなシナリオ」となっている。したがって、言い換えると、ミアシャイマーによれば、ヨーロッパでも北東アジアでも「不安定な多極構造」が最も起こりそうなシナリオということになる。

[144] ただし、ウォルツとミアシャイマーとの間には、前者が「ディフェンシブ・リアリズム」とよばれる主張であり、後者が「オフェンシブ・リアリズム」とよばれる主張であるという相違が存在する。この点に関して詳しくは、たとえば Rosecrance（2006）参照。

[145] そうした興味深い比較検討は別の機会に試みることとする。

154　第Ⅱ部　中国の国際化の政治経済学

とは、バランス・オブ・パワーではない代替的なケースとは当然「一極システム」を形成し得る覇権国が存在する状態だということである。そして現在のところ、その最も有力な候補国は中国であろう。だが、残念なことに、その精確な理論的基礎もまたみい出せていない[146]。

　本章の立場から多少とも意味のある議論は、中国による「一極システム」があり得るとすれば、それはどのような条件が満たされた場合かを考えてみることである。少なくとも（膨大な人口はいうまでもなく）格段に増強された経済力、軍事力とともに、ジョセフ・ナイの想定するような「ソフトパワー」（あるいは「スマートパワー」）が要ることは疑いない。それはいったいどのような状態だろうか。

　ここでも具体的な事例として日本をとり上げてみることが有益であろう（いうまでもなく、日本という国家単独としてではなく、世界全体の中の一国としての日本を取り上げる）。「一極システム」を形成している覇権国中国とは日本にとってどのような存在であり得るのかを考えてみるのである。少なくとも強権的に抑えつけられた従属国として日本が存在し続けること[147]は、100年間にわたるような長期を考えれば、あり得ないだろう。（期間を問わないとして）経済力、軍事力によって抑えつけられることがあり得るとしても、それでは「ソフトパワー」が要るという条件を満たさない。さらに「ソフトパワー」に関連していえば、政治的に集権的であることあるいは一党独裁であることが望ましい体制だと、大多数の日本人が、判断することもあり得ない。

　そうした現状の想定が多少とも適切だとすれば、そのかぎりで（政治的な一党独裁体制である中国を社会主義国家とよぶとして）中国が「世界で最初の社会主義国家であると同時に覇権国であり得る」という想定は消滅するだろう。むろん、

---

[146] この点については、たとえば木下（2012）参照。
[147] そのような状態を想定して日本では、「日本がチベット化することを受け容れられるか」というふうに問われる。むろん答えは（「そのような問い自体が無意味である」、「チベット化とは何か」等々）多様だが、上記の問いに直截に答えるとすれば、大部分の日本人の答えは「ノー」であろう。言い換えれば、現在の時点で中国が「ソフトパワー」を保有すると想定するのは困難だということになる。この点については、たとえば Nye（2012）が参考になるだろう。*Wall Street Journal* において、ナイは「仮に中国のソフトパワーがアメリカで増大し、アメリカのソフトパワーが中国で増大していけば、国際間の対立は軽減されるだろう」と述べ、「すべての国家は互いの文化の魅力をみい出すことから得るものがあるはずだ。しかし、中国がそうし得るためには、中国の政治は中国の市民社会のもつ力を解き放たなくてはならない」（訳語は筆者）と主張している。「一極システム」および「多極システム」をどうみるかという見方とは別としても、「中国のソフトパワーと中国の政治」との関係については検討を要するだろう。別の機会に分析を試みることとする。

かつての覇権国、ポルトガル、スペイン、イギリス、アメリカがすべて民主主義体制の国家だったからといって、将来の覇権国が民主主義体制の国家でなければならないという理論的根拠は見つかっていない[148]。したがって本章では、事実として、あり得るかもしれない従属国としての日本の在り方を検討してみたのである。そうした検討にもとづいていえば、一党独裁体制の国家が覇権国として100年にもわたる長い期間存在しつづけるのはほとんど不可能であり、中国が「一極システム」のもとで覇権国たり得るとすれば、それは中国の（現在の概念でいわれている）「ソフトパワー」が世界全体に浸透していく場合であろう。ただし、その場合の「中国のソフトパワー」とはいったいどのような概念なのか、現状では、必ずしも明らかではない。明瞭なのは「非ハードパワー」だということである。先に（注147で）ふれたとおり、（「スマートパワー」概念の検討を含めて）「中国のソフトパワーと中国の政治」との関係についてあらためて検討を要するといえるだろう。

　以上本節では、（先の節でみたように）「中国の台頭」に伴って、中国における重商主義的政策の色彩が徐々に薄まっていくとすると、その先の国際システムをどのように見通すことができるのかという課題について若干の考察を試みた。本節での分析は次のように要約され得る。

　本節でのキー概念は「パワー」であり、「ハードパワー」と「ソフトパワー」（あるいは「スマートパワー」）とに分類される。その場合の「パワー」とは、「ハードパワー」は経済力、軍事力および人口からもたらされるものであり、「ソフトパワー」は、文化、政治的観念、政策等から構成され、「国際社会からの信頼」を得ることのできる諸要素を不可欠の要因としてもたらされるものである。国際社会が「多極システム」という構造をもつとすれば、そこでは「ハードパワー」にもとづくバランス・オブ・パワーが重要な役割をはたし、「一極システム」という構造が成立しているとすれば、そこでは「ソフトパワー」（あるいは「スマートパワー」）による文化、政治的観念、政策等が重要な役割をはたすものと思われる。

　そして、中国に焦点をあてた場合の国際システムの将来展望は、一党独裁体制の国家が「一極システム」の覇権国として100年にもわたる長い期間存在しつづけるのはほとんど不可能であること、中国が「一極システム」のもとで覇権国た

---

[148] この点についても、たとえば木下（2012）参照。

り得るとすれば、それは中国の（現在の概念で用いられている）「ソフトパワー」
（あるいは「スマートパワー」）が世界全体に浸透していく場合だ、ということである。ただし、その場合の「中国のソフトパワー」（あるいは「スマートパワー」）とはいったいどのような概念なのか、現状では、必ずしも明らかではない[149]。明瞭なのは「非ハードパワー」だということである。

5．結論

本章での分析の結論は次のように要約される。

（1）中国政府による「走出去戦略」をつうじて、中国企業による対外直接投資は急速に拡大しており、その基本的趨勢は、第1に、香港ならびにタックスヘイブン諸国への投資が大きいこと、第2に、資源・エネルギー確保を目的とする投資が大きいということ、である。とりわけ第2点目は、オーストラリアやカナダのような資源・エネルギー保有国への投資である。

（2）中国の対外直接投資は、産業別でも地域別でも多様化がすすんでいる。そのことは、中国という国家自身の制度的な整備を促し、いっそうの投資をすすめていく土台となっていくものと考えられる。

（3）中国の対外直接投資に関しては、受入国の政治的リスクとの間に有意な関係は認められない、また受入国と中国との文化的差異が対外直接投資に大きなネガティブな影響を与えるとはいえない、という興味深い特色が指摘されている。

（4）中国の政策が多くの局面で重商主義的であることは明瞭な事実であり、実際にさまざまな警戒の対象となっている。だが、「走出去戦略」はそうした重商主義的政策とは基本的に異なり、むしろ（新）古典派的な色彩の政策であるといってよい。

（5）今後近い将来、国際システムが「多極システム」および（あるいは）「一

---

149 たとえば、孔子思想のような教育を施していき、そうした教育が「ソフトパワー」を形成していくと考えることができるかもしれない。なお、この点に関連して、次のような状況が存在する。現在、「孔子学院」および「孔子学級」が世界各地で設立されており、2010年末時点で全世界96カ国において合計322の孔子学院が、369の孔子学級が開設されているという状況である（『産経新聞』2011年7月24日）。ただし、孔子学院に対しては、報道されている事実にのみふれておくと、アメリカは「小中学生への孔子思想教育を禁止し、派遣されている中国人講師の査証（ビザ）の更新も認めない」という措置を検討するなど、「中国政府の対外宣伝工作機関と位置づけ」（『産経新聞』2012年5月27日）ているという状況である。

極システム」に向かうという状況と、中国がその「極」として存在しつづけるという状況を前提とすれば、「中国の台頭」をすすめる（中国の）戦略は、ごく微かかもしれないが傾向としては、適切な方向への一歩であるものと考えられる。

　（6）中国に焦点をあてて国際システムの将来を展望してみると、一党独裁体制の国家が「一極システム」の覇権国として100年にもわたる長い期間存在しつづけるのはほとんど不可能であること、そして中国が「一極システム」のもとで覇権国たり得るとすれば、それは中国の（現在の概念で用いられている）「ソフトパワー」（あるいは「スマートパワー」）が世界全体に浸透していく場合であろう。

　（7）その場合の「中国のソフトパワー」（あるいは「スマートパワー」）とはいったいどのような概念なのか、現状では、必ずしも明らかではない。明瞭なのは「非ハードパワー」に属するパワー概念だということである。

第6章
長江デルタ地域と中国地方の地域統合の政治経済学

はじめに

筆者は先に、アジアの統合をヨーロッパの統合と比較し、ヨーロッパとの大きな相違はその「内向性」にあること、「経路依存」からの脱却が（文化や慣習の大きな相違によって）難しいこと、その「現状」は域内諸国間の直接投資をつうじて捕捉できること、そして新しい制度設計には国家利益に対する「観念の転換」の定着が必要であること等を述べたことがある（森田憲・陳雲（2008））。

国と国との統合もまた地域と地域との統合もそうした意味での「内向性」、「経路依存」、「直接投資」等をつうじて捉えられることに変わりはない。

本章は、中国の長江デルタ地域と日本の中国地方との地域間の経済的連携あるいは統合[150]の現状を捉え、問題点ならびに対応策について考えてみようとするものである。

経済的な統合あるいは連携には、さまざまな段階が存在するし、またその捉え方にもさまざまな手法があり得ることはいうまでもない。本章では、「内向性」あるいは「経路依存」からの脱却如何を実際に捉えることができるのは、多くの場合（文化や慣習の相違の調整を否応なく迫られる）直接投資をとおしてであるように思われること、とりわけ中小規模企業の進出に際して、調整が成功裏に行われるか否かを判断することがきわめて重要であると考えられることから、「直接投資」[151]をとおして分析することを試みる。

以下、本章は次のような構成ですすめられる。まず第1節「背景」で、中国お

---

[150] 「統合」の意味は、いうまでもなく必ずしも EU のような制度的に整備された枠組みを示しているわけではない。当然ユーロのような単一通貨を想定しているわけでもなく、また「シェンゲン条約」のような条約締結をつうじて、ヒトの自由な往来を認めるというわけでもない。現状ではむしろ東アジアについて表現される「事実上の統合」に近い関係を想定している。そして、そうした事情から、本章では「統合」と「連携」という言葉を同じ意味で用いることとする。

[151] 本章では、「直接投資」と「企業進出」という言葉を同じ意味で用いることにする。

表6-1　中国主要経済指標

	2000	2001	2002	2003	2004	2005	2006
実質 GDP 成長率（%）	8.0	7.5	8.3	10.0	10.1	9.9	10.7
物価上昇率（CPI、%）	0.4	0.7	−0.8	1.2	3.9	1.8	1.5
失業率（%）	3.1	3.6	4.0	4.3	4.2	4.2	4.1
国際収支（百万ドル）	20,519	17,405	35,421	45,875	68,659	160,818	249,866
対外債務（百万ドル）	145,730	170,110	171,360	193,634	228,600	281,050	322,988
外貨準備（百万ドル）	165,574	212,165	286,407	403,251	614,500	821,514	1,066,340
財政赤字（対 GDP 比）	2.79	2.58	3.00	2.50	1.53	1.64	1.02

出所：『中国統計年鑑』（各年版）より作成。

および（長江デルタ地域の中心である）上海経済について概観し、そして中国の開発モデルの特徴（権威主義開発体制）について簡単に述べる。そして第2節「現状」で、日本の対中国直接投資の現状の捕捉につとめ、かつ同様の「枠組み」に照らして日本の中国地方の対中国直接投資の現状の理解につとめることとする。第3節「分析」では、そうした第1節、第2節で明らかとなった現状を、「小宮仮説」ならびに「ローズフィールド仮説」にもとづいて分析することを試みる。そして最後に、簡単に要約が述べられる。

1．背景[152]

1-1　中国経済および中国の対内直接投資

　はじめに、本章の分析の背景として、中国経済、長江デルタおよび上海の経済ならびにその対内直接投資の現状について概観し、次節以降の主張の背景となる中国の開発モデルの特徴について述べてみることとする。

　中国経済の、2000年から2006年における、主要経済指標は表6-1のとおりである。中国経済の実績は、したがって、非常に良好であり、実質 GDP 成長率は

---

152 本章における1-2節および1-3節は、森田憲・陳雲（2009b）に負っている。同節の執筆を主として担当され、かつ引用をご快諾いただいた陳雲教授に感謝申し上げたい。

160 第Ⅱ部 中国の国際化の政治経済学

表6-2 中国対内直接投資（フロー）

（単位：百万ドル）

年	投資額
1992	11,156
1993	27,515
1994	33,787
1995	35,849
1996	40,800
1997	44,236
1998	43,751
1999	40,319
2000	40,772
2001	46,846
2002	52,700
2003	53,505
2004	60,630
2005	60,320

出所：UNCTAD, *World Investment Report*, annual,『中国統計年鑑』（各年版）、『中国2005年国民経済奥社会発展統計公報』（2005）より作成。

高く、物価上昇率は低く、失業率（都市部での登録済失業者による失業率）は高くはなく、外貨準備は非常に大きな水準にある。また財政赤字の対 GDP 比率は３％を下回るという水準である。

　（ただし、所得格差が中国の体制移行と発展に伴って発生した重要な問題であることは、ほぼつねに、指摘されている。また、2008年半ば以降、物価上昇率の急速な増加ならびに株式市場・不動産市場の価格低下が――「中国バブルの崩壊」として――注目されている）。

　1990年代後半に中国への対内直接投資は多少の停滞を迎えるが、それは主として中国政府による対内直接投資規制によるものである（表6-2)[153]。実際、1990年代初頭以来、中国の産業政策によって中国の対内直接投資は影響を受けてきている。また、中国への対内直接投資本国をみると、表6-3のような構造であり、

[153] 表5-2を併せ参照されたい。

第 6 章　長江デルタ地域と中国地方の地域統合の政治経済学　161

表6-3　対中国直接投資における主要投資本国（フロー、実行ベース）

（単位：％）

	1999	2000	2001	2002	2003	2004	2005	2006
香港・マカオ・台湾	47.8	44.6	42.7	42.3	40.2	37.4	34.3	36.5
香港・マカオ	41.3	38.9	36.3	34.8	33.9	32.2	30.7	33.1
台湾	6.4	5.6	6.4	7.5	6.3	5.1	3.6	3.4
韓国	3.2	3.7	4.6	5.2	8.4	10.3	8.6	6.2
ASEAN 10カ国	8.2	7.0	6.4	6.2	5.5	5.0	5.1	5.3
シンガポール	6.6	5.3	4.6	4.4	3.8	3.3	3.7	3.6
マレーシア	0.6	0.5	0.6	0.7	0.5	0.6	0.6	0.6
タイ	0.4	0.5	0.4	0.4	0.3	0.3	0.2	0.2
フィリピン	0.3	0.3	0.4	0.4	0.4	0.4	0.3	0.2
インドネシア	0.3	0.4	0.3	0.2	0.3	0.2	0.1	0.2
日本	7.4	7.2	9.3	7.9	9.4	9.0	10.8	7.3
米国	10.5	10.8	9.5	10.3	7.8	6.5	5.1	4.5
英領バージン諸島	6.6	9.4	10.8	11.6	10.8	11.1	15.0	17.8
ケイマン諸島	0.9	1.5	2.3	2.2	1.6	3.4	3.2	3.3
欧州	11.9	11.7	9.6	7.7	8.0	7.9		9.1
合　計	100.0	100.0	100.0	100.0	100.0	100.0	100.0	100.0

出所：『中国統計年鑑』（各年版）、ジェトロ上海センター資料より作成。

その時系列に大きな変動は認められない。香港の占める中国の対内直接投資の比率はおおむね30％に減少しているが、依然として圧倒的に大きな比率を占めていることに変わりはない。ASEAN10カ国における華人財閥の勢力を加味すると、いわゆる華人ネットワークが中国の対内直接投資の約50％を占めていることになる。

　中国の対内直接投資の地域間分布は次のとおりである。

　沿海部において活発な活動が観察される地域経済圏としては、環渤海地域、長江デルタ地域、そして華南地域があげられる。それら各地域における対内直接投資の受入状況をみると、環渤海地域と華南地域の比率が相対的に低下し、長江デルタ地域への著しい対内直接投資の流入が観察される。すなわち、三大地域の比率は1998年にはほぼ同じ水準に並んだが、2003年には、大きな格差が認められる。

162 第Ⅱ部 中国の国際化の政治経済学

表6-4 中国の地域別対内直接投資受入比率

(単位：%)

	1995	1998	1999	2000	2001	2002	2003	2004	2005	2006
環渤海地域	19.21	28.80	25.90	29.40	23.80	22.30	25.70	27.80	20.46	20.25
北京	2.86	7.90	4.30	5.70	3.90	3.30	5.20	4.10	4.14	4.08
天津	4.02	5.90	3.90	5.70	3.00	2.50	2.70	3.60	3.88	4.02
河北	1.45	2.40	2.20	1.90	1.20	1.40	1.50	1.30	1.50	1.45
遼寧	3.77	8.40	8.00	8.00	6.00	6.30	5.60	5.60	5.57	5.53
山東	7.11	4.20	7.50	8.10	9.70	8.70	10.80	13.20	5.37	5.18
長江デルタ地域	24.71	29.3	30.40	32.30	39.70	42.70	45.90	42.10	38.82	39.56
上海	7.65	11.20	10.00	10.20	10.70	10.80	9.30	7.60	13.71	13.21
江蘇	13.73	14.50	15.70	18.00	21.80	23.70	25.90	25.10	18.15	18.99
浙江	3.33	3.50	4.70	4.00	7.20	8.10	10.70	9.40	6.96	7.36
華南地域	42.42	28.70	28.60	27.00	24.50	24.00	16.20	17.00	21.37	20.15
広東	27.14	17.60	13.30	18.50	16.20	18.40	11.70	12.60	19.74	18.41
福建	10.70	9.60	11.80	7.20	7.20	4.70	3.70	3.50	5.15	5.14
海南	2.81	0.30	1.90	0.20	0.20	0.30	0.20	0.20	0.63	0.69
広西	1.78	1.20	1.60	1.10	0.80	0.60	0.60	0.70	1.00	1.05
その他（中西部）	13.66	13.20	15.10	11.30	12.00	11.10	14.60	13.00	19.36	20.03
全国合計	100	100	100	100	100	100	100	100	100	100

注：1995年は「外資直接投資とその他」を包括するが、「対外借款」は含まない。
出所：『中国統計年鑑』（各年版）、ジェトロ上海センター資料より作成。

2003年の長江デルタ地域は中国全土の45.9％の対内直接投資を受け入れているのである（表6-4）。

　中国経済は改革開放政策以後高い成長率を記録してきたが、とりわけ1990年以降の長江デルタ地域（上海市、江蘇省、浙江省）の成長は急速である。中国全体のマクロ経済に占める長江デルタ地域の比率は、したがって、年々大きくなっている。対内直接投資が長江デルタ地域に著しく集中している背景には、当該地域全体が示す（投資受入に際しての）優位性が存在しているといってよい。（したがって、以下にみるように、日本企業の多くの進出が長江デルタ地域に集まり、また日本の地方自治体事務所の多くが上海市に設置されている）。次節では、長

第6章 長江デルタ地域と中国地方の地域統合の政治経済学 163

表6-5 上海と中国全体の経済成長率

(単位：%)

	1996	1997	1998	1999	2000	2001	2002	2003	2004	2005	2006
上海の成長率	13.0	12.7	10.1	10.2	10.8	10.2	10.9	11.8	13.6	11.1	12.0
中国全体の成長率	9.6	9.3	7.8	7.6	8.4	8.3	9.1	10.0	10.1	10.4	10.7

出所：『中国統計年鑑』2007年版、『上海統計年鑑』2007年版。

表6-6 中国全体における上海の位置づけ

項目	中国全体	上海	比率等
面積（km²）	960万	6,340.5	0.06%
人口（万人）	13億1,448	1,815	1.4%
GDP（億元）	20兆9,407	1兆261	4.9%
第1次産業（億元）	2兆4,700	93.81	0.4%
第2次産業（億元）	10兆2,004	4,997.81	4.9%
第3次産業（億元）	8兆2,703	5,205.35	6.3%
1人当たりGDP（元）	15,973	57,310	約3.6倍
社会固定資産投資額（億元）	10兆9,870	3,925.09	3.6%
社会消費財小売総額（億元）	7兆6,410	3,360.41	4.4%
外資投資契約件数（件）	41,485	4,061	9.9%
外資実行額（億ドル）	630.21	71.07	11.3%
貿易総額（億ドル）	17,607	4,287.54	24.4%

出所：『国民経済與社会発展統計公報』2006年版、『上海市国民経済與社会発展統計公報』2006年版。

江デルタ地域とりわけ上海にもう少し焦点をあててみてみることにしよう。

1-2　上海および長江デルタ地域経済

1-2-1　中国経済における上海の位置づけ

　1992年以降、上海のGDP成長率は15年連続で2桁を記録している。2006年の上海市工業総生産額に占める先端技術製品生産額の比率は24.4%（対前年比16.3%増）であり、同年の対内直接投資（実行ベース）は71.07億米ドル（対前年比3.8%増）である。そして、この間の上海市のGDP成長率は、中国全体の

164 第Ⅱ部 中国の国際化の政治経済学

表6-7 長江デルタ地域各省・各市のマクロ経済指標

	全国	上海市	江蘇省	蘇州市	無錫市	浙江省	寧波市
成長率（%）	10.7	12.0	14.9	15.5	15.3	13.6	13.4
国内総生産 GDP（億元）	209,407	10,296.97	21,548.36	4,820.26	3,300	15,649	2,864.5
第2次産業	102,004	4,997.81	12,186.46	3,154.50	1,968.7	8,438	1,575.9
第3次産業	82,703	5,205.35	7,817.00	1,574.22	1,280	6,288	1,149.1
1人当たり GGDP（元）	15,973	57,310	28,685	—	57,709	31,684	51,285
人口（万人）	131,448	1,815.0	7,549.5	615.55	584.17	4,980	560.4

出所：各省統計年鑑（2007年版）。

GDP 成長率を上回っている（表6-5）。

　表6-6は中国経済における上海の位置づけ（2006年）についてみたものである。

　上海の面積は全国の0.06%、人口は1.4%しかないが、GDP は全国の4.9%、社会消費財小売総額は4.4%、外資実行額は11.3%、貿易額（輸出入）は24.4%をそれぞれ占めている。

1-2-2　上海と長江デルタ周辺都市の競争関係

　表6-7は、2006年の長江デルタ地域各省および各市の経済指標である。総人口7,500万人の江蘇省の GDP 成長率が最も高く、14.9%に達した。浙江省の人口は約5,000万人、1人当たり GDP は江蘇省の28,685元より高く、31,684元である。上海の1人当たり GDP は57,310元で、無錫市とほぼ同じ水準にあり、寧波市もまた50,000元台に達した。

　また長江デルタ地域には、多くの国家・省級の開発区が存在する。上海市に15カ所、蘇州市に6カ所、無錫市に3カ所、杭州市に3カ所である。また、省以下の下部行政区域にも多数の開発区が設立されている。

　長江デルタ地域における外資企業は上海市および蘇南地域に集中している。蘇州や無錫の大規模な国家級開発区には大手製造業企業が数多く進出しており、上海に隣接する昆山経済技術開発区には台湾企業の進出が顕著である。他方、常州国家高新技術開発区や常熟東南経済開発区等には日系企業の進出がすすんでおり、投資コストが相対的に低く中小企業の進出が増加している。浙江省の場合も同様である。杭州経済技術開発区や寧波経済技術開発区には大手製造業企業が数多く

進出しており、上海に近い嘉興経済開発区、平湖経済開発区には中小企業が積極的に進出している。杭州湾大橋の開通により、上海との距離が短縮された浙江省の投資環境は、より多くの外資系企業の興味をひくようになったといってよい。

1-3　中国の経済発展：権威主義開発体制

前節でみた中国および長江デルタ地域の良好な経済成長は市場主導で行われたわけではない。ふつういわれるとおり、「権威主義開発体制」とよぶべきものである。東アジアの他の国々および地域との比較をとおして簡単にその経緯と特徴を明らかにしておこう。

東アジアには3種類の「権威主義開発体制」が存在するものと思われる。「東アジア NIEs モデル」、「東南アジアモデル」そして「中国モデル」である。（そうしたモデルに日本を加えて、図6-1が作成される）。本章で焦点をあてるのは、いうまでもなく「中国モデル」である。その若干の経緯と特徴をたどってみることにする。

1-3-1　中国の道：開発体制の3度の変更

新中国建国後間もなく、朝鮮戦争が起き冷戦の状況が明らかになって、毛沢東は「向蘇一辺倒」（すなわちソ連との緊密な関係）を選択した。そして経済開発モデルにおいても、「スターリン型開発体制」を全面的に導入したのである。この開発モデルは、1950年代末の中ソ関係悪化までつづいた。もっとも、この時期に築かれた計画経済体制の多くの特徴（たとえば、ソ連を模範としてつくられた国家計画委員会などの統治機構）はその後もひきつづき存在した。中ソ関係悪化後の中国開発体制は「毛沢東開発体制」と名づけられ、大衆路線、精神主義、政治優先主義などの「毛沢東思想」が盛り込まれることとなった。「スターリン型開発体制」にしろ、「毛沢東開発体制」にしろ、いずれも閉鎖的なシステムであったことに変わりはない。

「毛沢東開発体制」の中国では、自主独立・自力更生が中心的なスローガンとして掲げられた。農業を犠牲にする重工業中心の開発戦略が展開され、（経済体制は異なっているものの）東南アジア諸国の輸入代替戦略と類似する開発モデルであったといえる。「スターリン型開発体制」が国有、厳格な計画、中央集権を

166　第Ⅱ部　中国の国際化の政治経済学

図6-1　東アジアにおける3種類の権威主義体制

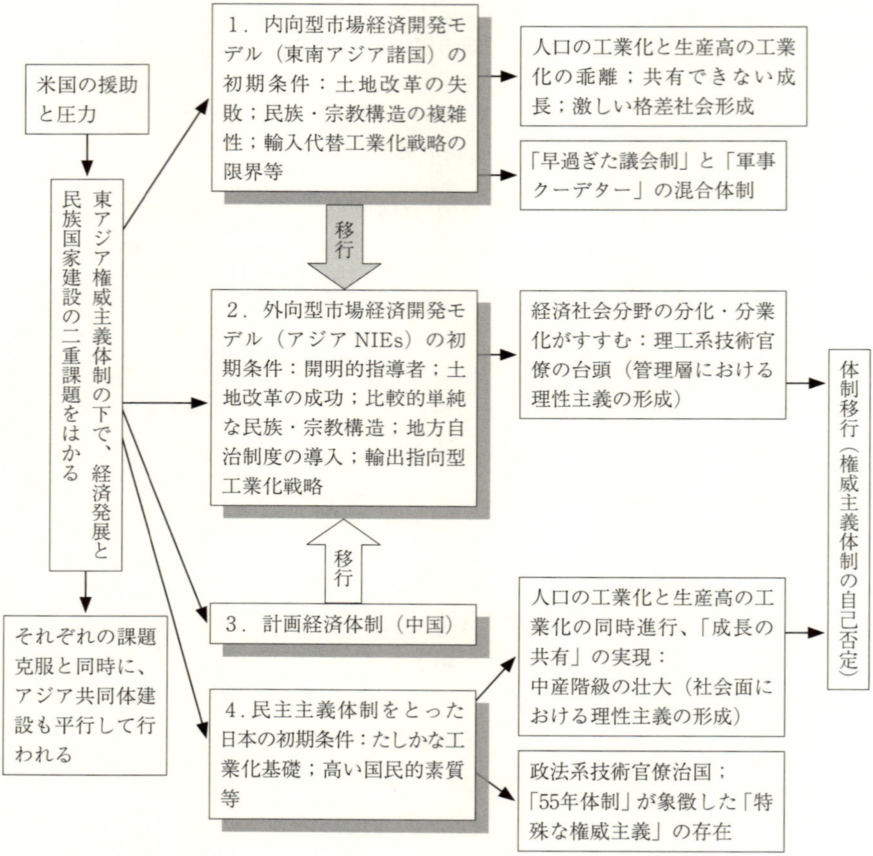

米国の援助と圧力

東アジア権威主義体制の下で、経済発展と民族国家建設の二重課題をはかる

それぞれの課題克服と同時に、アジア共同体建設も平行して行われる

1．内向型市場経済開発モデル（東南アジア諸国）の初期条件：土地改革の失敗；民族・宗教構造の複雑性；輸入代替工業化戦略の限界等

人口の工業化と生産高の工業化の乖離；共有できない成長；激しい格差社会形成

「早過ぎた議会制」と「軍事クーデター」の混合体制

移行

2．外向型市場経済開発モデル（アジアNIEs）の初期条件：開明的指導者；土地改革の成功；比較的単純な民族・宗教構造；地方自治制度の導入；輸出指向型工業化戦略

経済社会分野の分化・分業化がすすむ；理工系技術官僚の台頭（管理層における理性主義の形成）

体制移行（権威主義体制の自己否定）

移行

3．計画経済体制（中国）

4．民主主義体制をとった日本の初期条件：たしかな工業化基礎；高い国民的素質等

人口の工業化と生産高の工業化の同時進行、「成長の共有」の実現；中産階級の壮大（社会面における理性主義の形成）

政法系技術官僚治国；「55年体制」が象徴した「特殊な権威主義」の存在

出所：森田憲・陳雲（2009b）より（陳雲教授作成）。

強調したのに比較して、「毛沢東開発体制」は公有（国有プラス集団所有すなわち前者は主に都市部、後者は主に農村部で導入された）、緩やかな計画、緩やかな中央集権（地方分権を2度試みている）を特徴とした。

　それに対して、「鄧小平開発体制」は開放的なシステムであり、漸進的改革を選択することとなった。「鄧小平開発体制」も開発主義だが、開放的であるゆえに、社会的な利益還元が可能であったといえる。鄧小平時代の改革は、所有制の多元

第6章　長江デルタ地域と中国地方の地域統合の政治経済学　167

化、計画と市場の並存、政府と国有企業の分離などの措置を行い、徐々に市場の主体性を確立させ、民営企業の比率を高めていった。鄧小平の改革は地方分権からはじまったが、毛沢東時代の地方分権と違って、少なくともふたつの分権によって支えられている。ひとつは「行政的分権」であり、縦の行政階層間で行われたものである。もうひとつは「経済的分権」であって、政府と国有企業の分離に象徴されるものといえる。鄧小平時代には、後者が新たに追加された分権として斬新な意義が込められたのである。言い換えると、そうした趨勢によって中国の地方分権は後戻りできないものとなったといえる。ポスト鄧小平時代の開発体制（江沢民時代および胡錦濤・温家宝時代）は基本的にその延長線上にあるといってよい。

1-3-2　中国の道と中国の課題

　鄧小平の改革開放政策によって、中国は新しい外向的市場経済のロジックの起点を獲得した。計画経済の時代に、中国は冷戦という環境下におかれ、またソ連とも関係が悪化したため、安全保障問題が他の何よりも重くのしかかることになった。それによって、軍事優先・重工業優先戦略が必然的に選択されることとなった。1970年代以降、共通の敵——ソ連——と対抗するために、米中関係が戦略的に緩和されるとともに日本とも国交を樹立した。中国の周辺情勢は大きく変わり、経済の近代化と国民生活の改善が新しい時代の要請となったのである。

　改革開放政策が打ち出されてのち10数年ほどを経て、1993年11月開催の「共産党第14回第3次全体会議」は「社会主義市場経済」体制の確立を宣言した。この表現は一見矛盾するようにみえるが、実際には、一種の「中国版権威主義体制」の表現と理解すべきものであろう。すなわち前半の「社会主義」という表現は共産党一党支配という政治体制を表すものであり、後半の「市場経済」は現在すすめられている経済体制の改革目標である。それによって、移行期の中国の開発体制が、「低政治参加」のもとで「高度経済成長」を目ざす「東アジア型権威主義体制」であることがわかる。

　1970年代末に、中国の開発モデルの転換を可能にしたのは、国際情勢の緩和ならびに鄧小平のような「開明的・理性的指導者」の存在である。鄧小平による開発路線の根本目標は国民経済の近代化（1970年代後半から「4つの近代化」を提出）、国際的地位の向上および国民の生活水準の改善である。そして、短期の目

標として、「社会的安定」が重要である。それは中国のようなきわめて大規模な国家が体制移行を行う際には、避けてとおれない課題であり、中国の体制移行が「漸進主義路線」をとることになった基本的な理由のひとつでもある。ハンティントン（1915）にしたがえば、「社会的安定」を語る際、次のふたつの変数が重要である。すなわち、「社会的安定＝制度保障能力／社会動員度」である。

　「社会動員度」は、国民の需要と意識の発育の程度を示し、マスロー（1943）の人間の需要理論によれば、人間の需要は低い段階から高い段階へすすむ５段階に分けられる。その場合、もし「制度保障能力」（国民の物質的および精神的需要を満たすための制度供給能力をさす）が「国民の需要と意識の発育の程度」に追いついていかなければ、バランスが崩れ、社会的不安定が起こる。

　鄧小平による路線では、長期的目標と短期的目標の間に矛盾が内包されている。改革開放以降、中国は社会的不安定の局面を実際に経験してきている。すなわち、開放体制はより多くの情報が伝えられるために、社会動員度を急激に上昇させる可能性が大きい。むろん、経済発展は制度保障能力の増強に寄与するが、権威主義体制のため、市場経済体制の基礎となる自由主義、個人主義が権威主義政治体制との間に、つねに不都合な対立を発生させるだろう。また権威主義体制に伴って発生する政治的腐敗は、政府の信用にダメージを与え、政権の正当性を傷つける危険性をつねに伴っている。現状の中国の開発モデルとは、本節で描いてみたような状況と理解されるべきものである。

　そうした状況下で、対中国直接投資が行われるのである。

　以上、第１節では、中国および長江デルタ地域（とりわけ上海）経済の長期間にわたる高度成長についてふれ、そうした経済成長が「権威主義開発体制」とよばれるシステムによって実現されたことを述べた。以下第２節では、対中国直接投資に焦点をあて、日本のそして中国地方の対中国企業進出についてみてみることとする。

2．現状

2-1　日本の対中国直接投資：「国内市場指向型」への転換

日本（全体）の対外直接投資（フロー、届出ベース）に占める中国の比率は、

第6章　長江デルタ地域と中国地方の地域統合の政治経済学　169

表6-8　日本の対外直接投資受入国

	投資額（百万ドル）*	比率（％）
オランダ	8,058	22.7
米国	4,677	13.2
中国	4,567	12.8
ケイマン諸島	3,947	11.1
大洋州	1,869	5.3
英国	1,789	5.0
パナマ	1,282	3.6
タイ	1,184	3.3
合計	35,548	100.0

注：投資額は財務省届出ベース。
出所：『ジェトロ貿易投資白書』（2005年版）。

2000年2.0％、2001年4.6％、2002年4.8％、2003年8.7％、そして2004年12.8％である。日本の対外直接投資に占める中国の位置づけは、2003年には米国（29.3％）、オランダ（19.0％）に次ぐ第3位、2004年には12.8％となって米国（13.2％）とほぼ等しい比率を占めている（ただし、依然としてオランダ（22.7％）、米国に次ぐ第3位である）（表6-8参照）。

　1990年代初頭までの時点では、日本（全体）の対外直接投資に占める中国の比率は大きなものではない。1989年は0.6％、1990年は0.9％にすぎない。この時期の日本の対中国直接投資は中国政府の優遇措置を受けやすい輸出指向型の直接投資（すなわち輸出製品比率が70％以上の企業には、税率の50％が免除される等の措置）が多く、かつ東北部とりわけ大連への投資が大きい（北京、上海、天津を上回っている）という特徴が認められる。

　そして1991年に入って、中国への対外直接投資が1.4％となり、1992年には3.1％となっている。こうした拡大の要因は中国都市部の所得水準の上昇であり、中国国内市場指向型の投資が本格化する傾向がみられる。主要都市別の投資をみると依然として大連への投資が大きく、1992年末時点で11億8,600万ドルであり、上海（8億1,000万ドル）、深圳（5億5,500万ドル）、天津（3億6,700万ドル）、北京（1億2,100万ドル）を上回っている。

　上海を中心として大規模投資が行なわれるのは、1993年から1994年にかけてで

170 第Ⅱ部 中国の国際化の政治経済学

表6-9 日本の対中国直接投資（フロー）

（単位：百万ドル）

年	投資額*
1996	5,131
1997	3,401
1998	2,749
1999	2,591
2000	3,680
2001	5,419
2002	5,298
2003	7,955
2004	9,162

注：投資額は契約ベース。
出所：『ジェトロ貿易投資白書』（各年版）。

あり、上記の傾向すなわち中国国内市場指向がより明瞭になってきたといえる。
また、大規模投資として自動車産業の進出がみられた時期でもある。1994年の日
本の対中国直接投資のうち、製造業の占める割合は72％であり、非製造業を大き
く上回っている。

　そして1995年は、日本の対外直接投資に占める中国の比率が8.8％に達した年
であり、かつ輸出指向型から国内市場指向型への投資の転換が明瞭に認められる
ようになった時期である。製造業の占める比率がさらに大きくなり（78％）、長
江デルタ地域とりわけ上海、江蘇省への投資が拡大した時期でもある。中国国内
市場を指向する動向は、ヤオハン（無錫）、ジャスコ（青島）等大規模小売業の
投資にも認められ、中国の所得水準の向上によるものと思われる。

　日本の対中国直接投資は、したがって、1995年に輸出指向型から国内市場指向
型への投資の転換が認められるようになり、製造業の占める比率が上昇し、長江
デルタ地域とりわけ上海、江蘇省への投資が拡大している。その後減少傾向に転
じたが、2000年以降再び増大しており、国内市場指向型の投資がいっそう拡大し
ているといってよい。いうまでもなく、その基本的な要因は、中国国内の所得水
準の上昇およびWTO加盟に伴う制度的な整備の拡充にあるといえる。

第6章　長江デルタ地域と中国地方の地域統合の政治経済学　171

2-2　日本の対中国直接投資の規模は大きいか小さいか：投資─貿易比率

　それでは、はたして日本の対中国直接投資の規模は大きいのだろうか、それとも小さいのだろうか。

　日本の企業進出は、日本企業が「危険回避型」であることを反映して活発になっていかない場合が多い。「日本の直接投資全体の規模からみて我が国への進出は小さい」等という批判をしばしば受けている。日本企業が危険回避的であることはたしかだが、しかし大きいか小さいかの判断は単なる直感ないしは政治的判断によって行われるべきではない。

　筆者は、森田憲・陳雲（2006）において、日本の対中国直接投資に関して、「政冷経熱」といわれる国際関係ならびに「中国リスク」の難しさを反映して、（日本と中国との経済関係から判断して）比較的小さな規模にとどまっていると考えられることが多いが、はたしてそれは適切なのかどうかを問うてみたことがある。

　森田憲・陳雲（2006）では、投資集中度指数および貿易結合度を用いて分析を試みた。投資集中度指数とは次のような指数を示す。いま日本から中国への投資集中度を考えるとすると、その指数は、「日本の中国への直接投資額」を「中国の対内直接投資額」で除した数値を分子とし、「日本の対外直接投資額」を「世界全体の対外直接投資額」で除した数値を分母としたときの比率を表している。その数値が1を上回れば日本の中国への直接投資が他の国々への直接投資に比べて相対的に大きいことを示している。表6-10は、日本の対中国直接投資の集中度を表したものである。1を上回る年が多く、2004年には2.61に達している。したがって、日本の対外直接投資にとって中国は他の国ぐにに比べて直接投資の規模の大きな国であると考えられる。

　さて、国と国との経済関係の強さ弱さは何によって測るのが適切だろうか。われわれは貿易面でのかかわりを国と国との経済のかかわりを表すものと考えて検討することとし、貿易結合度によって判断するものとした。貿易結合度とは次のような指数を示す。いま日本と中国との貿易結合度を考えるとすると、その指数は、「日本から中国への輸出額」を「日本の世界全体への輸出額」で除した数値を分子とし、「中国の輸入額」を「世界全体の輸出額」で除した数値を分母としたときの比率を表したものである。当該数値が1を上回れば、日本の中国との貿易が他の国ぐにとの貿易に比べて相対的に大きいことを示している[154]。表6-11

172 第Ⅱ部 中国の国際化の政治経済学

表6-10 投資集中度指数

年	指数
1996	0.819
1997	1.626
1998	0.828
1999	0.424
2000	1.043
2001	0.790
2002	1.000
2003	1.826
2004	2.610

出所：『ジェトロ貿易投資白書』
（各年版）より作成。

表6-11 貿易結合度

年	指数
1996	2.706
1997	2.671
1998	2.804
1999	2.747
2000	2.466
2001	2.679
2002	2.795
2003	2.845
2004	2.708

出所：『ジェトロ貿易投資白書』
（各年版）より作成。

表6-12 投資—貿易比率

年	指数
1996	0.303
1997	0.609
1998	0.295
1999	0.154
2000	0.423
2001	0.295
2002	0.358
2003	0.642
2004	0.964

出所：『ジェトロ貿易投資白書』
（各年版）より作成。

は、日本の対中国貿易結合度を示したものである。中国は一貫して2.5から2.8であり、貿易関係の大小をもって国際経済関係の強弱の尺度を示すものとすれば、日本と中国との国際経済関係は強く2.5から2.8に達しているものと思われる。

　日本の対中国直接投資の規模が大きいか小さいかは、したがって、直感や政治的判断によって行うのではなく、日本と中国との経済関係はどの程度緊密なのか、そしてその緊密さに見合った直接投資が行われていると考えられるか否かによって判断されるべきものである。

　それは、投資集中度指数を分子とし貿易結合度を分母とする指数によって判断される。

　本章では当該指数を投資—貿易比率とよぶことにしよう。当該数値が1に等しいことは、直接投資関係が貿易関係（当該国どうしの国際経済関係）に見合っていることを示している。1より大きければ直接投資関係が、国際経済関係に照らして、大きいことを、1より小さければ直接投資関係が、国際経済関係に照らして、小さいことを表している。表6-12である。中国は一貫して1を下回っていることがわかる。すなわち、表6-12から判断するかぎり、日本と中国とは一貫して、国際経済関係に照らして、直接投資関係は比較的小さいと判断される。

　したがって、投資集中度指数および貿易結合度を用いて再構成し、投資—貿易

154 貿易結合度に関する別の側面からの説明については、たとえば森田（2016）参照。

比率として表現してみると、その意味で相対的に、日本の対中国直接投資の規模が小さいのではないかという主張は支持されやすいように思われる（いうまでもなく、そのことは日本の対中国直接投資の規模が異常なサンプルであることを意味していない——異常なサンプルと認められるか否かは、当然、別の検討を必要とする。この点については、たとえばMorita（1998）参照——）。言い換えると、（日本と中国という）貿易関係が大きい2国の間で、直接投資の関係が貿易関係に必ずしも見合っていない、ということである。そしてそれは円滑な直接投資の移動を阻む何らかの要因が存在することをうかがわせるものと思われる。

2-3　日本の対中国直接投資の規模が小さいのはなぜか：制度的統合と機能的統合

　東アジアにおける統合を考える際につねに比較対象となるのはEU（欧州連合）である。そしてEUが「制度的統合」とよばれるのに対して、東アジアは「機能的統合」とよばれている。実際、しばしば東アジアが「事実上の統合」といわれるとおり、域内貿易依存度をみるとEUよりも小さいが、しかしそれほど大きな違いがあるわけではない。

　だが、EU加盟国が「価値観を共有」しているのに比べて、東アジア諸国間には共有する価値観が乏しいと指摘される。先に述べたとおり、森田憲・陳雲（2008）では、EUに近い統合を実現していくとすればそれは「経路依存からの脱却」であると考えた。そして本章で指摘したいのは、「経路依存からの脱却」の有無ないしは（本章の以下でとり上げる）「レジーム」の存在の有無は、モノ以外のヒト、カネおよび企業の流れを大きく左右する要因となると考えられること、したがって「直接投資」の捕捉は、経済外的要因の捕捉につながると考えられるということである。実際、域内の直接投資の動向をEUと東アジアについて比較してみると、その相違が明瞭になる。

　ただし、先の節で述べたとおり、直接投資の動向のみから判断するのは適切とはいえない。国と国あるいは地域と地域との経済関係がもともと小さな場合に、国と国あるいは地域と地域の間で大きな直接投資を期待するのはほとんど無理である。国と国ないしは地域と地域との直接投資の動きをみる際に、その土台となる貿易関係をひとつの「尺度」として導入してみるのが適切である。したがって、

174　第Ⅱ部　中国の国際化の政治経済学

表6-13　直接投資の相対的比率

	2001	2002	2003	2004	2005	2006
EU	1.43	1.53	1.47	1.10	1.70	1.43
東アジア	0.49	0.49	0.46	0.59	0.62	0.43

注：東アジアとは、日本、中国、韓国、台湾、香港、シンガポール、インドネシア、マレーシア、フィ
　　リピン、タイの10の国および地域をさす（2001年、2002年はシンガポール、インドネシアは含まれて
　　いない）。またEUは（統計の継続性を重視して）15カ国をとり上げている。
出所：『ジェトロ貿易投資白書』（各年版）。

貿易を考慮に入れたときの直接投資の相対的傾向を捕捉することとする。

　EUと東アジアについていえば、分母に世界全体の貿易に占めるEUの（東ア
ジアの）割合をとり、分子に世界全体の直接投資に占める同じくEUの（東アジ
アの）割合をとって、EUおよび東アジアの割合をみてみた。表6-13である。

　表6-13は、したがって、（世界の貿易に占める）1％の比率の貿易が、（世界
の直接投資に占める）何％の比率の直接投資に対応しているか、を示している。
EUと東アジアとの間には大きな相違がみられる。EUはおおむね1.4から1.7で
あり、東アジアは0.5から0.6にすぎない。EUでは緊密な貿易をさらに上回って
直接投資が活発に行われているのに対して、東アジアでは直接投資は必ずしも活
発に行われているとはいえない、という状況を示している。

　東アジアとEUとのそうした違いは、先の節でみた日本の対中国直接投資の規
模が（貿易関係に比較して）大きくないという状況と類似した性質の関係を示し
ている。日本と中国との経済関係の特徴を捉えるのに、東アジアとEUとの相違
という視点から接近してみたわけである。

　筆者は、そうした「事実上の統合」ないしは「機能的統合」ではあっても、「制
度的統合」とはいえない現状と、域内貿易依存度が大きいにもかかわらず、それ
に見合って直接投資が活発に行われているとはいえない現状は、（本章の後の節
で述べる）「レジームの欠如」によるものと考えている。

　以上、ここまでの節でみたとおり、中国経済とりわけ長江デルタおよび上海市
経済は、（むろんさまざまな問題を抱えてはいるが基本的には）良好な実績を示
しており、対内直接投資受入も他地域に比べて大きい。また日本の対中国直接投
資もとくに2000年以降増加しているといってよい。しかし、一般に東アジアの国
際間および地域間の経済的連携が「機能的統合」とか「事実上の統合」とよばれ

ているように、制度的側面での整備が必ずしも十分に行われているとはいえない。日本と中国との間でも同様の側面が指摘される。その表現のひとつが、貿易に比べて、投資がそれに見合った比率を示していないという状況である。

それは先の節でみた中国における「権威主義開発体制」の特徴（すなわち、人治主義、未整備な地方自治制度、未整備な法制度等）を表している。そして、「政府の関与」が「制度的整備」に代わる働きをするものと考えられる。それは同時に、「政府の関与」の遅れは、「法的」にも「人的」にも防御装置を欠いていることを示しており、経済的連携にとって大きな阻害要因となっているものといわなくてはならない。（第3節では、そうした諸点をふまえて分析を試みることとする）。

2-4　「中国進出企業数の比率の増減」と「中国事務所の有無」は独立か

本節での課題は、先の節での検討をふまえて、日本の中国地方（とりわけ広島県）と中国の長江デルタ地域との経済的連携の現状について分析を試みることである。

先にみたとおり、日本の対中国直接投資が貿易関係に見合ったほど大きくないのは、「レジームの欠如」であると考えられることを確認した。そして「レジームの欠如」は国と国ないしは地域と地域との経済的連携をすすめていく上で明らかな阻害要因となるだろう。それでは「レジーム」の形成は、どのようにして、誰によってあるいは何によって、行われるのだろうか。

そうした課題にもとづいて本章では、（在中国）地方自治体事務所の役割を考えてみることとする[155]。この2-4節では、まず地方自治体による「中国事務所」の設置がはたして効果的かどうかを検討してみることにする。すなわち、日本の47都道府県に本社をおく企業の中国進出の動きと47都道府県の地方自治体事務所の有無との関係を検討してみるのである。なお、「地方自治体事務所の有無」とは、それぞれの地方自治体が中心となって運営されている場合をさす。（したがって、

---

[155] 地方自治体が海外事務所を設置する場合、公式に述べられる理由は、おおむね次のような具合である。「貿易を支援」（秋田県貿易促進協会大連事務所）、「対中ビジネス支援」（岩手県大連経済事務所）、「地域経済国際化の推進」（日本貿易振興機構上海センター岡山経済交流部）、「企業の中国ビジネスを支援」（長崎県上海事務所）、「展示会・商談会の開催、海外拠点による情報収集・提供」（静岡国際経済上海事務所）等々である（21世紀中国総研（編）（2007）参照）。なお、広島県および広島市については、（財）ひろしま産業振興機構国際部への聞き取り調査にもとづく。

176　第Ⅱ部　中国の国際化の政治経済学

本章分析時期の広島の場合のように、広島県や広島市が上海事務所を設置し当該
地方自治体の職員を派遣する等主たる運営にあたっているわけではない場合、そ
れは「中国事務所」には含めない）。

　本章では、中国進出企業（上場・非上場を含む）の進出件数のデータを2004年
と2007年についてみることとし、それぞれの年の47都道府県全体に占める（各都
道府県からの進出企業が占める）比率をみた。次いで各都道府県の2007年の比率
が2004年に比べて増えているのか減っているのか（どの程度の比率の増減なの
か）をみることにした。そして、47都道府県それぞれについて中国各地に（上記
の意味での）事務所を設置しているか否かをみた。そのふたつを併せて示したの
が表6-14である。増えているのか減っているのかという状況と地方自治体の事
務所が存在しているのか否かという状況とが独立かどうかを検討してみるのであ
る。

　表6-14の情報にもとづいて、「中国進出企業数の比率が増えている」、「中国進
出企業数の比率が減っている」という属性と、「中国事務所をもっている」、「中
国事務所をもっていない」という属性との独立性の検定を行ってみると（したが
って、比率が増えても減ってもいない京都、新潟、栃木の3府県を除く44都道府
県について検定を行ってみると）、検定の結果は、4.14であり、有意水準0.05で
「互いに独立」という仮説は棄却される。「中国進出企業数の比率の増減」と「中
国事務所の有無」とは独立ではなく、何らかの関係が認められるのである。（た
だしいうまでもなく、「中国進出企業数の比率の増減」と「中国事務所の有無」
とが互いに独立ではないという統計的検定は、それだけではその理由についても
また因果関係についても何も語っていない。理由をめぐる分析は第3節で行われ
る)[156]。

　なお、「中国事務所」38カ所のうち17カ所（45％）が上海であり、以下8カ所
（21％）が大連、7カ所（18％）が香港、2カ所（5％）が北京である。そして
他の天津、南京、深圳、福州はそれぞれ1カ所である。また、「中国事務所」を
もっている26道府県のうち上海事務所をもっている府県が17であり65％を占める。

---

[156] 本文で述べたとおり、当該統計的検定はその理由についても因果関係についても何も語っていない。
　したがって、以下本文および注157にみるように、福岡県のように積極的に「中国事務所」の設置を行
　っているが同時に、現在のところ、（貿易関係に照らしてみて）投資関係が活発とはいえないという事
　例が存在する。

表6-14 47都道府県の中国進出企業数の比率の増減と中国事務所所在地

都道府県	比率の増減	中国事務所所在地
東京	−1.20	
大阪	−1.40	上海、香港
愛知	1.30	上海
神奈川	−0.40	上海、大連
兵庫	0.10	天津、南京
岐阜	−0.20	上海
埼玉	0.10	
京都	0.00	
静岡	0.10	上海
長野	0.40	上海、深圳
広島	−0.19	
福岡	0.04	上海、大連、香港
千葉	−0.50	
三重	0.10	
福井	−0.30	上海、香港
岡山	0.50	上海
香川	−0.10	
新潟	0.00	大連、北京
愛媛	−0.10	
富山	0.40	大連
群馬	0.10	
石川	0.20	上海
山形	−0.10	
栃木	0.00	香港
山口	−0.05	
奈良	−0.05	
滋賀	0.15	
茨城	0.25	上海
長崎	−0.18	上海
熊本	−0.15	
鳥取	−0.15	
北海道	0.15	北京
山梨	0.09	
徳島	0.02	
和歌山	0.12	
福島	0.26	上海
宮城	0.16	大連
高知	0.03	上海
岩手	0.06	大連
青森	−0.06	大連
宮崎	−0.02	
鹿児島	0.07	上海、香港
佐賀	0.13	
沖縄	0.03	上海、福州、香港
大分	0.11	上海
島根	0.09	
秋田	0.08	大連

注：大阪市、神戸市、横浜市、札幌市、北九州市は、それぞれ大阪府、兵庫県、神奈川県、北海道、福岡県に含めて示した。

出所：21世紀中国総研（編）（2007）、各地方自治体・機関等ホームページより作成。

次いで大連の８が31％だから、「中国事務所」の多くが上海に集中していること
が明瞭である。

2-5　企業進出件数は多いか少ないか

2-5節では、日本の中国地方（とりわけ広島県）に地域をしぼり、（比較の対象
として適切と思われる九州地方を念頭において）分析を試みることにする。

　中国地方は、九州地方に比べて中国への企業進出支援が活発ではないのではな
いかと判断されるように思われる。それは、中国地方５県（広島県、岡山県、山
口県、鳥取県、島根県）のうち「中国事務所」をもっている自治体は、ジェトロ
上海センターに岡山経済交流部を設置し職員を派遣している岡山県のみだからで
あり、九州地方８県（福岡県、大分県、佐賀県、宮崎県、長崎県、熊本県、鹿児
島県、沖縄県）のうち５県が職員を派遣している状況と比べれば明らかに不活発
だからである。

　はたしてそうした判断は適切だろうか。

　当該地方自治体に本社をおく企業の対中国直接投資が活発か否か（進出企業件
数が多いか否か）は別の議論を必要とする。東京都や大阪府に比較して、広島県
や岡山県や福岡県の進出企業件数が明らかに小さいのは当然のことであり、「中
国事務所」の有無如何にかかわらず、東京都や大阪府は大きく、（「中国事務所」
のある）岡山県や福岡県も、（「中国事務所」のない）広島県も、同じように進出
企業件数は小さいことになる。

　企業進出をとおして日本の中国地方と中国の長江デルタ地域との経済的連携の
現状を捕捉しようとする場合、（福岡県や大分県に比べて）広島県や岡山県の企
業進出件数が大きいのか小さいのかという判断を行うには何らかの基準が必要で
あるように思われる。

　それは先の節で、投資―貿易比率として述べた基準であり、直接投資あるいは
企業進出という現象は、（貿易であらわされる）経済的連携の緊密さと、経済外
的な諸要因とを併せ考慮する必要があるからである。したがって、基本的な考え
方として（先の節でみた）投資集中度指数や貿易結合度という考え方を援用し
（統計の利用可能性にしたがって修正を加えながら、その枠組みを地域間の動向
にあてはめて）、ここでは中国地方（および九州地方）をとりあげて分析を行っ

第 6 章　長江デルタ地域と中国地方の地域統合の政治経済学　179

表6-15　各地方および各県対中国貿易の
日本の対中国貿易に占める比率

地方および県	比率
中国地方全体	4.67
鳥取	0.11
島根	0.005
岡山	1.02
広島	1.88
山口	1.66
九州地方全体	6.55
福岡	4.91
佐賀	0.10
長崎	0.16
熊本	0.09
大分	0.88
宮崎	0.06
鹿児島	0.13
沖縄	0.27

出所：神戸税関、門司税関および各県ホー
ムページより作成。

表6-16　各県の対中国企業進出件数の
対日本全国比率

地方および県	比率
中国地方全体	3.72
鳥取	0.20
島根	0.12
岡山	1.60
広島	1.40
山口	0.40
九州地方全体	2.62
福岡	1.60
佐賀	0.20
長崎	0.20
熊本	0.20
大分	0.14
宮崎	0.08
鹿児島	0.14
沖縄	0.06

出所：21世紀中国総研（編）（2007）より作成。

てみることにする。

　（統計の便宜上）2006年のそれぞれの県の対中国貿易（輸出・輸入を含み対香
港を含む）の総額が日本の対中国貿易（輸出・輸入を含み対香港を含む）総額に
占める比率をみたものが表6-15である。

　また、対中国企業進出件数について、表6-14で増減についてみた比率のうち
中国地方・九州地方各県の2007年の比率の数値を示した表が表6-16である。中
国地方全体の比率（3.72％）の方が九州地方全体の比率（2.62％）よりも大きく、
岡山、広島の両県は1.5％前後の比率となっている。

　各県の対中国企業進出件数が大きいか小さいかを、どのように判断するのが適
切だろうか157。表6-15で示された日本全体の中国貿易に占める各県の中国貿易
の比率を分母とし、表6-16で示された日本全体の中国進出企業件数に占める各

180 第Ⅱ部 中国の国際化の政治経済学

表 6-17 中国地方・九州地方各県の投資—貿易比率

地方および県	投資—貿易比率
中国地方	0.80
鳥取	1.81
島根	—
岡山	1.60
広島	0.74
山口	0.24
九州地方	0.40
福岡	0.33
佐賀	1.96
長崎	1.23
熊本	2.22
大分	0.16
宮崎	1.33
鹿児島	1.12
沖縄	0.27

注：島根県は、貿易総額が著しく小さいため、割愛した。
出所：21世紀中国総研（編）（2007）、神戸税関、門司税関および各県ホームページより作成。

県の中国進出企業件数の比率を分子として（先の節で述べた投資—貿易比率の代替として）みてみることにする（表 6-17）。

表 6-17の見方は表 6-12と同じである。すなわち、当該数値が 1 に等しいことは、投資関係が貿易関係（すなわち当該地域間の経済関係）に見合っていることを示している。 1 より小さければ投資関係が、経済関係に照らして、小さいことを表し、 1 より大きければ投資関係が、経済関係に照らして、大きいことを表している。

中国地方は0.80であり、九州地方は0.40である。したがって、ふたつの地方とも（貿易関係に照らして）おおむね投資関係は小さいものと判断されること、し

───────────────

157 本章では、第一次接近として、直接投資には先ほどと同様に、（21世紀中国総研（編）（2007）から）2007年時点での企業進出のストックのデータによって、そして貿易は神戸税関および門司税関ならびに各県のデータによって捉えられる貿易統計を用いることとし、（便宜上）2006年の（フローの）データによってみてみることとする（ただしいずれのデータも比率として用いられる）。

かし中国地方が九州地方に比べて小さいわけではないことがわかる。そして同時に、「中国進出企業数の比率の増減」と「中国事務所の有無」とは独立ではなく、何らかの関係が存在するものと認められるにもかかわらず、「中国事務所」設置に積極的な九州地方の投資—貿易比率がむしろかなり小さいことが明瞭である[158]。また、広島県の場合は、0.74であり、大きな値でも小さな値でもないが、概していえば比較的小さな値である。したがって、広島県のような地方自治体の場合、現状から判断するかぎり、対中国（とりわけ長江デルタ地域）との経済的連携が強いとは認められないものと思われる。

　以上で述べた現状はどう理解するのが適切であり、いったい何が欠如しているものと考えられるだろうか。第3節で分析を試みることとする。

3. 分析

3-1 直接投資の理論をめぐって：小宮仮説

　第3節では、「小宮仮説」および「ローズフィールド仮説」というふたつの仮説に依拠して、第2節で示された問題へのアプローチを試みることにしよう。本書で「小宮仮説」とよんでいる考え方は、いわば「直接投資の一般理論」であり、「ローズフィールド仮説」とよぶ考え方は、「制度インフラの整備」にかかわるものである。すなわち、対中国への直接投資をめぐって、（直接投資の理論としての）小宮仮説にもとづいて考えてみようとするものであり、また対中国企業進出にとっての阻害要因に対処するのに必要な行動とは何であるかを、（制度インフラの整備としての）ローズフィールド仮説によって考えてみようとするものである。

　3-1節では、まず、小宮（1972）による「直接投資の理論」についてみてみよう。なお、この考え方は（小宮自身が述べているとおり）ペンローズ（1956）にさかのぼるものである。

　小宮が分析の対象とした直接投資の特徴とは、小宮が分析を試みた時点で、次

---

158 先に（注156で）述べたように、本文の統計的検定は、「理由」についても「因果関係」についても何も示していない。なぜ九州地方全体あるいは福岡県のような地方自治体の投資関係が、（貿易関係に照らしてみて）活発とはいえないのかについては別の検討を必要とする。

のような事実をさしている。すなわち、（本章の表現にしたがっていえば）（1）直接投資の残高は特定地域（長江デルタ地域とりわけ江蘇省のような）に集中している、（2）直接投資の流れは必ずしも資本の過剰な国から、それが不足している国へ向かうのではない、（3）直接投資の場合には他の生産要素の国際間の移動と異なり、「相互交流」の傾向が著しい、（4）特定産業への顕著な集中傾向が認められる、という4点である。

　本章が分析対象としている直接投資も、「相互交流」等日中間ではまだ十分にみられていない（しかしやがて十分に行われるであろう）現象も存在しているとはいえ、おおむねそうした経済的諸現象と考えてよい。

　そして、直接投資という現象については、（国際間だけではなく、一国内の地域間でも行われるものと考え）3つのパターンが考えられる。第1は「垂直的統合」のパターン、第2は「水平的統合」のパターン、そして第3は「多角的統合」のパターンである。

　上記3つのパターンはいずれも、直接投資とは企業が新しい事業分野、新しい市場、新しい地域へ進出することを意味し、「企業成長」の過程にみられる現象であり、新規の事業の設立による直接投資は投資先の産業や地域にとって「新規参入」を意味し、関連の産業の「市場構造」に大きな変化を引き起こすことが多い。したがって直接投資を分析する場合、企業成長の理論、産業組織論にもとづいて考察する必要があるということになる。

　そうした直接投資の主体である「企業」とは、さまざまな「経営資源」のかたまり（集合体）と考えるのが適切だというのが、ペンローズおよび小宮の主張である。その際の「経営資源」のかたまりとは、「外面的には経営者を中核とし、より実質的には経営管理上の知識と経験、パテントやノウハウをはじめマーケティングの方法などを含めて広く技術的・専門的知識、販売・原料購入・資金調達などの市場における地位、トレード・マーク（ブランド）あるいは信用、情報収集・研究開発のための組織など」をさす。

　企業活動とは、これらの稀少な経営資源をそれぞれの限界生産性のもっとも高い用途に使って、なんらかの製品（またはサービス）を生産して販売し、経営資源の機能を利潤に転化することにほかならない。

　ペンローズおよび小宮の考え方にしたがえば、直接投資とは、企業が成長する過程であり、それは経営資源の移動すなわち経営資源をそれぞれの限界生産性の

もっとも高い用途に用いるべく移動させることである。したがって、当該理論の枢要なポイントは「経営資源」の内容にほかならない。

　そうした「経営資源」の移動によって直接投資という現象を捉えるとすれば、上で述べたような直接投資の特徴が適切に捕捉されることになる。なお、直接投資の事実から判断すると、（1）国内の地域間の投資の場合でも、国際間の直接投資の場合でも、その誘引として、賃金や金利の地域格差ということは必ずしもそれほど大きな要因ではないこと、および（2）直接投資がつねに他の生産要素の価格を平準化させるように機能するとはかぎらないことが指摘されている。ただし、この点は主として費用（賃金）の安価な労働を求めて行われる資本移動が重要な地域あるいは時期が存在することを排除していない。また、直接投資が技術移転を伴う場合には、生産要素の価格差はむしろ有意に拡大するだろうと考えられる。

　一国内の地域間直接投資と国際間の直接投資との間には違った諸要因がいくつか存在する。たとえば、文化的・社会的条件、関税と産業政策、通貨の違い等である。

　ペンローズおよび小宮による分析がカバーしていないのは、（それが大きな特徴となっていなかったため）当然のことだが、分析対象として体制の違った国ぐにの間の移動をあつかう場合である。その場合、直接投資が「経営資源」の移動であるというペンローズ、小宮の考え方それ自体は適切だが、しかし対中国直接投資を考える際には、別に検討を必要とする事情が存在する。とりわけ重要なのは、「経営資源」のかたまり（集合体）という場合、投資受入国政府の政治・経済体制の明らかな違いが有意に働くということである。

　そうした国ぐにへの直接投資を考える際には、中央および地方を含む「政府の関与」が重要な働きをする[159]。そして、「政府の関与」が有意に働く際の重要な資源とは、「政治的資源」とでもよぶべきものである。第1節でみたように、中国は中国に固有の特徴をもった「権威主義開発体制」であり、上の意味での「政治的資源」のはたす役割が大きい国および地域である。それは、「経営管理上の知識と経験」とも、「技術的・専門的知識」とも、「情報収集・研究開発のための組織など」とも違っている。筆者は、かつて計画経済体制のもとにあった（体制

---

[159]「クレムリンウォッチャー」とか「チャイナウォッチャー」という言葉が使われるように、そうした意味での「稀少な情報」がしばしば重要な役割をはたす。

184　第Ⅱ部　中国の国際化の政治経済学

の違った国）ポーランドへの企業進出の場合、その決定に際して何が重要な要因なのかを考えてみたことがある（Morita（2004）参照）。日本企業がライバルの（イタリアの）企業に比べて技術面・ファイナンス面等々（個別企業の）ビジネスにかかわる諸側面で明らかな優位にあったにもかかわらず、ロビー活動等むしろ「政治的側面」で劣っていたために日本企業のポーランド進出は実現しなかった。（経済・経営の側面に関する）経営資源の限界生産性が高いからといって移動が実現するとは限らないという事例にほかならない。そうした諸要因を総称して本章では「政治的資源」とよんでいる。

　しばしば指摘されるように、国際間の「経営資源」の移動が国と国の間の「文化的・社会的条件」によって影響を受けることはいうまでもない。しかし同時に政治経済体制がかなり大きく異なる国際間の「経営資源」の移動の重要な諸要因として（あるいは移動を阻む重要な諸要因として）、ここで「政治的資源」とよんだものの重要性が存在すると考えられる[160]。

　先の節で、地方自治体の「中国事務所」を定義する際に、県や市等自治体が（職員を派遣するなど）中心となって運営にあたっていることを条件としてあげたのは、そうした事情が重要なかかわりをもっている。「政治的資源」としての重要性である。集権的な政治経済体制をとっている国ぐにの場合、「政府部門」の存在と「非政府部門」の存在とはエッセンシャルに異なる。「政府の関与」が大きな意味をもつのであり、それはいってみれば「政治的資源」の表現というべきものだからである。ビジネスの側面での効率という問題以前にまず「政府部門」の関与如何および関与のあり方が重要な役割をはたすのである。

　先の節でみた「中国事務所」は、その機能として――むろんそれだけではないが――「政治的資源」（の少なくとも支援）に該当するものと思われる。そうした機能が、本章で行った統計的検定、「中国進出企業の比率の増減」と「中国事務所の有無」とが「互いに独立とはいえない」という結果に導いているものと（少なくともそのひとつの要因と）考えられる。

　3-1節では、対中国直接投資とその「経営資源」を考えるに際して、（先の節で「権威主義開発体制」として捉えた）中国の開発モデルの現状から判断して「政治的資源」が重要な役割をはたすと考えられることを指摘した。言い換えれば、

─────────────

160 たとえば、上海市嘉定区で2006年11月に発生した事例（企業および住民の立ち退きに関する事例）はその典型的なケースである。

それは集権制のリスクとよぶべき要因の存在である。

3-2 制度的インフラストラクチャーの整備をめぐって：
ローズフィールド仮説

さて、集権的な政治経済体制をとっている国ぐにとの経済関係の強化あるいは改善を試みる場合、先にみた「集権制リスク」とよぶべき事態にどのように対処するかが大きな鍵となるだろう。先に「政治的資源」とよんだ役割である。「ローズフィールド仮説」と本書でよんでいる考え方がそうした課題への接近のひとつである。

「ローズフィールド仮説」とは、もともとそうした集権的な政治経済体制をとっている国ぐにとの経済関係を強化・改善していく際に、その「集権制リスク」にどのように対処するか、すなわち「政治的資源」を「政府の関与」をつうじてどのように補填していくのかを考えたものである（森田憲・スティーブン＝ローズフィールド（1994）参照）。

ところで、「政治的資源」とよび、「集権制リスク」とよんでいる概念は、いずれにしても、政府の関与を示している。なぜ、「政府の関与」が必要なのかという点について、本書ではコヘイン（1984）によって「逆コースの定理」（"Inversion of the Coase Theorem", p. 88）とよばれた考え方に依拠することとする。コヘインが「逆コースの定理」とよんだ事態を本章にそくして解釈すれば、次のとおりである。（なおこの点については、Morita（1997）参照）。日本のあるいは中国地方・九州地方の、相対的水準でみて、活発でない対中国直接投資の背景には、資本移動に際して大きな社会的費用が存在するものと考えられる。そうした社会的費用のうち主要なものは、(1) 法体系の未整備、(2) 情報の不完全性、(3) 取引費用であろう。（そうした諸費用と「権威主義開発体制」とが密接に関連していることはあらためて指摘するまでもないであろう。また同時にあらためて言及するまでもなく、それら3つの費用は、市場の失敗としてコース（1960）によって言及された諸費用である）。コヘインにしたがって、「コースの定理」に依拠して接近してみることにすれば、それら諸要因のうちひとつでも存在すれば、（もっぱら市場にゆだねるのではなく）政府等行為主体の間で協定を締結し、レジームとよばれる機構を形成することに意義が認められることになる。（一般に、国と

186　第Ⅱ部　中国の国際化の政治経済学

国—あるいは本章のような地域と地域—との間に秩序のある安定的なそして活発な関係が存在すれば、そのような状況を社会科学者はレジームとよんでいる）。「政府の関与」の必要性の理由にほかならない。

　すなわち、ローズフィールド仮説の背景になる考え方は、「国際レジーム」である。

　筆者は先に、「国際レジーム」にもとづいて「ローズフィールド仮説」を定式化したことがある[161]。そうした定式化にしたがって表現すれば次のとおりである。

　貿易関係は緊密でも投資関係が強化されていかない場合、先に述べたとおり、そこには資本移動を阻害する大きな社会的費用が存在しているとみることができる。したがって、もっぱら市場にゆだねるのではなく政府の関与に合理性が存在する。さて、コヘインにしたがって表現すれば、国際レジーム概念を捉えるには、「調和」、「協調」、「対立」を区別する必要がある。すなわち、もし各主体の政策が（他の主体の利害と無関係に追求され）むしろ他の主体の目標達成に好都合ならば、意思の疎通も政策の調整も必要なく、国際レジームを形成する必要はない。調和が存在しているのである。そうではなく、もし各主体の政策が他の主体の目標達成を阻害するおそれがあるが、しかし主体間の政策が調整可能であり互いに両立可能ならば、協調が成立する。そして主体間の政策の調整が不可能であったり、調整可能でも両立できなかったりすれば、対立が存在することとなる。すなわち、コヘインが主張するとおり、レジームの主たる機能は主体間（国家間）に何らかの協調的な協定を成立させることにほかならない。

　コヘインやクラスナー（1983）と同様、ここでも国際レジームを「国際関係のある領域に、行為主体の期待が収斂していくような、暗黙あるいは明示的な、原則、規範、ルールおよび（意思決定形成）手続きのセット」と定義することにする。

　日本の対中国との経済関係に焦点を合わせるものとすれば、共通利益として想定されるのは、おおむね次の4点であろう。すなわち、(1) 不確実性の軽減、(2) 情報収集費用の軽減、(3) 安定性の導入、(4) 取引費用の軽減、の4つの効果である。（先に「政治的資源」とよんだ機能は、それら4点にすべてあてはまる）。

　国際レジームの枠組みにもとづいて、秩序のある安定的なそして活発な経済関係を念頭におけば、日本と中国とは、そうしたレジームの形成に向けて着手しは

---

[161] 森田憲・陳雲（2006）参照。

じめたという段階であろう。これまでのところ、日本と中国とは共通の原則も規範もルールも、そして意思決定形成手続きも十分に共有してはいなかったように思われる。

したがって、国際間あるいは地域間のレジームの形成をとおして、法体系を整備し、情報の不完全性をできるかぎり取り除き、取引費用を軽減させることによって、経済をより効率的にして企業進出をより活発にすることが可能となる。

それではいったいどのようにして国際レジームの形成に導くことができるのだろうか。そうしたアプローチのひとつの可能性として、そして国際レジームの考え方に基本的にそっており、中国における危険にそくした考え方として、「ソブリン・パートナーシップ」をとりあげてみよう。本章で「ローズフィールド仮説」とよんでいる考え方である。国際レジームの形成をとおして、中国における危険の軽減をはかるのである。森田・ローズフィールド（1994）にそくして表現すれば、おおむね次のとおりである。

日本をはじめとする西側諸企業の経済的権益を保護し育成していくという目標を効果的に達成するのが、ソブリン・パートナーシップという枠組みである。それは、国際的な経済活動を相互に利益のあるものにする基礎的な前提条件をつくりあげる二国間ないしは多国間の協定である。協定の当事者はそれぞれの政府であり、当該政府はそれぞれの国の企業ならびに当該国の社会を代表して行動することになる。むろん、それぞれの関係は、完全に主権国間の自由な契約行動であり、それによって個人ならびに社会の厚生を増大させるのである。なぜこうした正式な関係が重要なのかというと、日本等投資本国の諸企業にとって必要な条件が、中国等投資受入国政府の関与のもとに保証されることになるからである。投資本国諸企業は、事実上法の保護の枠外にある「無免許営業主体」になるという危険を避けることができ、投資本国で享受しているのに等しい正当な権利を投資受入諸国でも獲得することになる。

中国等の実情からすれば、日本等西側諸国から進出する企業の要求する権利を、与えないあるいは十分に保護しない、あるいは無視するケースがしばしば見受けられるように思われる。したがって、投資本国政府は進出企業を代表して（投資受入国政府との協定のもとに）相互の主権の尊重をはかる必要がある。

投資本国である日本等諸国政府が協力することによって、中国等諸国のみでは容易に達成できない（法的整備のような市場インフラストラクチャーを形成す

188 第Ⅱ部 中国の国際化の政治経済学

る）秩序づくりが可能となる。そして個別企業のトラブルは、政府関係諸機関の関与による枠組みのなかにもち込まれ、解決がはかられることになるのである。また損害をこうむった企業に対して補償を行なう仕組みも組み込まれることとなる。

ソブリン・パートナーシップをつうじて、支配的な政府諸機関が他の諸機関に承認や協力を働きかけたり、損害をこうむった進出企業に対する補償にあたったりすることとなるが、いうまでもなくそれは利他的な動機にもとづくものではない。期待利益が期待費用を上回るからにほかならない（しかし、「ソブリン・パートナーシップ」の締結に導く行動それ自体は、「期待利益」や「期待費用」を勘案して行われるものとはいえない。むしろ「ミッション」とよばれる行動に近いだろう。この点の分析は別の機会に行ってみることとする）。そうした仕組みの機能をつうじて、直接投資を誘発し、社会全体に利益を与え、発展の契機を与えるものと考えられる。こうした仕組みの成功は、関係する諸国家の多くが、そうしたいわば「共同保険」に参加することによって大きくなっていくものと思われる[162, 163]。それでは、いったいソブリン・パートナーシップがどのように経済的に合理的な仕組みとして理解されるだろうか。本章では、マッキノン（1991）の分析的枠組みを援用して解釈を試みることとする。それは次のとおりである。図6-2にしたがって考えてみよう。次のとおりである。

図6-2は、マッキノン（1991）に負うものである。横軸には資本の価格あるいは利子率をとり、縦軸には資本の期待利益をとる。そしてR_1およびR_2は、本章でいう「集権制リスク」を含む投資を表現している。それらが45度線の右下方に位置している理由は、スティグリッツ＝ワイス（1981）の想定にしたがって、不完全な情報のもとでは利子率による選別効果が十分に機能せず、利子率の上昇に伴って逆選抜効果およびインセンティブ効果が働き、より危険な借手およびよ

---

162 いうまでもなく、もっぱら個別利益に導かれてそうした「保険」機構が成立し得るのであれば、国際間で成立する枠組みは必要ではない。しかし、通常、本章で示すような「保険」機能をはたす共通利益は個別利益によっては導き出されない。したがって、そうした「保険」機能をもたらすに至る「行動」がいったい何なのかは重要な検討課題である。（本文で述べたとおり）機会をあらためて検討を試みることとしたい。

163 ソブリン・パートナーシップは、もともと EU あるいは WTO といった多国間での経済統合や協定を念頭において議論されたものである。むろん本章で述べたとおり、ソブリン・パートナーシップを2国間で成立するものと考えることは可能である。その場合、日本と中国との2国間でのレジームの成立が可能かどうかという問題を検討する必要があるだろう。この点については、たとえば、森田憲・陳雲（2006）参照。

第6章　長江デルタ地域と中国地方の地域統合の政治経済学　189

図6-2　期待利益—利子率

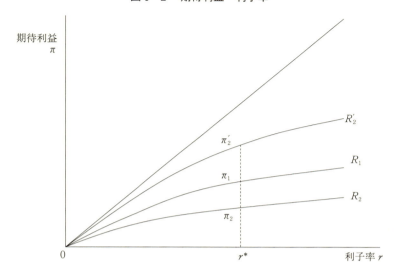

り危険な債務の比率が増加するものと考えられるからである（高い利子率の金融商品のリスクは大きい、ないしは期待利益は小さいということと同じである）。したがって利子率の上昇に比べて期待利益の上昇は小さいであろう。そして、R_2 は R_1 よりも危険の大きな投資であることを示している。すなわち R 曲線の勾配が水平に近づけば近づくほど利子率はより高く、期待利益はより低くなり、より危険の大きな投資となることを意味している。

こうした投資あるいは企業進出と期待利益のなかに、政府ないしは政府間協定によって「保険」機能が導入されたとすると、事態はどう変化するだろうか。

保険によって、より危険の大きな融資から発生するかもしれない大きな損失をこうむることなく、大きな利益を獲得することができる（マッキノン、(1991)）ことになり、投資（直接投資あるいは企業進出）行動がより積極的になるものと考えられる。図6-2に示されているように、より危険の大きな投資 R_2 が保険によって危険の軽減が図られたことによって期待利益が増大し、R_2' まで左上方にシフトするのである。

いうまでもなく、この「保険」とは、本章の意味での国際レジームあるいはソブリン・パートナーシップの提供する重要な働き、すなわち諸国家間あるいは諸

地域間の経済関係をより安定なそしてより安全な関係にしていく働きにほかならない。そして先に述べたとおり、諸国家間あるいは諸地域間の経済関係がより安定・安全だということは、より「危険が小さい」ことを意味している。それは、反対に、諸国家間あるいは諸地域間の経済関係がより不安定な場合、より「危険が大きい」ことを意味する。そうした「危険」の大小が、直接投資の規模（ならびに本章にそくしていえば経済的な統合）に影響をおよぼすものと考えられる。

本章で先にみたとおり（表6-11）、日本と中国との間には他の国ぐにとの関係に比べて比較的強い貿易関係が存在している。しかし、そうした強い貿易関係に見合った直接投資関係が存在しているとはいえないというのが現状である（表6-12参照）。それは（同じく主観的に大きいか小さいかは別として）さまざまな危険に伴う社会的費用を上回る期待利益をつくりだすことができない関係にあるものと考えられる。そのことが、日本の対中国直接投資の（相対化してみた意味での）規模を、必ずしも十分大きな水準に導いていかない重要な要因のひとつと考えられる[164]。

すなわち、ローズフィールド仮説とは、個人と個人あるいは企業と企業等の間で何らかの機能が働くとして、そこに「レジームの欠如」に伴う不利益が発生する可能性がある場合、予め政府間の取り決めによって、発生する可能性のある不利益を排除しておく仕組みをさしている。

結論

本章は、中国の長江デルタ地域と日本の中国地方（とりわけ広島県）との経済的連携について、その現状と展望を捉えようとしたものである。得られた結論を要約すれば次のとおりである。

（1）中国全体および長江デルタ地域（とりわけ上海）経済は、長期間にわたって高い率の経済成長軌道上にあるといってよい。そしてそうした経済成長は、「権威主義開発体制」とよばれるシステムにしたがって実現されているものと考えられる。

（2）日本の対中国直接投資もまた中国地方の対中国直接投資（とりわけ対長江

---

[164] いうまでもなく、本章の意味での「保険」の導入は、国際経済関係を強化させる「必要条件」という性質のものである。

デルタ地域への投資）もおおむね、貿易関係に見合ったほど活発に行われている
とはいえない。しかし同時に、「中国進出企業数の比率の増減」と「中国事務所
の有無」とは独立とはいえない。本章で主として焦点をあてる広島県の場合、「中
国事務所」は設置されておらず、また貿易関係に見合った投資関係が十分に存在
しているとはいえない。したがって、現状から判断するかぎり、対中国（とりわ
け長江デルタ地域）との経済的連携が強いとは認められない。

　（3）そうした現状は、中国における「権威主義開発体制」に大きくかかわるも
のと思われる。したがって、それは対中国直接投資に際して重要な役割をはたす
「政治的資源」の必要性を示すものであり、また「集権制リスク」に対処してい
く（「レジームの欠如」に対処していく）政府の関与の必要性、すなわち、本章
で示した「ソブリン・パートナーシップ」の役割の重要性を示すものと思われる。

第7章
地域統合と体制移行の政治経済学

はじめに

　東アジアの統合をめぐる議論については、われわれには必ずしも適切な枠組み
にもとづいて十分に整理された上で行われているようにはみえない。したがって、
話がいたずらに混乱しているという印象が強いのである。そうした議論は、政治
家の議論にはふさわしいかもしれないが、科学的な議論としてはふさわしくない
だろう。

　筆者は先に、森田憲・陳雲（2006）、（2008）および Morita and Chen（2008）
において、地域統合をとりあげまた直接投資についての考察を行った。本章は、
そうした分析上の系譜を土台として、その発展を試みるものである。

　本章の目的は、しばしば行われているように、東アジア共同体の可能性につい
て、EU との比較検討のもとに、考えてみることである。そしてまた、しばしば
言及されるように、東アジア地域の国ぐにの間では「機能的統合」が存在し、
EU 諸国間には「制度的統合」が存在する。そして前者が企業主導であるのに対
して後者は国家主導の統合であるといってよい[165]。東アジアと EU との間に存在
するそうした相違の理由はいったい何だろうか。

　本章で、まずわれわれは、その理由の所在を、直接投資と貿易との比較検討を
とおして考えてみることとする。実際、直接投資の場合、国家間の投資保護協定
を一種の「セーフティネット」として締結されることが多いように、かならずし
も全面的に企業主導で完結するわけではない。どうしても国家主導の側面が切り
離せない。そして、ひとたび国家主導という視野が切り離せないとすると、さま
ざまな国内的・国際的な政治経済学のイシューが複雑にかかわってくることを意

---

[165] こうした分類については、たとえば田中・長部・久保・岩田（2006）参照。なお、同書でもふれられ
ているとおり、東アジア域内に FTA（自由貿易協定）形成（制度的統合）の動向が認められる。しかし、
現在のところ、東アジア地域全体として制度的統合に向かう趨勢が存在しているというわけではない。

味するだろう。

　そうした視野に適切な枠組みを与えるために、われわれは「経路依存」という概念を用いるアプローチが的外れではないと考え、試みることとする。

　以下、本章は次のような構成ですすめられる。第1節では、問題の所在を明確にするために、投資―貿易比率を用いて直接投資の「活発さ」の検討を行う。そして第2節では、第1節で行った検討をもとに、日中間に焦点を合わせてより詳細な分析を試みる。第3節では、第1節・第2節で得られた分析結果の解釈を試みる。すなわち、活発な直接投資を阻害する諸要因が結局は「経路依存」の問題であることを指摘する。そして経路依存からの脱却の問題について考える。そして最後に第4節で、「中国における経路依存からの脱却」および「共同体形成と中国の政治体制」についてふれてみることにする。

1. 制度的統合と機能的統合[166]

　ごく大雑把にそして標準的にみて、統合にはふたつのパターンが認められる。すなわち、「制度的統合」と「機能的統合」である。いうまでもなく、通常、統合とよぶ場合は「制度的統合」をさし、EU のように国家が主導して制度的に自由貿易が行われ、関税等貿易にとっての阻害要因が取り除かれる。またさらに統合が深化していけば共通通貨が創設され、共通の外交政策や共通の憲法が模索されることになる。

　反対に、機能的統合の場合には、基本的には制度的な枠組みは存在せず、しかし強い経済的関係が認められる複数国間の関係をさしている。本節では、制度的統合と機能的統合の間に存在する相違のひとつの側面を切り取って表現することを試みる。本章で「投資の相対的比率」とよんでいる指標である[167]。

　先に述べたとおり、制度的統合の事例として EU を、機能的統合の事例として東アジアをとりあげてみよう[168]。なお、本章で東アジアという場合には、特に明記しないかぎり、東南アジア諸国連合（以下、ASEAN）プラス3すなわちASEAN10カ国と日本、韓国、中国の3カ国を含めた13の国ぐにをさしている[169]。

---

[166] 「統合」のさまざまな類型ならびに「地域」の設定については、政治学の領域での分析が参考になる。たとえば Campbell（2011）参照。
[167] 当該指標については、たとえば陳雲・森田憲（2010）参照。
[168] 現在のところ、そうした事例が最も標準的であろう。

194 第Ⅱ部 中国の国際化の政治経済学

表7-1 世界との貿易に占める各地域の比率

(単位：％)

年	東アジア	EU	NAFTA
2005	49.9	66.3	55.1
2006	50.2	66.7	53.3
2007	48.4	67.7	50.6
2008	47.8	66.8	48.1
2009	46.1	66.4	46.5
2010	50.6	67.2	48.1
平均	48.8	66.9	50.3

注：東アジアは ASEAN プラス3に台湾を含んでいる。EU は2006年までは25カ国、2007年までは27カ国
　（そして2013年以降は28カ国）である。
出所：『ジェトロ貿易投資白書』（各年版）、『ジェトロ世界貿易投資報告』（各年版）。

　表7-1は、東アジア、EU に、参考のために北米自由貿易協定（以下、NAFTA）
を加えた、世界との貿易に占めるそれぞれの地域の貿易が占める比率を示したも
のである。

　東アジア（台湾を含む）には、当該地域「全体」としては EU のようないかな
る制度的な仕組みも存在していない。しかし、表7-1に示されているように、
2010年の世界全体との貿易に占める域内比率は50.6％であり、同年に48.1％であ
る NAFTA を上回っている。（2005年からの平均をみると、それぞれ48.8％およ
び50.3％である）。

　それでは、いったい何が地域統合に導いていくのだろうか。機能的統合に関し
ていえば、それは企業主導であり、したがって利潤に導かれて域内の経済的連携
が強くなっていくものと考えられる。企業の利潤極大化行動に導かれて貿易が拡
大し直接投資が行われるのである。同様に制度的統合は国家主導であるといういい
い方をすれば、いったい何が諸国家を地域統合に導くのだろうか[170]。

　EU に関していえば、その発端は1952年のヨーロッパ石炭鉄鋼共同体（ECSC）
にさかのぼる。そしてその主要な動機は(1) ドイツとフランスの間の「不戦体制」
の構築であり、(2) 石炭や鉄鋼のような枢要な資源の国際的管理体制の構築だっ

---

[169] この点についても、たとえば Campbell（2011）参照。
[170] この点の分析については、陳雲・森田憲（2011）参照。

第7章　地域統合と体制移行の政治経済学　195

たといえる。だが、そうした「事後的な利益」の構築がすなわち国際間の統合に、ただちに、結びついていくわけではない。国際間の統合が成功裏に実現していくには、いわば「使命感」に導かれた人材の存在が要る。EUにそくしていえば、クーデンホーフ・カレルギーであり、ジャン・モネの存在がそれである。しかし、それではアジア版クーデンホーフ・カレルギーやアジア版ジャン・モネが存在すれば、「汎ヨーロッパ主義」にあたる「汎アジア主義」が唱えられ、すなわちそれがアジアの統合に結びついていくかというと、そういうわけにはいかない。そこには「ロックインされていない」経路依存状況の存在がなくてはならないだろう[171]（そうした諸条件すべてが整う必要があるように思われる）。それでは、「ロックインされていない」経路依存状況が東アジア諸国間（とりわけ日本と中国との間）に存在していると考えられるだろうか。

　その若干の検証を行ってみよう。

　直接投資の状況をみてみるのである。「ロックインされていない」経路依存状況が投資本国と投資受入国との間に存在していれば、貿易をとおした経済的連携と同時に直接投資をとおした経済的連携もまた密接になるものと考えられる。しかし、財の国家間移動（貿易）と異なり、生産要素の国家間移動をどうしても伴わざるを得ない直接投資の場合には、当該関係諸国間の経路依存状況に鍵がかけられ（ロックインされ）てしまっていれば、さまざまな阻害要因が働くことになる。たとえば日中間に存在する歴史認識の相違等はその典型的な事例といってよい。

　したがって、概して「ロックインされていない」経路依存状況が「存在している」か「存在していない」か、といういい方をすれば、現在のところ、EUには存在しており、東アジアには存在していないといえるだろう。その経済的表現として、本節では「直接投資の相対的比率」を取り上げる。すなわち、世界の直接投資全体に占める域内の直接投資の比率をみるのだが、その場合に、もともとほとんど国際関係のない国ぐにの間で積極的な直接投資の本国・受入国関係ができあがるものと考えることは難しい（さまざまな制度的・文化的・政治的・歴史的相違等が存在すれば——すなわち経路依存状況がロックインされていれば——、

---

[171] それはまた、しばしば指摘される「共通の価値観の存在」と軌を一にする議論でもある。Haba（2008）にしたがって、EUの「共通の価値観」を表現すれば、それは（1）自由主義、（2）民主主義、（3）市場経済そして（4）キリスト教、である。

196 第Ⅱ部 中国の国際化の政治経済学

表7-2 直接投資の相対的比率 (2001～2010年)

	2001	2002	2003	2004	2005	2006	2007	2008	2009	2010
EU	1.43	1.53	1.47	1.10	1.70	1.43	2.11	1.71	1.47	1.11
東アジア	0.49	0.49	0.46	0.59	0.62	0.43	0.49	0.62	0.65	0.69

注：2007年以前には、東アジアとしては10カ国および地域すなわち日本、中国、韓国、台湾、香港、シンガポール、インドネシア、マレーシア、フィリピンおよびタイが含まれる（ただし、2001年および2002年にはシンガポールおよびインドネシアは含まれていない）。また、EU は統計の整合性から15カ国が含まれている。しかし、2007年以降は、東アジアには台湾が含まれておらず、EU は27カ国が含まれている。
出所：『ジェトロ貿易投資白書』（各年版）より作成。

国際関係が密接になることはほとんど考えられない）から、貿易関係の密接度を国際関係の密接度の指標と考えることにして分析を試みる。分子に「世界全体の直接投資に占める域内の直接投資の比率」をとり、分母に「世界全体の貿易に占める域内の貿易の比率」（表7-1）をとることによって、「直接投資の相対的比率」を得る。EU と東アジアについて当該比率をみたものが表7-2である。

　EU はすべての年にわたって1を上回っており、東アジアはすべての年について1を下回っている。2001年から2010年までの10年間の平均をとれば、EU は1.506であり、東アジアは0.553である。いうまでもなく、表7-2の比率が1を上回っていれば、直接投資は活発に行われていることを示し、反対に1を下回っていれば、直接投資が活発に行われているとはいえないことを示している。

　それでは、（10年間の平均である）1.506と0.553という数値の相違はいったい何によるものだろうか。

　第1に、いうまでもないことだが、EU と東アジアの間には域内諸国間に大きな経済発展の格差が存在している。EU の加盟諸国はおおむね経済発展のすすんだ国ぐにだが、東アジア諸国はそうではない。表7-3は、EU と東アジアの域内諸国の1人当たり GNI の水準を示したものである。経済発展の水準が低ければ要素費用、とりわけ労働費用の水準が低いから、安い人件費を目的に企業進出すなわち直接投資が起こることは十分にあり得ることである。だが、非常に低い経済発展の国ぐにへの直接投資は、教育水準が低い、腐敗が横行している等阻害要因が多く、余り活発にはならないと考えられる。

　本章の視点からみてより重要なのは第2点であり、先に述べたいい方を援用すれば、EU には、「ロックインされていない」経路依存状況が「存在しており」、

第7章　地域統合と体制移行の政治経済学　197

表7-3　東アジアとEUの1人当たりGNI

東アジア	1人当たりGNI（ドル）	EU	1人当たりGNI（ドル）
ブルネイ	NA	オーストリア	38,550
カンボジア	1,850	ベルギー	36,520
中国	6,770	ブルガリア	12,290
インドネシア	4,060	キプロス	NA
日本	33,280	チェコ	23,610
ラオス	2,210	デンマーク	37,720
マレーシア	13,530	エストニア	NA
ミャンマー	NA	フィンランド	34,430
フィリピン	3,540	フランス	33,980
シンガポール	49,850	ドイツ	36,960
韓国	27,310	ギリシャ	28,440
タイ	7,640	ハンガリー	18,570
ベトナム	2,850	イタリア	31,330
		アイルランド	33,280
		ラトビア	NA
		リトアニア	16,740
		ルクセンブルク	NA
		マルタ	NA
		オランダ	40,510
		ポーランド	18,440
		ポルトガル	22,870
		ルーマニア	14,460
		スロバキア	21,600
		スロベニア	NA
		スペイン	31,630
		スエーデン	38,560
		イギリス	37,360
	平均1人当たりGNI（ドル） 13,899		平均1人当たりGNI（ドル） 28,360
	最大倍率　　　26.95		最大倍率　　　3.30

注：「最大倍率」は、当該地域において1人当たりGNIの最も高い国が最も低い国の何倍にあたるかを示
　している。
出所：World Bank, *World Development Report 2011.* より作成。

198　第Ⅱ部　中国の国際化の政治経済学

東アジアには「存在していない」ということである。このことが、直接投資が「活発である」か「活発ではない」かという状況をつくり出しているものと考えられる。

　次節では、こうした視点をより詳細に検討してみることにしよう。

2. 投資—貿易比率

　事態をもう少し詳細に検討するために、本書では分析の焦点を日中関係にあててみることにする。いうまでもなく、ちょうどヨーロッパの統合がドイツとフランスの平和的共存がなければあり得ないように、東アジアの統合もまた日本と中国の平和的共存がなければあり得ないだろうからである。

　先に筆者は、東アジア共同体の設立をめぐる日本国内の議論を3つに分類して検討してみたことがある[172]。すなわち、東アジア共同体設立をめぐる「賛成派」、「懐疑派」そして「反対派」である。

　だが、そうした検討で必ずしも十分に議論されていない「分析対象」が存在しているように思われる。それは中国の政治体制にほかならない。

　問題設定をあらためて述べてみれば、それは、「中国の政治体制が変わらなければ東アジアの統合はあり得ない」のか、「中国の政治体制が変わっても東アジアの統合は実現しない」のか、それとも「中国の政治体制が変わらなくても東アジアの統合はあり得る」のか、ということであり、また「東アジアの統合のプロセスは同時に中国の政治体制の変革を促す」のかそれとも逆なのか、あるいは「東アジアの統合のプロセスと中国の政治体制の変革とは独立なのか」ということである。

　そうした検討にすすむ前にまず本節で、先の節でみた関係を日中間に絞りかつ問題を、「日本の対中国直接投資は活発といえるのか、それとも活発とはいえないのか」というふうに設定してアプローチしてみることとする。そうした問題設定であることを前提として本節で用いる指数は、「投資集中度指数」および「貿易結合度」である。いうまでもなくそれら諸指数は、投資—貿易比率も含めて、第6章で用いたものと同じである[173]。したがって、本章では諸指数に関する重複

---

172 森田憲・陳雲（2008）参照。
173 ただし、本章の記述の内容に対応して、「投資集中度指数」、「貿易結合度」、「投資—貿易比率」とも、第6章でみた年の数値を数年間にわたって先に延ばしたものに等しい。

第7章　地域統合と体制移行の政治経済学　199

表7-4　投資集中度指数（中国および米国）

年	中国	米国
2005	1.764	2.362
2006	2.238	1.445
2007	1.320	1.735
2008	0.732	2.262
2009	1.618	1.235
2010	0.892	0.890
平均	1.427	1.655

出所：『ジェトロ貿易投資白書』（各年版）、『ジェトロ世界貿易投資報告』（各年版）より作成。

表7-5　貿易結合度（中国および米国）

	中国	米国
2005	2.625	1.398
2006	2.167	1.308
2007	2.201	1.272
2008	2.347	1.375
2009	2.395	1.310
2010	2.077	1.203
平均	2.302	1.310

出所：『ジェトロ貿易投資白書』（各年版）、『ジェトロ世界貿易投資報告』（各年版）より作成。

する説明を避けることとし、必要な説明のみ述べることとする。

　表7-4は日本の対中国投資集中度指数であり、その数値が1を上回れば日本の中国への直接投資が他の国ぐにへの直接投資に比べて相対的に大きいことを示している。また参考のために対米国直接投資の集中度を併せ示している。2005年から2010年の平均値をとってみると、中国は1.427であり、米国は1.655である。年ごとのバラツキは認められるが、先に述べた表現を用いるとすれば、日本の対中国直接投資も対米国直接投資も他の国ぐにへの直接投資に比べて相対的に大きいといってよい。

　また、表7-5は日本の中国との貿易結合度を表している。当該数値が1を上

表 7-6 投資—貿易比率 (中国および米国)

	中国	米国
2005	0.672	1.690
2006	1.033	1.105
2007	0.514	1.364
2008	0.312	1.645
2009	0.676	0.943
2010	0.429	0.740
平均	0.505	1.248

出所:『ジェトロ貿易投資白書』(各年版)、『ジェトロ世界貿易投資報告』(各年版)より作成。

回れば、日本の中国との貿易が他の国ぐにとの貿易に比べて相対的に大きいこと
を示している。また参考のために併せて日本の米国との貿易結合度を示している。。
中国は一貫して 2 を上回っており、米国もまた一貫して1.2から1.3前後の値を示
している。先ほどと同様に2005年から2010年の平均をとれば、中国は2.302であり、
米国は1.310である。同じく先に述べた表現を用いるとすれば、日本の対中国貿
易も対米国貿易も他の国ぐにとの貿易に比べて相対的に大きいといえる。

　先に述べた場合と同様に、貿易関係の大小をもって国際経済関係の強弱の尺度
を示すものと考えれば、日本と中国との国際経済関係は強く、平均して2.302で
あり、同じく日本と米国との国際経済関係も強いものであって平均して1.310に
達しているものと考えられる。

　さて、直接投資の規模が大きいか小さいかの判断は、国際経済関係の強弱の尺
度に照らしてみる必要があるものと考えることとし、前の章と同様に、投資—貿
易比率を想定してみよう (投資集中度指数を分子とし貿易結合度を分母とする指
数をみてみることにして、当該指数を投資—貿易比率とよぶ)。当該数値が 1 に
等しいことは、直接投資関係が貿易関係すなわち当該国どうしの国際経済関係に
ちょうど見合った水準にあることを示している。 1 より大きければ直接投資関係
が、国際経済関係に照らして、大きいことを、 1 より小さければ直接投資関係が、
国際経済関係に照らして、小さいことをあらわしている。表 7-6 である。中国
は (2006年のみ 1 を若干上回っているが) ほぼ一貫して 1 を下回っており、米国
は (2009年および2010年にやや 1 を下回っているが) 1 を上回る年が多い。そし

て2005年から2010年の平均をみると、中国が0.505であるのに対して米国は1.248である。したがって、表7-6から判断する限り、日本と中国とは一貫して、国際経済関係に照らして、直接投資関係は比較的活発ではなく、日本と米国は、国際経済関係に照らして、直接投資関係はおおむね比較的活発であるものと考えられる。

問題は、なぜ日本と中国との投資—貿易比率の平均が0.505であり、なぜ日本と米国との投資—貿易比率の平均が1.248なのかということである。次節以降で検討をすすめることとする。

3．経路依存

先の節で述べたとおり、東アジア諸国の統合をEUとの比較のもとに検討してみると、現在のところ、その相違はEUの統合が「制度的統合」とよばれるのに対して、東アジア諸国の場合は「機能的統合」とよばれているということである。実際、東アジア諸国間の貿易は、今後さらに加速していくであろうFTA（自由貿易協定）への（制度的な）趨勢を念頭におけば（ただし、東アジア地域全体というわけではない）、いっそう緊密になっていくものと考えられる。

しかしながら、域内諸国間の直接投資に焦点をあててみると、東アジア域内諸国とEU諸国との間には依然として大きな相違が存在する。それは表7-2に示されているとおりである。東アジア諸国間には、EU諸国間に比べて、資本移動を阻害する文化、慣習、制度、政治、歴史等といったさまざまな要因が存在するからである。したがって、いわゆる「経路依存」とよばれる状況と密接にかかわる諸問題に行き着くこととなる。言い換えれば、東アジアとEUとの間の相違は、「経路依存」にかかわる問題だということができるだろう。本節では、「経路依存」の存在とその脱却について考えてみることとする。

3-1　新制度派の分析

「経路依存」とは端的に表現すれば、ある国あるいは地域に存在する制度等が、歴史的経緯によって維持存続されている状態を示す概念である。したがって、必ずしも効率的な制度が生き残るとは限っていない。（ノースの事例にしたがえば、

202　第Ⅱ部　中国の国際化の政治経済学

「スペインの制度的構造の収穫逓増特性に関するもっとも効果的な証拠は、国王と官僚制がその国を覆っている衰退を自覚しているにもかかわらず、スペインの経路の方向を変えることができないということであ」り、したがって、スペインは１世紀（17世紀）の間に、「ローマ帝国以来西側世界でもっとも強力な国家から二流のパワーの国に衰えた」のである（ノース（1990）、邦訳153頁）。

　ノースが述べているとおり、制度に関する経路依存が形成されるためには２つの状態の存在が必要である。ひとつは収穫逓増であり、もうひとつは（大きな取引費用によって特徴づけられる）不完全市場である。制度に関する収穫逓増が存在せず、かつ市場が競争的ならば、制度は明らかに重要性を失う。収穫逓減の世界はやがてある一定の状態に収斂していくし、また競争的な市場のもとでは非効率な制度は早晩除去されるか修正されざるを得ないからである。

　以上の議論を前提として、東アジア共同体をめぐる考え方と「経路依存」の見方との関係をもう少し立ち入ってみておこう。

　そうした問題設定にしたがってみると、原洋之介（2005）の議論をみておく必要があるだろう。すなわち、原（2005）によれば、東アジア共同体とは、「日本と中国とが社会秩序の構成面で一体性、単一性を強めるということ」（179頁）である。しかし（こと市場経済の法的枠組みだけにかぎっても）経済制度は慣習や文化と分離可能ではなく、したがって慣習や文化が異なる以上、一体性、単一性を求めるのは現実的ではないと主張している。そうだとすると、慣習や文化等が異なれば、共同体の成立はそれ自体困難であり現実的ではないということになるだろう。そうした理解にしたがっていえば、その焦点は経路依存の世界から脱却できるか否か（「ロックインされている」経路依存状況の解除ができるか否か）という問題だといってよい。

　上記のような原の理解は現実的であり十分に検討に値するものであるように思われる。次節で、経路依存からの脱却について考えてみることとしよう。

3-2　経路依存からの脱却

　「経路依存からの脱却」をめぐる議論の詳細については、たとえばノース（1990）にそうした諸事例が述べられており有益である。本章では、ノース（1990）の諸事例とは異なるがしかしその典型的な事例として、(1) アジアにおける鄧小

平の「改革開放政策」および（2）ヨーロッパにおける「冷戦の終焉」をとりあげて検討してみよう。いうまでもなく、そのいずれも「体制移行」とよぶにふさわしい事例である。

「経路依存からの脱却」という視点からみて、上記ふたつの事例の最も重要な共通の特徴は、「内向性」から「外向性」への転換であり、「非効率性」から「効率性」への転換であるものと思われる。

鄧小平の「改革開放政策」は、その名称どおり、「改革」と「開放」であり、「冷戦の終焉」は「閉鎖的な社会主義体制」あるいは「ソ連型体制」から「開放的な資本主義体制」への移行である。言い換えれば、「開放」体制への転換は、鄧小平以前の毛沢東体制の非効率あるいは制度の劣化が限界に達したからであり、「冷戦の終焉」には、ゴルバチョフによる「ペレストロイカ」に端を発する、「西側」との間に生じた大きな経済的格差に対処しようとしたことが背景に存在する。いずれにせよ、基本は「開放体制への転換」であり「非効率からの脱却」である。以下、毛沢東体制の非効率とソ連型経済体制の非効率についての検証を試みることにする。

3-2-1　なぜ毛沢東体制は失敗したのか

毛沢東時代の中国は、いうまでもなく深刻な経済停滞を経験している。たとえば、マディソン（2001）によると、1950年から1973年の23年間における労働生産性の推移を、いずれの年も米国を100としてみると、表7-7のとおりとなる。すなわち、日本は16から48、旧ソ連は24から28、旧チェコスロバキアは29から34、ハンガリーは21から28、ポーランドは19から24、韓国は10から14、台湾は9から18にそれぞれ上昇している。しかし、当該時期の中国は7から6に低下しているのである。

同様の中国の経済停滞の傾向は、エイテン＝ゼブレグス（2003）による全要素生産性の経済成長への寄与率にみることができる。米国および日本との比較を併せ示したのが表7-8である。1909から1949年の米国における経済成長率は、2.9％であり、当該成長率に対する全要素生産性の寄与率は51.0％である。また、1955年から1961年の日本の場合には、その経済成長率は13.03％であり、当該成長率に対する全要素生産性の寄与率は52.0％である。中国はどうだろうか。1971年から1978年の中国における経済成長率は5.7％だが、同期間の成長率に対する

204 第Ⅱ部 中国の国際化の政治経済学

表7-7 労働生産性

	1950	1973
米国	100	100
日本	16	48
ソ連	24	28
チェコスロバキア	29	34
ハンガリー	21	28
ポーランド	19	24
韓国	10	14
台湾	9	18
中国	7	6

出所：Maddison（2001）より作成。

表7-8 全要素生産性の経済成長への寄与率

（単位：%）

	時期	寄与率
米国	1909〜1949	51.0
日本	1955〜1961	52.0
中国	1971〜1978	5.2

出所：各種資料より作成。

全要素生産性の寄与率は、わずかに5.2%にすぎない（資本が82.5%を占め、労働が12.3%を占めている）。（なお、鄧小平体制に移行して以降の1990年から1998年の時期をとると、経済成長率は9.5%であり、全要素生産性の寄与率は28.4%である。毛沢東体制の時期に比べると高くなってはいるが、依然として、上記米国や日本のような大きな寄与率ではない）。

　それでは、毛沢東時代の中国の経済停滞はいったいなぜ発生したのだろうか。

　本章では、それを「制度の劣化」とよんでみることとする。では、「制度の劣化」はいったいなぜ発生したのだろうか。本章で指摘したい理由は以下の3点である。

　第1は、計画経済体制（あるいは人民公社体制）のもとで、「監督に要するコスト」は膨大であり、かつこのような制度を劣化させる原因を取り除くことがそれ自体事実上不可能だったということである。実際、林毅夫（1992）は、人民公社制度破綻の原因を集団労働に対する監督コストの巨大化という視点から論じている。集団労働において、労働者の勤労意欲は労働監督者の精度と密接に関連している。ただし、工業の場合と異なり、農業労働は自然現象として、空間的に分散しておりまた時間的にも季節的な特性をもつ。したがって、農業労働に対する監督は非常に難しいのである。人民公社制度のもとでは、「工分制」という労働点数制を導入したものの、それはあくまでも事前評価であり、実際の監督が難しい状態では、適切な評価を行うことは難しい。その結果、分配面での平均主義が

横行することとなった。すなわち、人民公社制度では労働者の勤労意欲を喚起するインセンティブが働かず、集団労働の効率が低下するのは当然の帰結だったのである。

第2は、国防の重視により、重工業に対する投資効率を軽視する傾向があり、また「重工業の自己循環体制」ができてしまった、ということである。中兼(1999)は、この時期に中国で実行された「重工業化」はほとんど自己目的化されており、重工業部門への多額な投資は経済全体の成長に効果はなかったと述べている。中兼によればその原因は「制度的非効率性」にあるものと考えられている。すなわち、「制度的非効率性」により、「不均衡成長モデル」で想定される波及効果が働かなかったという指摘である。

第3は、「ソフトな予算」の体制が存在した、ということである。いったいなぜ計画経済体制のもとで、国家全体がコストを重視しなかったのだろうか。それは各レベルの政治的指導者から企業・個人に至るまでコストを考えないですむという体制のもとにあったからである。実際、たとえば、投資を実行するに際しても、（上から下まで「大釜の飯」体制であり）事実上投資に伴う責任や制約を全く受けないですむ状態にあったのである。コルナイ（1986）のいわゆる「ソフトな予算」であり、計画経済体制に付随して存在する体制である。

以上述べた中国における「制度の劣化」現象の根本的な原因のひとつは、党と政府の合一性に加えて「議行合一」（「議会と行政の合一」）という政治体制にあり、そのもとで事実上監督・監視を行う機関が「存在していなかった」ということである。

伝統的にできあがった投資体制を簡単に表現すれば、行政の直接的関与によってすべてが取り仕切られ、またその権威を基礎とするものであった。政府（主として中央政府）をその主体として、投資行動の全過程をコントロールする体制ができていたのである。そうした財政支出における最大の特徴は、投資利用の無償性である。すなわち、そのもとで企業は元金の返済あるいは利子の支払い等の制約を受けることはなかったのであり、企業から投資効率向上へのインセンティブを取り除いてしまったといえる。

したがって、毛沢東体制下での「非効率性」とは、毛沢東による「自力更生」戦略と密接な関連のもとにあったことがわかる。国際的に孤立した閉鎖的な体制のもとで、効率を指標とした経済活動ではなく、膨大な監視費用を必要とする仕

組みをつくり、国防を重視する国家戦略がとられ、そうした体制のもとにあって予算はきわめてソフトに出来あがっていたのである。競争のない指令経済のもとで、コストに対する意識が希薄であれば、非効率な経済が出来あがるのは、当然のことであろう。

こうした非効率な経済からの脱却は、どうすれば可能なのだろうか。

呉敬璉（2004）は、ノースの議論を紹介し、次のように述べている。「制度の変遷はいったんある経路を進むと、その既定の方向が以後の発展において自己強化されるはずである。……へたをすると、それらはある無効率の状態に閉じ込められるであろう。いったんその状態に入ってしまうと、抜け出すことが非常に難しくなるであろう。まさにノースのいうように、既存の方向の転換にはしばしば外部の力の助けを必要とし、外生変数の導入あるいは政権の交替に頼ることになる」と述べている（邦訳版53頁、脚注21）。そして、こうした経路にロックイン効果が発生すると脱却が難しくなり、「巨大な社会的激動」による必要が発生すると述べている（邦訳版53頁）。

歴史的経験から判断すれば、「巨大な社会的激動」とは鄧小平による「改革開放」政策にみられるような激動をさし、「外部の力」を借り開放路線への転換によって、「競争のない指令経済」を排し、「コストに対する希薄な意識」を排することによって、「制度の劣化」を乗りこえることになったと考えられる。

3-2-2　中国特色としての「経路依存」

以下、本節において、「経路依存」の概念を「中国特色」を念頭においた場合、どのような修正を加えるべきかを考えることにする。

最初に注意すべきなのは、しばしば「ロシアの失敗、中国の成功」[174]と指摘されるように、「巨大な社会的激動」がすなわち「経路からの脱却」を意味するとは限らないということである。サックス＝ウー（1994）は、ロシアは「巨大な社会的激動」を経たとはいえ、経路依存からの脱却に「成功したとはいえない」と判断したのである（この点は、アスルンド＝ワーナー（2004）による表7-9にみるとおり「構造的改革」の進捗状況にかなり大きな差異がみられることから、「成功」、「失敗」の判断が分かれることが明らかであろう）。なお、サックス＝ウー（1994）は、ロシアの失敗と中国の成功の原因を経済構造の相違に求めている。

---

174 Sachs and Woo（1994）参照。

第 7 章　地域統合と体制移行の政治経済学　207

表 7 - 9　構造改革指数

	1990	1991	1992	1993	1994	1995	1996	1997	1998	1999	2000
ブルガリア	0.19	0.62	0.86	0.66	0.63	0.61	0.57	0.67	0.79	0.79	0.85
チェコ	0.16	0.79	0.86	0.90	0.88	0.82	0.82	0.82	0.90	0.90	0.93
エストニア	0.20	0.32	0.64	0.81	0.83	0.77	0.78	0.82	0.90	0.93	0.93
ハンガリー	0.57	0.74	0.78	0.82	0.83	0.82	0.82	0.87	0.93	0.93	0.93
ラトビア	0.13	0.29	0.51	0.67	0.71	0.67	0.74	0.74	0.86	0.86	0.82
リトアニア	0.13	0.33	0.55	0.78	0.79	0.71	0.74	0.74	0.82	0.82	0.86
ポーランド	0.68	0.72	0.82	0.82	0.83	0.79	0.79	0.81	0.86	0.86	0.86
ルーマニア	0.22	0.36	0.45	0.58	0.67	0.65	0.64	0.66	0.76	0.82	0.82
スロバキア	0.16	0.79	0.86	0.83	0.83	0.79	0.79	0.77	0.90	0.90	0.89
ベラルーシ	0.04	0.10	0.20	0.33	0.42	0.50	0.44	0.37	0.37	0.37	0.43
モルドバ	0.04	0.10	0.38	0.51	0.54	0.64	0.64	0.64	0.76	0.76	0.75
ロシア	0.04	0.10	0.49	0.59	0.67	0.64	0.71	0.72	0.64	0.64	0.64
ウクライナ	0.04	0.10	0.23	0.13	0.33	0.54	0.57	0.59	0.65	0.65	0.68
グルジア	0.04	0.22	0.32	0.35	0.33	0.50	0.61	0.66	0.79	0.79	0.79
アルメニア	0.04	0.13	0.39	0.42	0.46	0.54	0.61	0.61	0.76	0.76	0.72
アゼルバイジャン	0.04	0.04	0.25	0.31	0.33	0.40	0.44	0.51	0.61	0.61	0.65
カザフスタン	0.04	0.14	0.35	0.35	0.42	0.50	0.64	0.66	0.79	0.72	0.71
キルギス	0.04	0.04	0.33	0.60	0.71	0.71	0.67	0.70	0.82	0.79	0.79
タジキスタン	0.04	0.11	0.20	0.26	0.42	0.40	0.40	0.39	0.55	0.58	0.61
トルクメニスタン	0.04	0.04	0.13	0.16	0.29	0.27	0.27	0.36	0.36	0.36	0.35
ウズベキスタン	0.04	0.04	0.26	0.30	0.50	0.57	0.57	0.54	0.57	0.50	0.49

出所：Aslund and Warner（2004），p. 233 より作成。

　だが、中国の成功の原因は、実はもうひとつの「経路依存」にこそ存在するはずであると考えられる。それは、第二次世界大戦前に存在した中国における「企業家精神」が消滅することなく存続しつづけたという事実である。その典型的な事例は、浙江省にみられる。浙江省は、もともと教育特に実務的な教育と実務を重視する文化的、制度的な気風が旺盛な地域だった。だが同時に、毛沢東体制のもとでほぼ重視されることのない地域だったという歴史的経緯をたどったのである。そうした毛沢東体制下での（軽視されたという）経緯が浙江省の文化や風土

208　第Ⅱ部　中国の国際化の政治経済学

および企業家精神といった「経路」をロックインすることに役立ち、毛沢東体制における「競争のない指令経済」、「コストに対する希薄な意識」したがって「非効率な経済」の影響から距離をおくことができたのである。そうした「市場経済」をごく円滑に受け容れることができる「文化的要因」がロックインされたまま維持存続されていたという事情こそ、中国の成功の重要な原因だったといえる。

　さて、中国のような広大な国土面積と膨大な人口を抱える国家を想定する場合、「外向性」とは必ずしも「海外への開放」を意味しないだろう。それは、第一義的には、「諸侯経済」からの脱却であり、「国内他地域への開放」を意味するものと考えるのが適切である[175]。実際、たとえば人口規模でみると、ポーランドの人口規模（3,800万人、2008年）と黒竜江省の人口規模はほぼ等しい。ハンガリーの人口規模はおよそ999万人（2010年）であって、上海市の実際の人口の半分にも満たない。また周知のとおり、中国には56の民族が存在する。ポーランドやハンガリーと中国とを、とりわけその文化、制度、慣習、歴史等に主要な焦点をあてる場合には、それぞれを、ひとつの国家として同列に論ずることははなはだ無理があるといわなくてはならない。

　新制度派の分析のように、文化、制度、慣習、歴史等が経済活動に有意な影響をおよぼすものとすれば、それは、そうした「文化的要因」にもとづいて「経路」がロックインされていることを意味する。したがって、「経路依存」を「文化的要因」にもとづいて「ロックインされている」状態と定義すれば、明らかに中国という広大な国土面積と膨大な人口をもち、56の民族が存在する国家には、文化的要因にもとづいてロックインされた、いくつかの異なる「経路依存」が、存在することになるだろう。1,000万人に満たない規模の国家で発生する、国家の土台を揺るがすような「激動」と、2,000万人の人口が存在する中国の（上海のような）都市（国家ではない）で発生する、地域での「激動」とが、それぞれ同じように、ロックインされた「経路依存」からの脱却を意味するものならば、理論的には同様の分析対象としてあつかわれるべきものである。それが、新制度派経済学に忠実な主張であり、「巨大な社会的激動」という言葉の忠実な解釈であろう。

　したがって、本章における「外向性」概念を中国に適用してみるとすれば、それはまず「諸侯経済」からの脱却あるいは「地域保護主義」からの脱却を意味す

───────────────

[175] その意味でいえば、中国は依然として「諸侯経済」あるいは「地域保護主義」から完全に脱却しているとはいえない。後述のとおり、なおいっそうの「開放」が必要であろう。

第7章　地域統合と体制移行の政治経済学　209

表 7-10　ポーランドとスペインの比較

	ポーランド	スペイン
面積（1,000 km²）	313	505
人口（百万人）		
1950	23.9	27.0
1988	37.9	39.0
1 人当たり GNP（ドル）		
1955	755	516
1988	1,860	7,740
輸出（10億ドル）		
1950	0.6	0.4
1988	12.9	43.3

出所：Sachs（1993），p. 23 より作成。

るものと考えるのが妥当である[176]。

3-2-3　なぜソ連型経済は破綻したのか

先に述べた、労働生産性に関するマディソンの計測によれば、（米国を100とし
たときの）中国は 7 から 6 に低下しているが、しかし、旧ソ連型経済諸国すなわ
ち旧ソ連、チェコスロバキア、ハンガリー、ポーランドはむしろ上昇している（表
7-7 参照）。しかしながら、旧ソ連型経済は明瞭に「歪められた構造」をもち、
明らかな「破綻」状態にあったものと考えて間違いない。

本節では、ふたつの分析によってそのことを確認しておこう。

第 1 は、サックスの分析である。サックス（1993）では、ポーランドとスペイ
ンをとり上げて比較を試みている。なぜポーランドとスペインかというと、両国
の国土面積および人口の規模が比較的似通っているからであり、そしてまた 1 人
当たり GNP の水準（1955年）と輸出額（1950年）とが同様に比較的似通った規
模にあったからである。表 7-10 に明らかなように、国土面積はポーランドが31
万3,000 km²であるのに対し、スペインは50万5,000 km²であってやや大きいが比
較的似通っている。人口は、1950年が両国とも2,500万人前後であり、1988年に

---

[176] 類似した指摘は、たとえば関（2006）にみられる。関志雄（2006）参照。

210 第Ⅱ部 中国の国際化の政治経済学

表7-11 ポーランドとスペインの産業構造（GDP 比率）

（単位：％）

	ポーランド		スペイン	
	1960	1987	1960	1987
農業	35	13	21	5
工業	45	61	34	37
サービス産業	20	26	46	58

出所：Sachs（1993），p. 16より作成。

は3,800万人前後となっている。また、1955年の1人当たり GNP の水準はポーランドが755ドルであるのに対し、スペインは516ドルである。さらに1950年の輸出額は、ポーランドが6億ドルでありスペインが4億ドルである。

　しかし、（ソ連型閉鎖経済下にあった）ポーランドと（西ヨーロッパで開放経済下にあった）スペインというふたつの国は、30年以上を経た1980年代後半（1988年）には大きく異なる経済をもつこととなった。1人当たり GNP の水準をみると、ポーランドが1,860ドルであるのに対して、スペインは7,740ドル（ポーランドのほぼ4.2倍）に達している。輸出額をみると、ポーランドが129億ドルでありスペインが433億ドル（ポーランドの約3.4倍）である。明瞭にスペイン経済の発展がポーランド経済の発展を上回ることとなった。

　そして、ポーランドとスペインの産業構造を示した表が7-11である。1960年と1987年とを比較してみると、1960年の差異はそれほど大きくはないが、1987年には産業構造に大きな相違が認められる。1987年には、工業の占める比率がポーランドで61％に達しているのに対して、スペインでは37％である。それに対してサービス産業をみると、スペインが58％を占めるのに対してポーランドでは26％にとどまっている。

　いうまでもなく、1987年のスペインの産業構造は、発展した先進工業国のそれに近く、ポーランドの産業構造はそうではない。その原因は、スペインが開放的な経済政策をとってきたのに対してポーランドでは、ソ連型（計画経済）体制のもとで閉鎖的な経済政策をとってきたことによるものである。

　第2の分析にすすもう。ビニエツキによる分析である。ビニエツキは（1988）において、「工業部門の肥大化」にふれている。工業部門の肥大化とは、いうまでもなく、工業部門がその GDP 比率において「肥大化」していることを示して

第7章 地域統合と体制移行の政治経済学 211

表7-12 GDPに占める比率 (1979年)

(単位：%)

	チェコスロバキア		ハンガリー		ポーランド		ソ連	
	E	A	E	A	E	A	E	A
農業	7	8	9	15	8	16	3	16
工業	39	71	39	59	41	64	40	62
サービス産業	52	18	51	26	56	20	56	22

注：Eは推定値を、Aは実績値をそれぞれ表している。
出所：Winiecki（1988）（邦訳109頁）より作成。

いる。そして、その場合の「肥大化」の基準は、市場経済の国ぐにの構造と比較
した場合の比率にほかならない。ビニエツキは、チェネリー型の回帰分析を用い
て、仮にソ連型経済体制諸国が市場経済体制をとっていたとすれば、その場合に
実現していたであろう産業構造を推定したのである。たとえば、1979年をみると、
表7-12のとおりであって、チェコスロバキアの場合、もしチェコスロバキアが
市場経済だったとすれば、農業、工業、サービス産業の対GDP比率はそれぞれ
7％、39％、52％と推定される。ところが実際には、ソ連型計画経済体制のチェ
コスロバキアは、農業、工業、サービス産業の対GDP比率はそれぞれ8％、
71％、18％だったのである。明らかに、工業部門の比率が大きい。そうした傾向
は、ハンガリー、ポーランドそしてソ連にも同様に認められる。ビニエツキは、
この工業部門の比率が（仮に市場経済体制であったと想定した場合に比べて明ら
かに）大きいという現象をさして「工業部門の肥大化」とよんだのである。

　いったいなぜ「工業部門の肥大化」が発生したのだろうか。

　ビニエツキによる解釈は、ふたつの「過小特化」である。ふたつの「過小特化」
とは、(1) 行き過ぎた「輸入代替」による「自給自足体制」であり、(2)「自己
調達バイアス」すなわち効率を重視した企業行動ではなく、もっぱら数量の指令
を達成することを目的とし、できる限り企業内部での「自己調達」を試みようと
した行動、のふたつである。言い換えれば、前者は国家としてできるかぎり多く
の財・サービスを自国での供給にゆだねたいという「閉鎖」指向であり、後者は
企業としてできる限り多くの原材料・部品・労働力の調達を当該企業内部で行え
るようにしたいという「閉鎖」指向にほかならない。要するに自国および自らの
企業の「存続」を目的とする世界であって、そのために必要な費用に対するマイ

212　第Ⅱ部　中国の国際化の政治経済学

ンドはほぽ皆無の世界である。そうした「過小特化」がGDPの大きな比率を工業部門に集めるという意味での「肥大化」を生み出すことになったのである。

　サックスによるポーランドの（スペインと比較した）経済停滞も、ビニエツキによるソ連型計画経済の非効率も、その源泉は、「閉鎖経済」という仕組みに存在することは明瞭であろう。そして、ポーランドを含むソ連型経済の破綻によって「冷戦」が終焉を迎え、閉ざされた、計画経済の仕組みが限界点に達し、「経路依存」からの脱却が避けられないことになったのである。

　言い換えると、「経路依存」からの脱却を準備したのは、深刻な経済停滞からの脱出をはからざるを得なかったソ連型計画経済体制諸国の現状にあったと理解すべきものである。

3-2-4　まとめ

　以上、本節でみたような、「毛沢東体制」経路からの脱却や「ソ連型体制」経路からの脱却を用意することとなった「限界点」の性質とはいったいどのようなものだったのだろうか。端的に表現すれば、それは（1）「内向性」であり、そして（2）「非効率性」である。

　「毛沢東体制」や「ソ連型体制」を維持存続させていくためには、強力な情報統制が不可欠でありしたがって「閉鎖性」を必要とする。当然のことである。そして「閉鎖性」を維持存続させていこうとすれば「非効率性」を受け容れるしかない。ビニエツキの議論に端的に表現されているように、計画経済体制を維持するために「過小特化」が必要だったのであり、そのことが「工業部門の肥大化」をひき起こし、はなはだしい非効率性を伴うこととなったのである。だが、そうした体制は一方で「既得権益」によって堅固に守られており、深刻な非効率性の存在が認識されたとしても、それがただちに変革（経路依存からの脱却）をよび起こすとはかぎらない。ラディカルな変革を惹起させるには、（1）「毛沢東体制」経路からの脱却には鄧小平の存在を必要としたのであり、（2）「ソ連型体制」経路からの脱却にはゴルバチョフの存在を必要とした。少なくとも、そうした変革のための「契機」となる「人材」の存在が不可欠だったことは疑問の余地がない。

　そしていうまでもなく、鄧小平もゴルバチョフも（その程度は問わないこととして方向性は）「外向性」と「効率性」への脱却を企図したのである。

　だが重大な注意が要る。鄧小平もゴルバチョフも「自由化」や「民主化」への

道筋を想定していたわけではなかった。「改革開放」でも「ペレストロイカ」でも、「自由主義」や「民主主義」につながるという意味での政治体制の変革を密接不可分のものと想定された気配は認められない。そして実際に「そうではなかった」のである。もし「そうだった」とすれば、(民主化を押しとどめたという意味で)「第二次天安門事件」等の歴史的な事実は存在していなかったはずである。

それは、言い換えると、「外向性」や「効率性」への(経路依存からの)脱却がすなわち「民主化」や「自由化」への政治体制の変革をひき起こすわけではないことを示している。そうだとすれば「経路依存からの脱却」がすなわち「東アジア共同体の形成」にただちに結びつくわけではないだろう。「東アジア共同体の形成」にとって、「経路依存からの脱却」は必要条件だがしかし必要かつ十分条件ではない。

4. どのように脱却するのか：中国の政治体制をめぐって

先の節でみたように、「毛沢東」経路からの脱却も「ソ連型」経路からの脱却も、「内向性」と「非効率性」からの脱却にほかならないことを確認した。

当然のことだが、「内向性」も「非効率性」も突然現れた事態というわけではない。長年にわたって蓄積されたものである。したがって、そうした事態が限界点に達した段階で「経路依存」からの脱却が不可避の課題となったということにほかならない。

それでは、こうした内向的で非効率な経済からの脱却が、どうすれば地域統合につながるのだろうか。

この点での先行研究は存在するだろうか。

少なくとも、参考となる考え方は存在している。たとえば、Munakata (2006) は、日本と中国を含む東アジアにおける共同体の形成はごく厳しい条件が満たされた場合にかぎって可能であり、「東アジアでは、中国の政治体制が変わらないかぎり、共同体を形成することはできないだろう」(p. 182、訳語は筆者)と述べている[177]。また、柳田 (2008) は、東アジア共通通貨の導入についての分析を行い、「中国が複数政党による民主国家にいつ転換するのか、民主主義国への移行が早ければ早いほど共同市場の創設の時期は早ま」る (93-94頁) と述べている。

---

177 本章3-2-1節の、呉敬璉 (2004) の議論参照。

214 第Ⅱ部 中国の国際化の政治経済学

　端的に Munakata（2006）の表現を借りれば、「中国の政治体制が変わらない
かぎり、共同体を形成することはできない」。だが、それはむろん、「中国の政治
体制が変われば、共同体を形成することができる」わけではない。（しかし、同
時に「中国の政治体制が変わらなくても共同体を形成することができる」という
想定を理論的には排除できない。この点は後述）。いったい、その場合の「共同体」
とは何であり「政治体制の変革」とは何だろうか。

　仮に、その場合の「共同体」が EU のような類型のものを想定しているとすれ
ば、外交政策、経済政策、安全保障政策等の領域での大きな隔たりは許容可能で
はあり得ないから、加盟国の政治体制の相違はきわめて不都合な事実というほか
にない。だが、（谷口（2011）の用語で）「経済共同体」とよばれる枠組み[178]に視
点をかぎってみれば、加盟諸国の政治体制の隔たりが大きかったとしても、それ
が「経済共同体」形成への大きな阻害要因になることはない。

　政治体制の相違が「大きな阻害要因」になるか否かは、目的とする「共同体」
の類型によって異なるのである。加盟諸国間の経路依存状況がロックインされた
ままの状態で EU のような「制度的統合」にすすむのは明らかに困難だが、自由
貿易協定のような経済統合の場合には特段の阻害要因にはならない。「共同体」
の類型にしたがって統合の現実性、非現実性が異なってくる。したがって、「中
国の政治体制」と「共同体の形成」というかなり漠然とした概念のもとで明確な
一意の関連をみい出すことは難しいと理解すべきものであろう。（前節でふれた
とおり、筆者は先に東アジア共同体形成について「賛成派」、「懐疑派」、「反対派」
に分類してみたことがある[179]が、「共同体」の類型を詳しく分類してみることに
よって、別の類型ができあがる可能性は大いにあり得るといえる）。

　したがって、現在の段階でいい得ることは、次のとおりあろう。もし「共同体」
という概念が自由貿易協定のような経済統合をさす場合には、「政治体制の変革」
と「共同体の形成」は独立である。言い換えれば、「政治体制の変革」がなくて
も「共同体の形成」はあり得る。しかし、「共同体」が EU のような類型の制度
的統合を意味するものならば、「政治体制の変革」（や「経路依存からの脱却」）
がなければ、「共同体の形成」はできない。だが、「政治体制の変革」（や「経路

---

[178] そこでの「経済共同体」の意味がどういうものか必ずしも明瞭ではないし、一般的とはいえないが、
本節では便宜上「自由貿易協定」のようなごく緩い類型の統合を含むものと想定することとする。（なお、
標準的には、いうまでもなく「自由貿易協定」と「経済共同体」とは同じではないだろう）。

[179] 森田憲・陳雲（2008）参照。

第7章　地域統合と体制移行の政治経済学　215

依存からの脱却」）があったからといって、「共同体の形成」が実現するわけではない、ということである。

　なお、理論的には、「EUのような類型」ではないが域内で「経路依存状況がロックインされていない」ような「共同体」が、「中国の政治体制が変わらない」状況のもとで存在し得るという可能性は排除されない。その場合の可能性とは、現在の中国の政治体制のもとで、中国の外交政策、経済政策、安全保障政策等が東アジア地域諸国の「経路依存状況がロックインされていない」という条件で、東アジア地域全域において成立しているという状態を示している。だが、その場合に重要なことは、そうした状態とは先に検討したように、「毛沢東体制」経路や「ソ連型体制」経路[180]のように「内向的」でも「非効率」でもなく、「外向性」、「効率性」が保たれている状態で存在する必要があるということである。本章では、そうした可能性が現実的と想定することは難しいものと考える。

　そのことを確認したうえで次にすすもう。はたして「東アジアの統合のプロセスは同時に中国の政治体制の変革を促進する」のかそれとも逆（「東アジアの統合のプロセスは同時に中国の政治体制の変革を抑制する」）なのか、あるいは「東アジアの統合のプロセスと中国の政治体制の変革とは独立なのか」という問いについてである。

　いま「東アジアの統合のプロセス」が「自由貿易協定のネットワークが形成される」というほどの意味にとどまるとすれば、上記のとおり明瞭に中国の政治体制の変革とは独立である。しかし、「東アジアの統合のプロセス」がEUのような類型の場合をも含むとすれば、おそらく「中国の政治体制の変革を促す」だろう[181]。（逆の場合、すなわち「東アジアの統合のプロセスが中国の政治体制の変革を抑制する」というケースは想定し難いように思われる）。

　上記のように理解したとして、EUのような類型の共同体を念頭においたうえで、上記の検討から導かれる「中国の政治体制の変革」とは何を意味するのかを検討してみることには意味があるように思われる。

　「外向性」や「効率性」をキー・コンセプトとすれば、その場合の中国における政治体制の変革とは「地域保護主義」からの脱却とみるべきものであろう。そ

[180]「ソ連型体制」経路の評価については、たとえば、Hakogi（2008）参照。
[181] 念のためここでも、先に述べたように、「EUのような類型」ではないが「経路依存状況がロックインされていない」ような「共同体」が、「中国の政治体制が変わらない」状況のもとで存在し得るという可能性の存在は、現実的には、難しいものと想定している。

216　第Ⅱ部　中国の国際化の政治経済学

れは、3-2-2節で述べたとおりである。実際、中国の地方政府がそれぞれ閉鎖的な経済構造をもって成長指向的な（しかし中国全体からみれば非効率な）保護主義政策を実施しているのであれば、近隣諸国との間で統合を模索する必要性それ自体が存在し得ない。統合への模索自体全く無意味である。

　だが、いま視点を、先に述べたとおりEUのような類型の共同体を念頭においたうえで、「中国の政治体制の変革」に合わせてみることにすれば、本章での検討をつうじていい得ることは以下のようになろう。

　すなわち、問題は「地域保護主義」からの脱却（言い換えれば、「統合への模索」）にすすむにはいったい何が必要だろうかということであり[182]、それは次の2点だということである。すなわち、(1) 各地域（国ではない）の比較優位構造および幼稚産業の的確な把握[183]とそれにそった政策運営であり、(2) 各地域における当該地方政府の評価（すなわち「GDP万能主義」的政府業績観）の転換である[184]。

　そして重要なことは、それら2点の必要性は（EUのような類型の）地域統合の動向と矛盾せず、地域統合の促進に寄与するだろうということである。あらためて述べるまでもなく、上記(1)は国際経済の基本的な枠組みにほかならず、(2)は「立憲地方自治制度」に向かう趨勢にほかならない。それが、明瞭に、「中国の政治体制の変革」を意味することは間違いない。そしてまた、そうした理解をつうじて、「中国の政治体制」と（EUのような類型の）「共同体の形成」との間に明確な関連をみい出すことができるようになるだろう。

　そのうえで、次の問い（分析対象）は、いったい誰がどのようなインセンティブにもとづいて（重要なことは、併せて「自由」かつ「民主的」に）上記(1)および(2)の趨勢を推しすすめるのかということである[185]。こうした問いに明確な回答を用意することは明らかに本章の範囲を超えている。それについての分析は別の機会に待つこととしよう。

---

[182] 依然としてそれらは「必要条件」であることに注意を要する。
[183] 中国全体の「顕示比較優位指数」については、たとえば王（2008）によって詳細な分析が行われている。だが、いうまでもなく「比較優位」とか「幼稚産業」を明確に認定することは容易ではない。
[184] 本章では詳しくふれないが、この点については、たとえば陳雲・森田憲（2010）とりわけ第3章参照。
[185] そうした検討をつうじて、先に述べた「必要かつ十分な条件」が得られるものと思われる。

第8章
日米関係・米中関係の政治経済学

はじめに

　本章は、日米関係そして米中関係を視野に入れて、米国の外交戦略についてならびに米国と中国の「Ｇ２」体制について考えてみようとするものである。

　2009年１月８日付の『人民日報』（日本語版）の記事は、米国連邦準備制度理事会のベン・バーナンキ議長（当時）の指摘を伝えている（当時のバーナンキ議長がほんとうにそう指摘したのかどうかはなはだ疑わしいが）。すなわち、「米国の貿易赤字は米国人の過剰消費のためだけではなく外国人の過剰貯蓄のためだ」という指摘である。そして、（『人民日報』の記事だから当然のことだが）当該「外国人」の代表格となるのは中国人だということである。

　このバーナンキ議長（当時）（によるといわれる）の指摘に接した日本人は、「既視感」あるいは「デジャヴ」（'déjà vu' 言い換えれば 'already seen'）におそわれたのではないだろうか。1970年代半ば以降の貿易赤字とりわけ1970年代後半から1980年代の貿易赤字に直面した米国は、日本人の過剰貯蓄に目を向け、米国の貿易赤字は日本人の過剰貯蓄のためだと強く主張したからである。

　これほど的外れの経済学の議論も珍しい。実際、多少とも国際経済学を学んだことのある人びとならば、自国の貿易赤字が他国の過剰貯蓄によるものだという主張を受け入れるはずはない。自国の貿易赤字の正しい理解は自国の過剰消費によるものだということを理解しているからである。だが、なぜか「自国の貿易赤字は他国の過剰貯蓄によるものだ」という指摘が（米国によって）繰り返される。

　日米間には「日米安全保障条約」が存在する。そしてその第10条には、「この条約が10年間効力を存続した後は、いずれの締約国も、他方の締約国に対しこの条約を終了させる意思を通告することができ、その場合には、この条約は、そのような通告が行なわれた後１年で終了する。」と書かれている。言い換えれば、米国は終了の意思を通告するだけで１年後には終了させることができる。むろん

218 第Ⅱ部 中国の国際化の政治経済学

日本もまた同様の通告ができるが、実質的に「同様」であるためには安全保障の
状態が対称である必要がある。

いうまでもないことだが、日米間の安全保障の状態は全く非対称である。米国
は日本との安全保障条約がなくても自国の「存続と発展」を維持していくことが
十分に可能だが、日本は米国との安全保障条約がなければ日本という国家自体の
「存続」はかなり危ういだろう[186]。

「日米摩擦」における「防衛摩擦」という側面に着目した論者として、たとえ
ば花井（1988）があげられる。しかし、いずれにせよ、だからといって日本の軍
事費の増大の議論にすすんだわけではない。

さて米中関係の性質はエッセンシャルに異なる。たった今上で述べたように
バーナンキ議長の指摘として伝えられる主張は日本人には「既視感」に映るが、
実際そうした主張が重要なものとして語られるとは考え難い。米中関係の性質は
はるかに重要である。ただし、2009年の年頭という時期には注意が必要である。

「米中Ｇ２体制」に関する議論がやや変化をみせ、「米中協調への楽観論」[187]が
後退していったのがこの頃からだからである。米国も日本も対中国政策を再検討
する時期にきていることを否応なく知らされることになったといえる。少なくと
も対中国政策をアイディアリズム（理想主義）とかデモクラティック・ピース・
セオリー（中国が民主化すれば対中国戦争は起こらないだろうという考え方）に
もとづいて考えるのではなく、間違いなく中国という国自身がそうであるように、
リアリズム（現実主義）とかバランス・オブ・パワー（勢力均衡）といった考え
方にもとづいて接近することが求められるようになったといってよい。

米国や日本にそうした再検討を迫ることになった要因は明らかである。それは
中国の急速な経済成長と急激な軍事費の拡大であり、その主要な要素を形成する
市場経済化である。したがって、米国や日本に対中国政策の再検討を要請しつづ
け、さらに強い危機感をもって行わせるか否かは、中国の市場経済化の進展言い
換えれば中国経済の効率の上昇に大きく依存することになる。

以下本章では、第１節で、そうした米国、中国、日本に関する基礎的なデータ

---

186 伊藤（2012）によれば、「国際政治学者の計算によると、過去２世紀間で他国からの攻撃や侵略によ
って併合されたり消滅したりした国は、51カ国あるという。200年のタイム・スパンで見ると「国家の
死亡率は、24％であるという」（152頁）。この24％という数字は大多数の日本人にとっては想像を絶す
る大きな値なのではなかろうか。
187 細谷（2012）324頁。なお、いうまでもなく、米国におけるオバマ政権の発足と軌を一にしている。

第8章　日米関係・米中関係の政治経済学　219

を概観することにあてられる。そして第2節で1980年代を中心に行われた日米摩擦について検討し、当該問題の性質を考えてみることにする。第3節では、第2節との関連のもとに米国の外交戦略について考えてみることとし、併せて国際政治体制の見方について述べてみる。そして第4節では米中関係とりわけ「G2体制」とよばれる関係について検討することとし、最後に第5節で簡単な結論を述べることにする。

1．基礎データ：米国、中国、日本の現状

　まず本章に関連する、米国、中国、日本の基礎的なデータをみておくことにしよう。

　表8-1はGDPであり、図8-1はそれをグラフで示したものである[188]。GDPに関して中国が米国を追い抜くことがあり得るのか否か、あり得るとすればそれはいつなのか、が大きな注目点であり、さまざまな予測が存在している。しかし予測には不確実な要因が多く、確たる見通しを得るのは難しい。現在の時点でいい得ることはおおむね以下のとおりである。2014年時点で言えば、米国が17兆ドル、中国が10兆ドル、日本が4.6兆ドルという数値である。ただし、図8-1で明らかなように、中国のGDPが急速に増大しているのに対して米国のGDPは緩やかな増大であり、日本はほぼ横ばいといった状況である。

　表8-2は、表8-1でみた米国、中国、日本のGDPが世界全体のGDPの何％を占めるのかをみたものであり、図8-2はそれをグラフで示したものである。2014年時点でみると、米国が22.5％、中国が13.4％そして日本が6.0％である。当然のことだが、中国の急激な上昇が明瞭であり、それに比較して日本の低落が著しい。米国はおおむね22〜23％を維持しているという状態だが、緩やかに低下していることは否めない。なお、中国が世界全体のGDPに占める比率でみて10％を上回ったのは2011年であり、以後着実に上昇をつづけている。

　表8-3は軍事費であり、同じく図8-3はそれをグラフで示したものである。GDPよりもいっそう傾向が明らかであるといえる。すなわち、2014年時点でいえば、米国が6,000億ドル、中国が3,800億ドル、日本が460億ドルであり、図

---

[188] 当該データによれば、中国が日本をGDPで追い抜いたのは2009年である。こうした数字は統計・データの取り方によって明らかに異なる。

表8-1　米国、中国、日本の名目GDP

(単位:億ドル)

	米国		中国		日本	
	順位	GDP	順位	GDP	順位	GDP
1990	1	59,796	11	3,925	2	31,037
1995	1	76,641	8	7,319	2	53,339
2000	1	102,848	6	12,053	2	47,310
2005	1	130,937	5	22,686	2	45,724
2006	1	138,559	4	27,298	2	43,568
2007	1	144,776	3	35,233	2	43,563
2008	1	147,186	3	45,589	2	48,492
2009	1	144,187	2	50,597	3	50,351
2010	1	149,644	2	60,395	3	54,987
2011	1	155,179	2	74,925	3	59,089
2012	1	161,553	2	84,615	3	59,572
2013	1	166,632	2	94,908	3	49,196
2014	1	173,481	2	103,565	3	46,024

出所:IMF(資料:GLOBAL NOTE)。

図8-1　米国、中国、日本の名目GDP

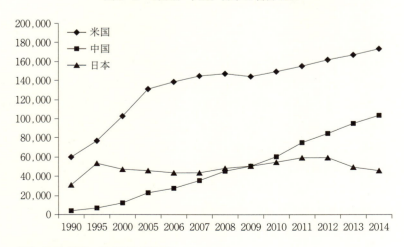

出所:IMF(資料:GLOBAL NOTE)。

表 8-2 米国、中国、日本の GDP の対世界比率

(単位：%)

	米国	中国	日本
1990	25.8	1.7	13.4
1995	25.0	2.4	17.4
2000	30.7	3.6	14.1
2005	27.8	4.8	9.7
2006	27.2	5.4	8.6
2007	25.2	6.1	7.6
2008	23.4	7.2	7.7
2009	24.4	8.5	8.4
2010	22.9	9.2	8.4
2011	21.4	10.3	8.2
2012	21.9	11.5	8.1
2013	22.1	12.6	6.5
2014	22.5	13.4	6.0

出所：IMF（資料：GLOBAL NOTE）。

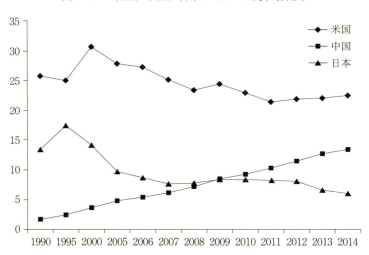

図 8-2 米国、中国、日本の GDP の対世界比率

出所：IMF（資料：GLOBAL NOTE）。

表 8-3　米国、中国、日本の軍事費

(単位：億ドル)

	米国		中国		日本	
	順位	軍事費	順位	軍事費	順位	軍事費
1990	1	3,061.7	7	290.3	10	191.1
1995	1	2,788.6	3	383.4	9	263.5
2000	1	3,016.9	2	677.7	8	319.7
2005	1	5,033.5	2	1,344.2	8	380.2
2006	1	5,276.6	2	1,588.4	8	393.5
2007	1	5,569.6	2	1,826.9	8	405.9
2008	1	6,211.3	2	2,016.2	8	413.6
2009	1	6,685.7	2	2,438.2	9	416.9
2010	1	6,981.8	2	2,523.7	10	423.0
2011	1	7,113.4	2	2,714.3	8	448.9
2012	1	6,847.8	2	3,036.2	9	457.6
2013	1	6,397.0	2	3,335.6	8	456.9
2014	1	6,099.1	2	3,766.7	8	460.9

出所：世界銀行（資料：GLOBAL NOTE）。

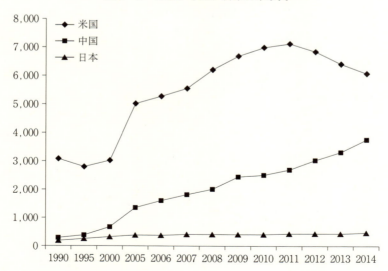

図 8-3　米国、中国、日本の軍事費

出所：世界銀行（資料：GLOBAL NOTE）。

8-3から明瞭なように、米国はむしろ減少傾向が明らかであること、日本がおおむね横ばいであること、それに対して中国は急激な増大を示していることである。

表8-1および表8-3から、米国、中国、日本の軍事費の対GDP比率がわかる。表8-4であり、図8-4はそのグラフである。中国の当該比率が低下しており、2010年には米国を下回っていることがうかがえる。急激な増大を示している中国の軍事費だが、同じく急激に増大しているGDPとの比率でみるとむしろ低下しているのである。日本の比率は米国、中国に比べると明らかに小さく、おおむね1%を下回る水準である。

中国の現状は、2014年時点で、GDPが米国のほぼ60%、軍事費が米国のおよそ62%であることがわかる。なお2000年時点でみると、中国の対米国比はGDPで12%、軍事費で22%だから、約15年間で大きく近づいていることが明らかである。日本の現状をみると、2014年時点で、GDPが米国のほぼ27%、軍事費が米国のおよそ8%である。2000年時点では、日本の対米国比はGDPで46%、軍事費で11%だから、同じく過去約15年間でみるとGDPで大きく後退し、軍事費ではほぼ同じ水準の比率である。何れにせよ、中国の急速なキャッチアップの状況が明らかである。

次に貿易関係および外貨準備高をみてみよう。

表8-5は貿易収支であり、図8-5はそのグラフである。2014年時点の数値をみると、米国が7,358億ドルの赤字、日本が992億ドルの赤字であるのに対して、中国は4,350億ドルの黒字である。全般的にみて明らかに、中国の大幅な貿易収支黒字、米国の大幅な貿易収支赤字、日本のおおむね貿易黒字の状況（しかし2011年以降の貿易赤字という状況）が明瞭であろう。

表8-6は米国、中国および日本のGDPに占める貿易収支の比率を示している。同じく2014年時点の数値をみると、米国がマイナス4.2%、日本がマイナス2.2%であるのに対して、中国は4.2%のプラスである。図8-6は同比率でもまた中国が明らかに米国、日本を上回っている状況を示している。

表8-7は外貨準備高であり、図8-7は外貨準備高のグラフである。同じように2014年時点の数値をみると、米国が4,344億ドル、中国が3兆9,000億ドル、日本が1兆2,607億ドルである。いうまでもなく中国の外貨準備高が圧倒的に大きく、概略でいえば米国のほぼ10倍に達する。

224 第Ⅱ部 中国の国際化の政治経済学

表8-4 米国、中国、日本の軍事費の対 GDP 比率

(単位：%)

	米国	中国	日本
1990	5.1	7.4	0.6
1995	3.6	5.2	0.5
2000	2.9	5.6	0.7
2005	3.8	5.9	0.8
2006	3.8	5.8	0.9
2007	3.8	5.2	0.9
2008	4.2	4.4	0.9
2009	4.6	4.8	0.8
2010	4.7	4.2	0.8
2011	4.6	3.6	0.8
2012	4.2	3.6	0.8
2013	3.8	3.5	0.9
2014	3.5	3.6	1.0

出所：IMF、世界銀行（資料：GLOBAL NOTE）。

図8-4 米国、中国、日本の軍事費の対 GDP 比率

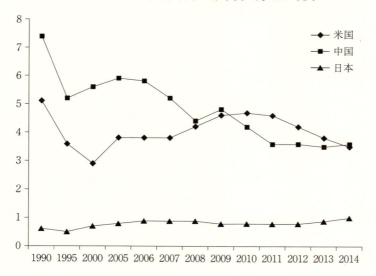

出所：IMF、世界銀行（資料：GLOBAL NOTE）。

表8-5 米国、中国、日本の貿易収支

(単位：億ドル)

	米国	中国	日本
1990	−1,110	92	693
1995	−1,742	181	1,318
2000	−4,469	345	1,148
2005	−7,828	1,197	1,067
2006	−8,373	1,961	951
2007	−8,212	2,908	1,206
2008	−8,325	3,419	553
2009	−5,097	2,352	581
2010	−6,487	2,455	1,085
2011	−7,406	2,361	−45
2012	−7,421	2,978	−535
2013	−7,017	3,518	−896
2014	−7,358	4,350	−992

出所：UNCTAD（資料：GLOBAL NOTE）。

図8-5 米国、中国、日本の貿易収支

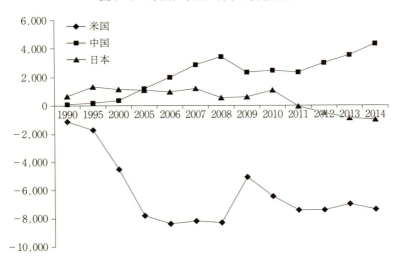

出所：UNCTAD（資料：GLOBAL NOTE）。

表 8-6　米国、中国、日本の貿易収支の対 GDP 比率

(単位：%)

	米国	中国	日本
1990	−1.9	2.3	2.2
1995	−2.3	2.5	2.5
2000	−4.3	2.9	2.4
2005	−6.0	5.3	2.3
2006	−6.0	7.2	2.2
2007	−5.7	8.3	2.8
2008	−5.7	7.5	1.1
2009	−3.5	4.6	1.2
2010	−4.3	4.1	2.0
2011	−4.8	3.2	−0.1
2012	−4.6	3.5	−1.0
2013	−4.2	3.7	−1.8
2014	−4.2	4.2	−2.2

出所：UNCTAD（資料：GLOBAL NOTE）。

図 8-6　米国、中国、日本の貿易収支の対 GDP 比率

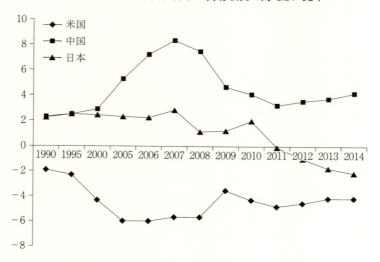

出所：UNCTAD（資料：GLOBAL NOTE）。

第8章 日米関係・米中関係の政治経済学　227

表8-7　米国、中国、日本の外貨準備高

（単位：億ドル）

	米国	中国	日本
1990	1,731	345	878
1995	1,760	803	1,926
2000	1,284	1,718	3,616
2005	1,883	8,314	8,469
2006	2,211	10,808	8,953
2007	2,775	15,464	9,733
2008	2,940	19,660	10,308
2009	4,041	24,529	10,490
2010	4,889	29,137	10,961
2011	5,373	32,547	12,958
2012	5,743	33,875	12,681
2013	4,485	38,804	12,669
2014	4,344	39,000	12,607

出所：世界銀行（資料：GLOBAL NOTE）。

図8-7　米国、中国、日本の外貨準備高

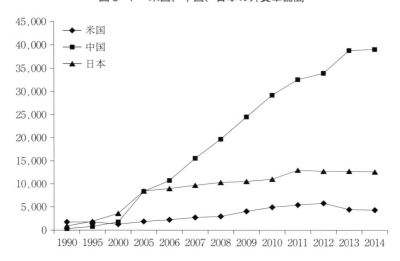

出所：世界銀行（資料：GLOBAL NOTE）。

228　第Ⅱ部　中国の国際化の政治経済学

　したがって、貿易収支、外貨準備高の数字は中国の大きさが際立っており、反対に米国の数字は際立って小さく、貿易収支の赤字傾向が改善される兆しは認められない。

　それでは、各国の輸出・輸入に占めるそれぞれの国ぐにの比率はどのような数字になるのだろうか。2009年（あるいは2007年）以降に関してみてみよう。

　表8-8は、米国の輸出・輸入に占める中国・日本の比率を示している。明らかに対中国比率が大きく、とりわけ米国の対中国輸入の比率が際立って大きい。2014年が19.9％、2013年が19.4％を占めている。同時期の米国の対日本輸入がそれぞれ5.7％、6.1％であるのに比べればその違いが明瞭である。

　表8-9は、中国の輸出・輸入に占める米国・日本の比率を示している。表8-5の数字に対応しており、中国の対米国輸出の比率がきわめて大きいことがわかる。2014年、2013年はそれぞれ16.9％、16.7％を占めている。それに対応して日本からの輸入が大きかった比率もまた米国からの輸入が伸びており、日本は停滞している。たとえば2009年に13.0％だった中国の対日本輸入は、2014年には8.3％に低下しており、中国の2009年と2014年の対米国輸入はそれぞれ7.7％と8.1％である。

　表8-10は、日本の輸出・輸入に占める米国・中国の比率を示している。全般的にみて、それらの数字は米国および中国に比べて大きい。たとえば日本の中国からの輸入は20％をこえる値を示している（ただし、対応する年の中国から日本への輸出はおおむね8％前後にとどまっている）。また、日本の対米国輸出は、たとえば2014年と2009年がそれぞれ18.6％および16.1％という大きな比率である（それに対して、同じ年の米国の対日本輸入はそれぞれ5.7％、6.2％である）。

　すなわち、各国の輸出・輸入に占めるそれぞれの国ぐにの比率をみると、明らかに日本の対米国、対中国の大きな値が明瞭であり、対応する米国、中国の対日本の比率が非対称に小さいといえる。

　表8-11は、米国の貿易赤字全体に占める中国および日本の対米貿易黒字の比率を示したものである。2014年をみてみると、中国は47.2％を占めているのに対して日本は9.2％である。米国の貿易における中国の占める比率の大きさを示しているものと思われる。

　本節で概観してみた基礎データは、あえて端的にいえば、中国の急速な拡大と米国の緩やかな拡大（あるいは低下）および日本の停滞を示しているといってよ

第 8 章　日米関係・米中関係の政治経済学　229

表 8-8　米国の輸出・輸入に占める中国・日本の比率

（単位：%）

	2009		2010		2011		2012		2013		2014	
	輸出	輸入	輸出	輸入	輸出	輸入	輸出	輸入	輸出	輸入	輸出	輸入
中国	6.6	19.0	7.2	19.1	7.0	18.1	7.1	18.7	7.7	19.4	7.6	19.9
日本	4.8	6.2	4.7	6.3	4.4	5.8	4.5	6.4	4.1	6.1	4.1	5.7

出所：『ジェトロ世界貿易投資報告』（各年版）。

表 8-9　中国の輸出・輸入に占める米国・日本の比率

（単位：%）

	2009		2010		2011		2012		2013		2014	
	輸出	輸入	輸出	輸入	輸出	輸入	輸出	輸入	輸出	輸入	輸出	輸入
米国	18.4	7.7	18.0	7.3	17.1	7.0	17.2	7.3	16.7	7.8	16.9	8.1
日本	8.1	13.0	7.7	12.7	7.8	9.4	7.4	9.8	6.8	8.3	6.4	8.3

出所：『ジェトロ世界貿易投資報告』（各年版）。

表 8-10　日本の輸出・輸入に占める米国・中国の比率

（単位：%）

	2009		2010		2011		2012		2013		2014	
	輸出	輸入	輸出	輸入	輸出	輸入	輸出	輸入	輸出	輸入	輸出	輸入
米国	16.1	10.7	15.4	9.7	15.3	8.7	17.5	8.6	18.5	8.4	18.6	8.8
中国	18.9	22.2	19.4	22.1	19.7	21.5	18.1	21.3	18.1	21.7	18.3	22.3

出所：『ジェトロ世界貿易投資報告』（各年版）。

表 8-11　米国の貿易赤字に占める中国・日本の対米貿易黒字の比率

（単位：%）

	2007	2008	2009	2010	2011	2012	2013	2014
中国の占める比率	32.2	33.3	45.1	43.0	40.6	43.1	46.2	47.2
日本の占める比率	10.4	9.1	8.9	9.5	8.7	10.5	10.6	9.2

出所：『ジェトロ世界貿易投資報告』（各年版）。

いだろう。
　そうしたデータはまた、（表 8-8 ～表 8-11からうかがえるように、米国の対

230　第Ⅱ部　中国の国際化の政治経済学

中国比率と対日本比率の動向および中国の対米国比率と対日本比率の動向にみられ、また米国の貿易赤字全体に占める中国の非常に大きな比率から明らかなように）世界全体の経済を牽引する３カ国とはいえ、米国、中国の大きな数字に比べて、日本の小さな（しかも小さくなっていく）数字が鮮明であることを示している。

2. 日米関係

　本章では２国間関係として、本節で日米関係をとりあげ、第４節で米中関係をとりあげる。日中関係をエクスプリシットにとりあげないのは、現在のところそこに（どの意味でも）「覇権国」が存在していないからである[189]。

　特定の２国間における関係が「深刻な状態」に陥ることがあるが、その場合の主要な理由のひとつはそこに「覇権国」が関わっているからだと思われる。実際、1980年代に深刻な「摩擦」に発展した日米関係は、背後に「覇権国」という要因が絡んでいたからである。まず本節で、日米摩擦について概略を振り返っておこう。

2-1　日米摩擦現象

　本章は、タイトルにあるとおり、日米関係および米中関係を対象としている。より特定化していえば、対米摩擦すなわち「日米摩擦」としばしば「G２体制」とよばれる米中関係を対象としている。先に述べたとおり、どちらも米国が関わるのは、そうした問題に「貿易」以外の諸要因とりわけ「覇権国」という議論が入り込むからである。その点で、日本と中国とが共通している（あるいは「共通していた」）のは、（1）世界のGDPに占める比率が大きいこと、（2）米国の貿易赤字全体に占める（日本のおよび中国の）比率が大きいこと（あるいは大きかったこと）である。

　本節は、1980年代の日米摩擦をふりかえり、米国と中国との間の国際関係の現状と展望に対する示唆を得ようとするものである。

　日米間の貿易摩擦はいくつかの「段階」ないしは「波」に分けることができる。

[189] 「覇権国」は文脈によって必ずしも同じではないが、本章では特に定義することなく用いることとする。

第8章　日米関係・米中関係の政治経済学　231

　たとえば、小宮（1983）によると、1950年代から1960年代の中頃までの時期は、日本からの雑貨・繊維類等の対米国輸出が急増した時期だが、しかし、この時期の貿易問題は、個々の具体的案件の集積という性格のものにすぎなかった。いってみれば「前史」である。

　「貿易摩擦」の第一波は、1968年から1972年であり、日米繊維交渉の難航によって発生した対立である。そして第二波は、1976年から1978年にかけての時期であって、日本の不況の時期に内需が低迷し、大幅に輸出が拡大するいわゆる「輸出ドライブ効果」によって引き起こされたものである。だが、第一波、第二波が深刻な「日米摩擦」につながったわけではなく、日本の貿易収支の赤字とともに沈静化した。「石油危機」の発生に伴う終息である。

　第三波は、1980年代に入ってからであり、第三波が非常に深刻な「日米摩擦」を生み出すこととなった。本節で焦点をあてるのは、この時期の「日米摩擦」にほかならない。きっかけは、第2次石油危機に伴う不況が日本では他の先進諸国に比べて軽くすんだことであり、1980年の後半から工業製品輸出が急増したことによる。

　第三波の「日米摩擦」を構成する主要な個別の貿易問題は、自動車と半導体である。そして第三波の特徴は、そうした自動車、半導体といった個別産業の問題にとどまらず、技術先端産業分野で日本が米国を追い上げている事態は、日本が自国市場を保護し、米国からの輸入に対して市場を閉鎖的にしたアンフェアな行動から生み出されたものであるという認識が背後にあり、日本の防衛や社会ないし文化におよぶ全面的な「日本批判」に発展していったことである。

　そうした全面的な「日本批判」を形成する経済的な背景は、（1）日本のGNPの世界に占める比率が大きくなったこと[190]（表8-12）、および（2）米国の貿易収支赤字全体に占める日本の対米貿易収支黒字の比率が大きくなったこと（表8-13）の2点であろう。

　表8-12のとおり、日本のGNPの対世界比率は、1978年に10％に達している。このような大きな比率のGNPを有する国がアンフェアであることは許し難いという観念が米国に存在したものと思われる。また、同時に世界のGNPに占める米国の比率が低下し、1970年代をとおしておおむね30％から20％に低下している。

---

[190] この時期によく使われたように、本章でも参考とする原文に忠実に（GDPではなく）GNPという用語を用いることとする。

232　第Ⅱ部　中国の国際化の政治経済学

表8-12　世界の GNP に占める各国の比率（1955～1980年）

（単位：%）

	1955	1960	1970	1978	1980
日本	2.2	2.9	6.0	10.0	9.0
米国	36.3	33.7	30.2	21.8	21.5
中国	4.4	4.7	4.9	4.6	4.7
(旧) EC	17.5	17.5	19.3	20.2	22.4
(旧) ソ連	13.9	15.2	15.9	13.0	11.6

出所：小宮（1983）、9頁より作成。

表8-13　米国の貿易赤字に占める対日貿易赤字の額と比率

（単位：億ドル、%）

	1972	1974	1976	1978	1980	1981
貿易赤字額	40	19	10	106	98	163
比率	62.5	42.2	10.7	31.3	38.7	41.1

出所：小宮（1983）、10頁より作成。

そして1980年には（旧）EC の比率が米国を上回る状態となり、また対立陣営の
リーダーである（旧）ソ連の比率との相対的な格差が縮小している、という事情
も米国の苛立ちを強めたものと考えられる。

　また、表8-13のとおり、米国の貿易赤字全体に占める対日貿易赤字が大きな
比率を占めるようになった。とりわけ米国の（対日）貿易赤字が急速に増大した
1978年に、対日貿易赤字もまた30％をこえる比率を占めていることは注目されて
よいだろう。

　いうまでもなく、(1) は、日本が覇権国としての米国に徐々に近づいていると
いう懸念であり、そして (2) は米国が貿易赤字に陥っているのは、日本のよう
な大きな規模の対米貿易黒字をもつ国が存在しているからである、という認識に
よるところが大きい。

　(2) の米国の貿易赤字という現象それ自体は、1970年代以降つねに存在してい
る。つねに持続的に存在する米国の貿易赤字において、とりわけ1980年代に日本
が巨額の対米貿易黒字国であると認識されてきた。「摩擦」はまず、「貿易収支の
不均衡」すなわち米国の大幅な貿易赤字から発生していることは間違いない。

しかし、概していえば、「貿易摩擦」が「貿易交渉」のレベルにとどまっていれば、「摩擦」全体としては深刻とはいえない。小宮（1994）が、「日米貿易摩擦」から「日米経済摩擦」へと転化していった（43頁、傍点原著者）、と述べ、花井（1988）が３Ｂ摩擦（すなわち「貿易摩擦」、「防衛摩擦」、「文化摩擦」）（49頁）とよんだように、摩擦が、貿易にかぎらずまた経済全般でさえなく、文化とか制度とか社会にまでおよぶようになると、調整ないし解決に至るのは容易ではない。

2-2　日米摩擦をどうみるか

日米摩擦をめぐっては、小宮隆太郎とリチャード・クーとの間で行われたいわゆる「小宮＝クー論争」がよく知られている。本章では、「小宮＝クー論争」の経済学的な内容に立ち入って検討することはしないが[191]、同論争には経済学と離れた興味深い指摘がいくつか存在している。本章でとりあげるのはそうした側面である。

本章は、まずバーグステン＝クラインの議論からはじめよう。

バーグステン＝クライン（1985、邦訳32-35頁）の主張によれば、日本は確かに対米貿易収支の数字は大きい（第１位）のだが、しかし対米貿易額（輸出・輸入の合計）に対する比率をみると決して最大というわけではない（第５位）。同比率をみると、日本よりも大きな比率を占めている国・地域は、ルーマニア、台湾、ブラジル、香港の４カ国・地域存在している（表8-14）。すなわち、対米貿易収支（黒字）の額は大きいのだが、それは対米貿易額全体が大きいからであって、輸出のみが大きいわけではないことを示している、という主張である。

そうした統計からバーグステン＝クラインが導いた結論は、「日米摩擦」の発生は、ひとつは日本の対米貿易黒字の額それ自体が大きいこと、もうひとつは「日本が不公正な貿易慣行を持つ国だとのイメージが拡がっているためであることを示唆している」（バーグステン＝クライン（1985、邦訳書34頁））、という事情に帰せられる。

しかし、日本の対米貿易黒字額が大きいことはもっぱら日本の事情によるものではない。基本的には米国の消費者の選好の結果である。また、あわせて日本の対米輸入も大きく、貿易黒字の占める対米貿易全体（輸出・輸入）への比率は

---

191 筆者はかつて多少の経済学的検討を行ったことがある。陳雲・森田憲（2010）第6章参照。

234　第Ⅱ部　中国の国際化の政治経済学

表 8-14　各国・地域の対米貿易収支（1984年）

（単位：百万ドル、%）

	貿易収支額	順位	対米輸出入合計に対する比率	順位
ブラジル	5,633	7	51.6	3
カナダ	20,387	2	18.0	14
西ドイツ	8,726	4	32.4	10
香港	5,837	6	48.8	4
日本	36,795	1	43.8	5
韓国	4,044	9	25.3	12
中国	337	19	5.9	19
ルーマニア	720	15	59.1	1
台湾	11,065	3	52.2	2

出所：Bergsten and Cline（1985）、邦訳書33頁より作成。

ルーマニアや台湾等よりも小さい。したがって、日本で輸出に偏った対米貿易が行われ、かつその額が大きい、ということが「日米摩擦」を生み出しているわけではなく、大きな額の貿易黒字が「不公正な貿易慣行」と結びついてイメージされていることが「日米摩擦」を深刻な政治問題としている理由であると思われる。

「不公正な貿易慣行」とは、もともとは1980年代に米国政府や米国議会が自国の貿易赤字の発生に際して、貿易相手国とりわけ日本を対象として「不公正」（アンフェア）であると主張したことからはじまっている。だが、「不公正な貿易慣行を持つ国だというイメージ」ははなはだ曖昧なものである。そうしたイメージを作り上げ、定着させ、「摩擦熱」を上げるには（意識するかしないかに関わりなく）そうした役割を演ずるプレイヤーの存在が不可欠である。

そうしたイメージの拡大、定着に貢献し、したがって「摩擦熱」を上げる上で影響があったと思われる主要なプレイヤーは、「前川リポート」（のメンバー）であろう。実際、「前川リポート」の「二．提言」のなかの「3．市場アクセスのいっそうの改善と製品輸入の促進等」において、「「アクション・プログラム」の完全実施の促進」、「市場アクセスのいっそうの改善」、「国民に対する輸入促進キャンペーンの強化」、（摩擦を発生させる可能性の大きい）「シェア拡大第一主義に傾きがちな企業行動」に「国際的責任を自覚した行動」を望んでいること等は、

日本（および日本企業）が「国際協調型」に変革していくことを求めているリポートのように理解できる。それは当然、「変革」されなければ依然として、国際協調に欠け、市場アクセスを制限して対外不均衡を拡大し、米国の不興を買っているような事態が変わらないことを意味している。

ところでいったいなぜ1986年という時期にこうした「報告書」が作成されたのだろうか。小宮（2008）の解釈によれば次のとおりである。「「前川リポート」は、中曽根康弘首相が訪米してレーガン大統領に会うときに、「恭順の意」を表すためにアメリカ側が気に入るようなことを書いて持っていったという感じである。同リポートに対して、C. ヤイター米通商代表は「首相が訪問国の喜びそうな報告を発表するのは日本のいつものやり方だが、危険なゲームだ」と批判した」と述べ、かつ「日本が米国に「恭順の意」を示す前川リポートの姿勢が、私には耐えられなかった」と述懐している。貿易交渉の当の担当者である通商代表に批判され、小宮が「私には耐えられなかった」と述べている「日本のいつものやり方」こそ、「摩擦熱」を上げる上で貢献したビヘイビアにほかならないと考えられる。

しかし、日本が米国に「恭順の意」を示すのは、それなりの理由が存在するだろう。たとえば全くの仮の想定だが、日本が、米国自身でさえ警戒するほどの軍事費を支出しているのなら「恭順の意」を示す必要は、おそらく、ない。主として防衛の側面における「非対称性」が存在することにより、「恭順の意」を示すことによって「非対称性」を補う必要があったものと考えるのが妥当である。

さて、「小宮＝クー論争」が「論争」とよび得るか否か疑わしいし、クーの議論に賛成する経済学者を探すのは非常に困難だろうと思われるが、本節で「小宮＝クー論争」とよんで議論をふりかえってみたのは、あらためてクーを批判するためではむろんない。そうではなく、本節の目的は、「為替レートを円高にすれば、日本の黒字が減り、米国の赤字が改善する」という、日米間の摩擦の際にみられた誤った考え方、および「日本の貿易黒字が大きいのは、日本市場が輸入に対して閉鎖的だからである」という、同じく日米摩擦で取り上げられた考え方が誤りであることの確認にほかならない。

実際、「日米摩擦」で行われた議論が「米中摩擦」でも依然として行われているように思われる。米国は大きな規模にのぼる対中国貿易赤字を前にして、中国の人民元レートの増価を求めている。米国の人民元レートの増価を迫る動きは、「為替レートを人民元高にすれば、米国の赤字が改善する」という、日米間の摩

236　第Ⅱ部　中国の国際化の政治経済学

擦の際にみられた誤った考え方と同じである（むろん、後の節で述べるように、日本の為替制度と現在の中国の為替制度とは違っている。だが、米国の貿易収支赤字全体——米国の貿易収支赤字の相手国ではなく——が改善するか否かは米国の過剰消費が改善するか否かの問題であることに変わりはない）。その意味では、「日米貿易摩擦」と「米中貿易摩擦」の、経済学的にみて基本的な、性質は変わっていない。

　ところで、「小宮＝クー論争」をめぐってもうひとつの疑問が存在する。それは、バーグステン＝クラインのような米国の経済学者たちを含めて、1980年代半ばに、明瞭に、日米間の貿易収支の不均衡に際して日本の行動が主要な責任を負わなければならない事実は認められないと述べていることを確認したし、為替レートについても、市場の閉鎖性についても同様である。

　だが、リチャード・クーのような日本で仕事をしている（ということは日本の事情を詳しく知り得る立場にある）エコノミストが、なぜ日米両国の経済学者が全く疑問を差し挟まないアブソープション・アプローチに、「小宮＝クー論争」をつうじて論争を挑んだのか。また、為替レートについても、市場の閉鎖性についても、明らかに「小宮の主張」にも「バーグステン＝クラインの分析」にも対立する主張をするに至ったのか、ということである。

　アカデミックな立場から、「通説」を打破し新しい学説を唱えることは賞賛されこそすれ、非難されるいわれはない。したがって、そのこと自体に問題は存在しない。

　クーの考えの背景はいったい何なのだろうか。リチャード・クー（1996）の第12章によってこの疑問が多少解ける。当該書の第12章は、「中国をとるのか、米国をとるのか」というタイトルの章である。クーの主張を要約すれば、「日本は米国との関係を強固なものにしておくべきである」ということであり、そうでなければ「中国の属国になるしかない」。そういう状況のもとで、米国との間で「貿易交渉などでチャンバラをやっている」のはまずいだろうという認識であり、民主主義・自由主義を共通の理念とした西側の一員であるということを再認識する必要があるだろう、という理解である。

　だが、「中国をとるのか、米国をとるのか」という議論と、（米国と）「貿易交渉などでチャンバラをやっている」という話とは次元が異なる。「中国をとるのか、米国をとるのか」は独立国である日本自身の選択の問題であり、（米国との間で

あろうと中国との間であろうと）貿易交渉でいわれのない非難を浴びれば「チャンバラをや」るのは当然のことである。

しかし問題は、「中国をとるのか、米国をとるのか」という設定がなぜなされるのかということであり、そうした議論は結局「防衛」という問題に行きつくことになる。

2-3　対米防衛摩擦をめぐって

2-3-1　日米防衛摩擦の背景

前節の「日米貿易摩擦」において、それが全般的な「摩擦」となったのは、おおむね1980年代に入ってからであることを述べた。

いうまでもなく、1970年代後半以降とりわけ1980年代の米国経済は、「戦後最悪」といわれたり、「期待喪失の時代」といわれたりした。事実その経済実績ははなはだ悪い。しばしばいわれたように「覇権国の衰退」である。いくつかの指標を確認してみよう。

表8-15は、1960年代から1990年代の主要経済指標である。明らかに1980年代の米国は、他の時期に比較して成長率は低く、失業率は高く、財政収支赤字は大きく、そして法人利潤は小さい。実際、実質GDP成長率は、年平均2.7％であり、明らかに最も低い。1980年代の労働生産性上昇率は1.4％であって、1960年代の2分の1にすぎない。また、経常収支の累積赤字が大きくなり、1980年代には純債務国となった。

表8-16は、レーガノミックス（レーガン政権の経済政策）の1986年のシナリオと実績を示したものである。レーガン政権下で5年が経過した1986年のみるべき成果は消費者物価のみであって、シナリオでは282億ドルの黒字であった財政収支は、実際には2,212億ドルの大幅な赤字となっている。

実際、そうした「期待喪失の時代」であるレーガン政権の発足の時期は、「防衛摩擦」の激化の時期と軌を一にしている。

「日米防衛摩擦」の背景にあるのは、日米安保条約である。本章冒頭で述べたとおり、日米安保条約第10条は、日米いずれの政府も「通告」のみで1年後には日米安保条約が終了することを定めている。問題は、日米安保条約の終了がどちらの国に、より深刻な影響をおよぼすかということである。

238 第Ⅱ部 中国の国際化の政治経済学

表 8-15 米国の主要経済指標

	1960年代	1970年代	1980年代	1990年代
実質 GDP 成長率（%）	4.6	3.2	2.7	3.3
消費者物価（%）	2.4	7.1	5.5	2.8
失業率（%）	4.8	6.3	7.1	5.6
経常収支（億米ドル）	333	−31	−8,513	−15,991
経常収支（GDP 比）	0.5	0.0	−1.8	−2.0
財政収支（億米ドル）	−565	−3,654	−17,862	−14,825
財政収支（GDP 比）	−0.8	−2.2	−3.8	−2.1
法人利潤（GDP 比）	10.7	8.7	7.2	8.6

出所：丸茂（2002）、12頁。

表 8-16　レーガン政権のシナリオと実績（1986年）

	シナリオ	実績
実質経済成長率（%）	4.2	3.4
消費者物価（%）	4.2	1.9
失業率（%）	5.6	7.0
財政支出（億ドル）	282	−2,212

出所：丸茂（2002）、15頁。

　むろん米国に影響をおよぼさないわけではないが、日本はより「死活問題」となるという意味での「非対称性」が存在する。日本の「シーレーンの防衛」である。「シーレーン」が防衛できなければ日本経済は根底からその基盤を揺すぶられる。そうした、国としてのかなり致命的な脆弱性が存在し、にもかかわらず当時世界の GNP の10%をこえる比率をもつに至っており、かつそうした経済の拡大が米国の軍事的な傘のもとでこそ行われ得たという事実が、対米摩擦を深刻にさせる大きな要因だったといってよい。

　密接に関連しているが、もうひとつの背景は、当時レーガン大統領が「悪の帝国」とよんだソ連の存在である。ふりかえってみると、「日米防衛摩擦」の懸念が発生し大きくなっていったのは、ソ連による「アフガニスタン侵攻」が発端である。そのことが、日本の安全保障の議論と結びついている。

「日米防衛摩擦」を発生させ、「摩擦熱」を上げることとなった重要な要因は、先に述べた「非対称性」である。それは日米間では「フリーライダー」としてとりあげられることとなった。日本が自国の防衛に費用を使わず、米国の防衛に依存している状態（しかも日本はそのもとで高い率の経済成長を実現した）を批判したものである。この議論は、米国が国際社会に秩序や平和をもたらす「国際公共財」の過剰負担を行っているのではないかという認識と結びついている。

「国際公共財」の過剰負担の議論はふたつの理由を分けて考えておく必要がある。

ひとつは、「覇権国のディレンマ」とよばれる現象である。主として（グローバルおよびリージョナルな）覇権国によって国際公共財が整備され、財・サービス・資本の活発な移動が起こると、覇権国からそうでない国ぐにに資源の移転が発生し、公共財負担の相対的に小さな国が相対的に経済規模を大きくしていく（したがって覇権国が相対的に経済規模を小さくしていく）という現象が発生する。第二次世界大戦後でいえば、日本や旧西ドイツ（あるいは旧EC）が「覇権国のディレンマ」をひき起こしたものと考えられる。

もうひとつは、「対立陣営」の存在である。対立陣営の行動がより攻撃的になり、あるいはその能力が高くなれば、国際公共財（とりわけ安全保障）の利益は大きくなるが費用もまたおそらく飛躍的に高くなる。こうした費用の覇権国経済に与える影響から米国の（限界）費用が米国の（限界）利益を上回る可能性が出てくることになる。対立陣営主としてソ連の軍事力増強がそうした理由を形成する。

上記ふたつの理由に関連して、次の2点を指摘しておく必要があるだろう。ひとつは、最初の理由の場合には米国の相対的な経済規模は小さくなるかもしれないが、国際公共財供給が経済的に割に合わなくなるという可能性は小さい。しかし、第二の理由の場合は必ずしもそうではなく、費用（曲線）の上昇（シフト）に伴って最適利益が低下する（たとえば安全保障対象地域の範囲が縮小する）ように調整され、最初の理由の場合に比べて国際公共財の減少が起こる可能性が大きい、ということである。もうひとつは、米国の覇権の衰退を引き起こしてきた理由が時期によって異なるということである。ごく大ざっぱにそして比較的長い期間をとってみると、米国の覇権の衰退が明瞭になってきた1960年代後半および1970年代初頭を経て1970年代後半までは、相対的に最初の理由が支配的であり、1970年代後半以降は、ソ連の軍事力増強に伴って、相対的に第二の理由が支配的

240　第Ⅱ部　中国の国際化の政治経済学

になってきたといってよいように思われる。

　したがって1980年代に米国の覇権の急速な衰退と国際公共財の減少が起こったとすれば、その主要要因はソ連の軍事力だと考えるのが適切である。

　日米間に全般的な摩擦が発生したのはちょうどこの時期にあたっている。すぐ上でみたとおり、米国の「覇権の衰退」をひき起こしているこの時期の主たる要因は、日本や西ドイツではなく、ソ連だったということを理解しておく必要があるだろう。実際、レーガン政権の対応もほぼそうした事情にそっているものと考えられる。

2-4　小宮＝クー論争：異なった視点

　先の節で述べたとおり、小宮＝クー論争とは、小宮隆太郎とリチャード・クーの間で行われた、米国の貿易収支の赤字をめぐる論争であり、アブソープション・アプローチをめぐるものである。だが、「論争」の一端（というよりクーの主張）はやや違った角度に流れた。

　あらためて確認しておくことにすれば、アブソープション・アプローチとは「一国の経常収支黒字はその総貯蓄と総投資の差額に等しい」（小宮（1994）、291頁）という考え方である。本章冒頭で述べたとおり、それは国際マクロ経済学の標準的な理論であり、したがって、「自国の貿易赤字が他国の過剰貯蓄によるものだ」という指摘がごく初歩的な間違いであることはいうまでもない。すぐ上でやや違った角度に流れたと述べた例は、たとえば、クーがこのアブソープション・アプローチを「小宮理論」とよび、次のように書いたことに表されている。「「小宮理論」がおかしいと思う学者・エコノミストは他にもいると思うが、誰も反論を書かない。反論を書いたのは事情を知らなかった外国人のリチャード・クーと経済企画庁出身の反骨の士で「前川リポート」の執筆者でもある赤羽隆夫氏（現慶応大学教授）だけだった。結果は無惨なものだった。私も赤羽氏も、「彼らは間違っている。マクロ経済学を知らない」と小宮隆太郎氏に公にバカ呼ばわりされてしまった。「小宮理論」は日本の「権威」だったのであ」り（338-339頁）、「日本の学界では小宮教授を敵に回してはいけないのである」（339頁）。

　要するに、日本では、「小宮理論のように、ある「権威」によって「ザ・セオリー」がいったん確立されてしまうと、それが一人歩きし、それに抗しきれない

空気ができ上がってしまう」（341頁）のだという主張である。クーは、そのことと関連付けて日本社会の「いじめ」の構造を論じ、「主流派の枠から外れる人をいじめるという社会システムの恐ろしいところは、最後に考えが一つしか残らなくなることだ」（352頁）と述べている。

クーの主張は、日本社会の問題点を指摘しているという意味で、いくつかの興味深い論点を含んでいることは否定し得ないだろう。だが、率直にいって、そのこととアブソープション・アプローチを「小宮理論」とよび、「小宮教授を敵に回してはいけない」という空気との共通性を語っている点は、明らかに間違っている。

経済問題と密接に関わる政治状況をどのように解釈するのが適切なのかという話として捉えるのが正しい。実際、小宮（1994）もまた、「小宮の主張は純経済的で政治的側面を考慮していない」と論評する「政治」論者に対する」不満は、「そのような論者の多くが日米経済摩擦の政治的状況についての分析をほとんど展開していないことである」（285頁）と述べている。その意味で言えば、クーの議論が（言葉の適切な意味での）「小宮理論」（すなわち「アブソープション・アプローチ」を用いて「日米経済摩擦」という現象を正しく理解する枠組みを提起していること）に対する補完の役割をはたし得ると考えることができる。

先の節でふれたリチャード・クー（1996）の第12章に戻ろう。同じく先にふれたとおり、当該章のタイトルは「中国をとるのか、米国をとるのか」である。1996年時点ではまだぼんやりとしていたに違いないが、「中国をとる」のか「米国をとる」のかという選択肢はおおむね明瞭になっていたといえる。なお、「……をとる」という表現はそれほど主体的なものではない。端的にいえば、「中国の保護領」を選択するのか「米国の保護領」を択ぶのかという選択肢であり、主体的であり得ようはずはない。

クーの主張ははっきりしており、「日米同盟」の強化である。その論拠の有力な証拠のひとつにクーは李登輝の言葉を紹介している。クーが、1995年9月に台北で李登輝（当時総統）を訪問した際に、李登輝に「日本はとにかく米国との関係をちゃんとしてください」といわれたというのである。今から振り返ってみると隔世の感がぬぐえないが、クーが描いているように、ある通産官僚（現在で言えば経産官僚）のように「我々は米国なんか要らない、我々には中国がある」という人がおり、「日本はアジアとさえうまくやっていけば、うるさい米国とガタ

ガタやらなくてもいい」という状態だったといえるだろう（念のために付け加えれば、この時期の関係は「米国なんかどうでもいい、西側との関係などどうでもいい、中国は自分達に従うだろうというような気持ち」（314頁）で受け取るものだったのである——クーはそれに続けて、そういう気持ちだったら「5年後、10年後どういう結末を迎えるだろうか」と述べている。今から振り返ってみるとこれは慧眼というべきものだろう——）。こうした状況に明らかに危機感を覚える地域が、「両岸関係」として問題提起される台湾だったはずである。

また、クーが主張するように、日本はアジアの盟主になれるとは思えず、「もしもアジアの盟主になれる国が出てくるとすれば、それはどう考えても中国だろう」（314頁）。それはおそらく正しい。

要するに、1990年代半ばの時点で15年にもおよぶ10％近い高度成長を遂げてきた（そして歩調を合わせて軍事支出を増大させてきた）「中国の台頭」を適切に認識する必要のある時期だったといってよい。

先にふれたとおり、クーの主張は「日米同盟」の強化であり、それによって「中国の暴走」を抑え両岸関係の緊張を取り除いて、アジアの安全を高めることである。そうであるにもかかわらず、「せっかく米国が日本に近づいて中国問題をうまくやろうとしているのに、まだ貿易交渉などでチャンバラをやっている」（330頁）日本政府を批判しているのである。

なお、第12章の最後にクーが書いていることは非常に示唆的であり、次のとおりである。少し長いが引用しておこう。「日本の将来を考える上で、これから最も重要なポイントは、このまま中国の経済が発展し、10〜15年後に軍事的にも経済的にも大きな力を付けたときに、日本はどうあるべきかということだろう。その時日本はすんなり中国の言いなりになるのか、それとも慌てて再軍備に走るのか、また再軍備に走らないならこれからの日米関係はどうあるべきか、このような議論が今の日本で最も必要ではないか」（331頁）。「中国に対して今のうちにどのような布石を打っておくべきなのかなどが、もっと議論されるべきではないだろうか」（331頁）。

クーの主張の根底にあるのは、日米間にある「自由主義、民主主義堅持という共通の理念」である。クーによると、日本の将来にとっての選択肢は（1）「米国をとる」（日米同盟の強化を図る——端的に言えば「米国のいうことを聞く」——）、（2）「中国をとる」（中国の属国になる）、（3）「再軍備をする」、の3つで

ある。そしてクーの場合、議論の余地のないのは、（1）を択ぶという選択である。
（「再軍備」とは何を意味するのか必ずしも明瞭ではないが、「米国をとる」のでも
なく「中国をとる」のでもないとすれば、「自主防衛」路線の選択ということ
になるだろう）。

3. 米国の外交戦略をめぐって

3-1 米国の意図をめぐって：伊藤貫の主張

リチャード・クー（1996）の主張は、刊行年のとおり1990年代半ばのものであ
り、今の時点で振り返ってみるのは、それが示唆的な意味合いをもっているから
である。（決して今の時点で振り返って評価を与えてみようということではない）。

実は、たった今上で述べた3つの選択肢は現在もそのままあてはまっている。
日米同盟の存続・強化を図っていくのか、中国との協調を図っていくのか、その
何れでもなく「自主防衛」を図り「独立路線」を採用するのか、という選択肢で
ある。

ところでその際必ずしも明瞭ではないのは、「日米同盟」における米国の意図
はいったい何であり、中国の属国になった場合の中国の対応はいったいどうなの
かということである。とりわけ日米同盟に関して、米国の実際の意図がいったい
何処にあるのかという観察を抜きにして語ることはできない。それは米国の実際
の意図次第では、日本自身が「自主防衛」とか（他国の防衛に依存しないという
意味での）「独立した国家」という事態にすすむ必要があるからである[192]。

上記3つの選択肢に関する議論で興味深い指摘は伊藤貫（2011）、（2012）およ
び日下公人・伊藤貫（2011）によるものだろう。なぜならわれわれは「日米同盟」
に関する米国の率直な意図はいったい何なのか、ほとんど知り得る機会がないか
らである。そういう視点から見れば、伊藤貫（2011）および（2012）は一般の日
本人にとってかなり衝撃的な内容のように思われる。

極端ないい方をすれば、ほとんど無批判に受け入れてきた「保護国」米国（非
対称的な同盟国）の真の意図が、「被保護国」日本を保護することでは決してなく、
被保護国を「潜在的敵国」とみなし、したがって「自主防衛」をさせないでおく

---

[192]「自主防衛」が「核武装」を意味するのかどうか、は必ずしも明瞭ではない。

244　第Ⅱ部　中国の国際化の政治経済学

というものだ、という主張だからである[193]。もしそれが事実だとすれば、日本の
選択の余地は一挙に狭まる。日本人の大部分が、「中国の属国」になるという選
択肢をとらないだろうという（かなり確率の高い）前提に立てば、残る選択肢は
自ずと限られる。「再軍備」あるいは「自主防衛」しか残らない。

　「再軍備」あるいは「自主防衛」とは何だろうか。普通には、「自国が自国を守
る安全保障体制」（「他国に安全保障を依存していない体制」）ということになる。
ただし、伊藤貫（2011）、（2012）および日下公人・伊藤貫（2011）のいう「自主
防衛」はおおむね「核武装」である。「核武装」は、現状では、日本人の大部分
が間違いなく否定するだろうから、もしそうだとすれば日本は「核武装」はでき
ず、したがって「自主防衛」はできず、同盟の対象国米国が同盟国日本の安全保
障を請け負わないとすれば、行き着く先は明瞭である。基礎データで確認したと
おり、中国が何年か先の将来に米国を上回る経済大国・軍事大国になるとすれば、
中国の保護領ないしは属国になるのが自然な到着点となるだろう。

　したがって、日本はやがては「核武装」せざるを得なくなるだろうというのが
伊藤の主張であり、伊藤が列挙しているように、サミュエル・ハンティントン、
ミアシャイマー、ウォルツ等の理論的帰結でもある。実際、伊藤のロジックをた
どっていけば（（A）米国に安全保障を頼ることはできない、（B）中国の属国に
なることを選択しない、とすれば「自主防衛」しかなく、（C）（日本のように
――海を挟んでではあるが――米国、中国、北朝鮮、ロシアといった核保有国に
周辺を囲まれているという「危険な」国にとって）現在の軍事技術の水準から判
断すれば、日本の「自主防衛」には「核武装」が要るものと思われるから）「核
武装」という選択肢に行き着くよりほかにない。

　伊藤の議論の大きな前提でありかつ伊藤が世界の「主流」として引用する人び
とすなわち（先にふれたとおり）サミュエル・ハンティントン、ミアシャイマー、
ウォルツ等が属するとされる「リアリスト」グループの主張をみておく必要があ
るだろう。それは「バランス・オブ・パワー」派であり、国際社会の常態は「一
極体制」ではなく「多極体制」だという考え方である。

---

193 同盟国の一方である米国にとって、いったいなぜ日本がそこまで信頼のおけない同盟国なのか必ずし
　も明確ではないが、何れにせよ「日本に自主防衛させない」というのが米国政府の長年の意向であり、
　米軍の日本駐留もまたそうした意向にそったものだというのが伊藤（2011）および（2012）の理解で
　ある。

3-2　国際政治体制と現実主義

　国際政治体制の見方については、「一極体制」か「多極体制」かという相違が存在する[194]。同時にまた「リアリスト」（現実主義者）の見方か「アイディアリスト」（理想主義者）の見方かという違いが存在する。

　端的にいえば、ただひとつの強大な国家が国際社会に安定と秩序という国際公共財を供給し、その他の数多くの国々がその恩恵に浴するというシステムを「一極体制」とよぶ。それに対して、複数の極を形成し得る強い国家群が存在し、それらの国ぐにが互いに勢力の均衡状態を保ちながら国際社会が存立しているとみる見方が「多極体制」である。国際政治の過去数百年間を眺めてみると、おおむねそうした均衡状態が存在していたというのが「主流派」の見方だということになる。1946年あるいは1947年から開始され、1990年前後に終焉を迎えた「冷戦」の時期は、通常は「多極」というより「米ソ二極」あるいはしばしばそうであるように圧倒的な経済力・軍事力を擁した米国による「パックス・アメリカーナ」（アメリカによる平和）の時期と理解されている。米国による潜在的な敵国はソ連でありソ連との間で熾烈な軍事面での競争が存在し、したがってとりわけ日本の「フリーライダー」行動が米国の苛立ちを引き起こし、非難を浴びることとなった。

　そうした全体の構図を前提としていえば、米国の苛立ちの背後にあったのは日本の国力の急速な増強に対する警戒だったと思われる。言い換えれば、「日米摩擦」に際して顕在化した米国の意図は、旧ソ連、旧EC、中国等との間の日本の勢力の均衡であり、その崩れだったとみることができる（均衡が崩れなければ、米国の「覇権」は揺るがない）。再び言い換えれば、米国の意図は旧ソ連、旧EC、中国、日本の間の勢力の均衡だったと理解するのが合理的であろう。実際、当時の国力の分布でいえば、米国と対立する旧ソ連が存在し（表8-12で明らかなように、当時の世界全体のGNPの、1970年で15.9％、1978年で13.0％を占めていた）、旧ECが存在していた（同じく表8-12で明瞭なように、当時の世界全体のGNPの、1970年で19.3％、1978年で20.2％を占めていた）。趨勢を表す図

194　いうまでもなく、すぐ後から述べるように、「一極体制」ならば「覇権国」はただ1カ国存在し、「多極体制」ならば数カ国の「地域覇権国」が存在するということになるだろう。先の節で、「グローバルな」とか「リージョナルな」とかという意味を含めて「覇権国」とよんだのはおおむねそうした意味である。

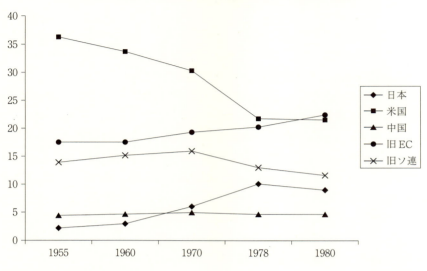

図8-8 世界のGNPに占める各国の比率（1955～1980年）

出所：小宮（1983）、9頁より作成。

8-8をみれば明瞭なように、急激に低下する米国の比率を示す傾向と対照的に急激に上昇する日本の比率を示す傾向を観察することができる。自らの比率の低下と同時に比率の急激な上昇を示す日本の存在を警戒したものと理解できる。

さて、「一極体制」か「多極体制」かという問題設定をしてみれば、世界の国際政治学の分野で主流派を形成するといわれるリアリスト派の見方に異を唱える確たる理由は見当たらない。（ただし、「攻撃的な現実主義」か「防御的な現実主義」かという分類に関しては、ウォルツ（1979（邦訳は2010年））の指摘にしたがって、「リアリズムの理論は、正しくは、攻撃的でも防御的でもない」、「リアリズムは、修飾する形容詞なしのままが最善なのである」（日本語版への序文、iv頁）という主張にしたがうこととする。そうした大まかな括りで十分だろうと思われるからである）。

ところで、（当然、「良し悪し」の議論を別にして）国際政治の中で「極」を形成する国家の必要条件（むろん「必要かつ十分な条件ではない」）は、自主防衛能力とりわけ核兵器の所有であろう。この点は、ミアシャイマーの指摘どおりである。すなわち、「ドイツと日本の二カ国は、人口と富という条件だけを見れば

大国になる潜在力を持っていることは間違いない」、「しかしこの二国には大国とされる資格がない。安全保障の大部分をアメリカに頼っているからである。よって両国は「準主権国家」（semi-sovereign states）であり、大国ではない。特にドイツと日本は自前の核兵器を持っておらず、その代わりにアメリカの核の抑止力の保護に頼っているのだ」（邦訳書、492-493頁）という指摘である。

　ただし、急いで付け加える必要がある。核兵器に関しては、ドイツと日本は決定的に違っている。ドイツは「ニュークリア・シェアリング（核兵器の共有）」を受けており、日本は受けていない。言い換えれば、ドイツは「準核保有国」（semi-nuclear power state）といえるかもしれないが、日本はそうではない。したがって、ドイツ（およびイタリアもそうである）は「準」かもしれないが、自前の「核抑止力」を保有しているといえるのに対して、日本は全く保有していない。

　実際、ドイツ（およびイタリア）はNATO（北大西洋条約機構）に加盟しており、安全保障という意味でのまさに「保障」を保持しているが、日本は日米安保条約という非対称な同盟によって安全保障を保持しているにすぎない。とりわけ核兵器に関してはもっぱら米国の「核の傘」のもとにあるだけである。そして、「非核三原則」が存在する。

　日米関係とはそういう2国間関係であり、そのもとで「日米摩擦」は起こったのである。

　近年、日本では、米国の「核の傘」を信じていないようにみえるが、それは当然のことであろう。仮に中国あるいは北朝鮮が日本に核攻撃を行った場合に、米国が（おそらく確実に米国本土へ核攻撃が行われることを理解したうえで）中国あるいは北朝鮮に反撃の核攻撃を行うと信じている日本の国民が（少数はいるかもしれないが）多いとは考えられない。

　本節では、日米関係とりわけ日米摩擦の検討を土台として、米国の外交戦略について分析を加えた。実際、日米関係といい日米同盟といっても、いったい米国の意図がどこにあるのかいっこうに明瞭ではない。すぐ上で述べたとおり、現在の日本で米国の「核の傘」という主張を「そのとおり行われる」と理解しているという人びとはほとんど存在しないだろう。それだけではなく、伊藤（2012）の主張をつうじてみたように、米国は日本を「潜在的敵国」とみなし、したがって「自主防衛」をさせないでおくというものだ、という主張が存在する。

248 第Ⅱ部 中国の国際化の政治経済学

　もし米国の意図が日本を「潜在的敵国」だとみなし、「自主防衛」をさせない
でおくというものだと理解すれば、米国は日本でありドイツであるといった潜在
的に強国になり得る国ぐにの国力を弱めることで近隣諸国との「勢力均衡」を図
っていると合理的に解釈することができるだろう。それでは、その近隣諸国のひ
とつである中国との関係はどうだろうか。

　次節では、「G2」とよばれることとなった議論に焦点をあてて、米中2国間
関係について考えてみよう。

4．米中関係

　ここまで第2節では、日本と米国との間で行われた「日米摩擦」を中心に「日
米関係」をみてきた。また第3節では、米国の外交戦略と国際政治体制について
検討を加えた。

　それぞれの箇所で明確に述べたとおり、「日米経済摩擦」に経済学的に合理的
な解釈を見出すのは難しい。そしてまた、当該箇所でふれたとおり、「1980年代
に米国の覇権の急速な衰退と国際公共財の減少が起こったとすれば、その主要な
要因は（日本や西ドイツではなく）ソ連の軍事力だと考えるのが適切である」こ
と、「日米間に全般的な摩擦が発生したのはちょうどこの時期にあたっている」
こと、「実際、レーガン政権の対応もほぼそうした事情にそっているものと考え
られる」ことが明らかであろう。

　米中関係をみる際に必要な理論的枠組みもまた同様であるように思われる。本
章冒頭でみたとおり、ベン・バーナンキ議長（当時）が語ったとして『人民日報
（日本語版）』にとりあげられた主張は、多くの日本人には「既視感」として映る
だろう。

　だが、「日米関係」で生じた「対立」と「米中関係」で発生し得るであろう「対
立」とは明瞭に性質が異なると考えるのが妥当である。

　前節でみたとおり、「日米摩擦」は非対称的に強力な同盟国（米国）が非対称
的に脆弱な同盟国（日本）に苛立ちを隠せなかったという事例である。結局、非
対称的に脆弱な同盟国は非対称的に強力な同盟国の意向にしたがわざるを得ず、
「プラザ合意」とか「バブルの発生・崩壊」とか「失われた20年」とよばれる先
の見えない経済停滞に陥らざるを得なかったのである。

むろん、さまざまに複合的な要因が絡んでいることを十分承知したうえであえていえば、日本は「失われた10年」とか「失われた20年」によって、表8-1や表8-2あるいは表8-5から表8-7で示されるような、米国や中国の背中がはるかに遠のいていく状況に追い込まれることとなった。

繰り返していえば、「日米関係」と「米中関係」とはエッセンシャルに異なる。実際、米国を苛立たせることとなった「日本の台頭」は世界のGDPに占める比率が10%をこえた段階で、そして米国の対日貿易赤字が貿易赤字全体の30%をこえた段階で明らかになっていった。しかし、2014年時点の中国の「存在感」はその水準を明瞭にそしてはるかにこえている。中国の世界のGDPに占める比率は13%をこえ、中国は米国の貿易赤字全体の47%を占めるに至っている。

また、GDPでみても軍事費でみても米国と中国は他の国ぐにをはるかに上回っている。それは「G2」とよんでしかるべき数字であるといえる。

いったい「G2」をどのように理解するのが適切なのだろうか。本章の以下では、「G2」推進の議論（「G2推進派」とよぶ）と「G2」を警戒する議論（「G2警戒派」とよぶ）に分けて検討を行ってみることとする。

4-1　G2推進派の議論

2007年の *International Finance* 誌においてファーガソン＝シュラリックが用いた「チャイメリカ」（Chimerica）という用語がその後しばしば見受けられることとなった。いうまでもなく、「チャイメリカ」とはチャイナとアメリカを合成した言葉であり、（著者たちの意図によれば）米中の「共存共栄関係」を表すものである。そしてもうひとつは、同論文の最後の言葉に用いられている「キメラ」（chimera）との共通の語感にもとづくものでもある[195]。

同論文の「要約」には概略次のように述べられている。

過去5年間にわたって、世界は資産価格の劇的な上昇を目にしてきた。（ファーガソン＝シュラリックによる）同論文はこうした現象に対する相異なる説明を再

---

[195] それは、It is still too early to dismiss Chimerica as a chimera という文章である。類似した言葉 Chinamerica をタイトルに用いている Jones（2010）は、その最終章（第12章）の最後に Where the United States Should Do という節を設け、中国との間に上首尾にパートナーシップを構築するにはどういう行動をとればよいかということを述べている等明瞭に「G2推進派」に分類される。なお、Ferguson and Schularick（2009）を併せ参照されたい。

250 第Ⅱ部 中国の国際化の政治経済学

検討し、そして次のように主張するものである。すなわち、将来の金融史家たち
は、世界の資産市場における原動力として、資本の高い収益と資本の低いコスト
との間の乖離を指摘し、過剰流動性や資産の不足に言及することはしないだろう
ということである。アジアにおける大量の労働力の世界経済への統合（導入）は
明らかに資本の世界全体の収益を大きくしたといえる。だが一方で、資本のコス
ト（それは長期の実質利子率で計測されるものだが）は上昇しなかった。という
よりもむしろ低下したのである。同論文では、このふたつの側面における現象を
さして「チャイメリカ」とよぶ。なぜなら、そのことは主として中国と米国との
間で発展してきた共存共栄の経済関係の帰結だと思われるからである。豊富な中
国のそしてアジアの労働力が資本の世界全体の収益を大きくし、さらにまた中国
の過剰な貯蓄が米国および世界の利子率を引き下げるように働いたからである。
同論文ではまた中国の過剰貯蓄が主として中国の家計の予備的動機によるという
より、むしろ中国の企業における膨大な法人利潤によるものであり、それは人民
元の為替レートの過小評価によるものだということを示している。

　要するに、ファーガソン＝シュラリックは資産価格の劇的な上昇の背後に存在
する、ひとつは資本の高い収益という現象に、もうひとつは資本の低いコストと
いう現象に注目することから出発し、それらは中国と米国との共存共栄の経済関
係の帰結なのだと考えたのである。そしてその際のキーワードは、「中国の労働
力」であり、「中国の過剰貯蓄」であり、「中国の法人利潤」であり、「中国の為
替レート」である。注意すべきことは、しかし、そこに働いているメカニズムの
多くは（社会主義市場経済のもとでの）中国のものであり、米中間の共存共栄関
係の帰結として（ファーガソン＝シュラリックが観察した）諸現象が発生してき
たということである。為替レートの過小評価が法人利潤を大きくし、それが中国
の過剰貯蓄を生み出し、そのことが利子率の低下をもたらしたと理解されている
のである。いうまでもなく、人民元の過小評価は市場のメカニズムによるもので
はなく、中国政府の採用する為替政策の結果にほかならない[196]。

　ファーガソン＝シュラリックが米中間の「共存共栄の経済関係」を見出したと
すれば（たとえそれが2007年だったという時点を別にしても）かなり奇妙な楽観
主義だというよりほかにない。彼ら自身の表現をそのまま借りれば "Chimera" と

---

[196] 市場の合理的な働きによるものではないとすれば、そうした米国と中国との「共存共栄の経済関係」
　　は誰がどのような目的で「人為的に」つくりあげたものなのかが問われなければならないだろう。

よぶのがふさわしいだろう。「共存共栄の経済関係」があり得るとすれば、それはまだ中国の経済力・軍事力が小さいという時期の話だと理解するのが適切である。しかし、中国が1970年代、1980年代、1990年代の日本のような「自主防衛」を放棄した国家のような対応をするとは思えない。

先に述べたとおり、米中関係が、「チャイメリカ」とよばれたり「G2」とよばれはじめたのは、おおむね2007年から2008年にかけてであり、同時にその見解をめぐって議論が行われることとなった。

本節では、積極的に「G2」構想の推進を主張しているバーグステン（2008）の議論を振り返ってみよう。『フォーリン・アフェアーズ・リポート』の「概説」にそくして表現してみることにすれば、次のとおりである。

「現在のアメリカの対中アプローチは、既存のグローバル経済秩序に参加するように中国を促すことに焦点を当て、一方の中国は、制度構築上の役割を担う余地のないシステムに組み込まれるという構図を不愉快に感じ、一部で制度に挑戦する動きをみせている。ワシントンは、短絡的に米中間の2国間問題にばかり焦点を当てるのではなく、北京とグローバル経済システムを共同で主導していくための真のパートナーシップを構築していくべきだ。グローバルな経済超大国、正当な制度設計者、国際経済秩序の擁護者としての中国の新たな役割に向けて環境を適正化できるのは、米中によるG2構想だけだ。米中間の紛争を制度的な管理の問題に置き換えて、解決を試みていくことは極めて効率的なやり方である。」

要するに、米国が「米中関係」という2国間の枠組みの適切な設計をつうじて、中国を国際経済秩序の擁護者としての役割をはたせるようにしていき、「真のパートナーシップ」の構築を目ざすことを主張したものである。

しかし、当然のことだが、それは米国主導のパートナーシップ構築であって中国自身の主張にそっているか否かは明瞭ではない。中国が国際経済秩序（改めて確認するまでもなくそれは米国主導による「秩序」である）を擁護しようと考えるかどうかは決して自明なことではない。問題はそれが中国による中国自身が考える「国益」にかなっているかどうかということ、さらに言えば「中国による中国自身が考える」という場合の中国とはいったい何をそして誰を示しているのかもまた明瞭ではない。

さらに大きな問題は、ほかならぬ米国自身が主導する「秩序」それ自体が米国に一方的に好都合にでき上がっているといわざるを得ないということである。実

際、日米摩擦の際には米国によって日本のマル優制度の廃止を求められ、廃止に至っているが、その根拠は冒頭に述べたとおり、「米国の貿易赤字は米国人の過剰消費のためだけではなく外国人の過剰貯蓄のためだ」という間違った認識だったはずである[197]。すなわち、米国が無謬であればあるいは論理的に無矛盾であれば、中国に真のパートナーシップの構築を持ちかけてもあるいは乗り切ることが可能かもしれないが、米国自体の論理が不都合であれば、ほとんど不可能に近いというほかない。あるのは中国政府との抜き差しならない対立であろう。

4-2　G2警戒派の議論

　中国の「現実主義」にもとづく行動に警戒感をもつ専門家の診断は、「G2」構想に楽観的ではなく、「G2」が成功裏に行われるという見解にむしろ批判的である。

　強硬な「警戒派」は、まずミアシャイマー（2001）であろう。ミアシャイマーのいわゆるオフェンシブ・リアリズム（攻撃的現実主義）という立場からみればむしろごく自然な主張であるといえる。ミアシャイマー（2001）の第10章には次のような見解が述べられている[198]。

　すなわち、「中国が将来及ぼしてくる脅威の恐ろしさは、中国が20世紀にアメリカが直面したどの大国よりも、はるかに強力で危険な「潜在覇権国」になるかもしれない、という点にある。ワイマール時代のドイツ、大日本帝国、ナチス・ドイツ、そしてソ連でさえ、アメリカに対抗できる「軍事的潜在力」を持っていなかった。ところがもし中国が「巨大な香港」になれば、おそらくアメリカの四倍の「軍事的潜在力」を持つことになり、軍事的にも北東アジアでアメリカより決定的に有利な状況を手に入れることができるようになるのだ。このような状況になれば、中国にとってアメリカは当然のごとく競争相手になる。さらに中国は、アメリカと世界中で競争した結果、アメリカ同様の圧倒的な超大国という地位を手に入れる確率が高い」（邦訳書、以下同じ、516-517頁）。

　そうした見解から導かれる見方は、アメリカの利益とは、「中国の経済成長のスピードを遅くすること」（517頁）だったということである。だが、アメリカは

---

197 当然、こうした指摘にしたがわざるを得なかった日本政府の姿勢を理解することは困難である。
198 なお、Mearsheimer は2014年に同じタイトルの書籍を、改訂版として、出版している。

第8章 日米関係・米中関係の政治経済学 253

「何十年にわたって全く逆の効果を狙った戦略を実行してきた」（517頁）のであり、そうした「アメリカの対中政策は間違っている」（517頁）というのがミアシャイマーの主張である。

実際、豊かになった中国は、ミアシャイマーのいう「地域覇権を狙う「侵略的な国」になるから」であり、それは当然のこととしてみられている（決して「悪意のある」国だというわけではない）。なぜなら「どのような国家にとっても自国の生き残りを最大限に確保するための最も良い方法が地域覇権国になることだという点にある」（517頁）からである。そして、「中国が地域覇権を確立するための充分な「軍事的潜在力」を手に入れるまでは、まだまだ時間がかかるだろう。ところがこの発展を逆戻りさせ、中国の勃興を抑えるには、もう手遅れなのである」（518頁）と述べている。

また、「アメリカの政治文化はかなりリベラルであり、リアリストのアイディアに対して非常に敵対的であり続けてきた」し、そうした「リアリストの原理に背を向けることは、アメリカに致命的な間違いを犯させることになる」（518頁）と結んでいる。

ここに引用したミアシャイマーの書籍は、2001年に出版されたものであり、すでに15年前のものである。実際、「アジアのバランス・オブ・パワー（2000年）」としてあげられている表は、（念のために本章で掲げておくと）表8-17のとおりであり、現在とは異なっている。

ミアシャイマーに引用されているGNPは、中国が1.18兆ドルであり日本が4.09兆ドルであって、中国は日本の28.9%にすぎない。しかし表8-1のとおり、2014年は中国が10兆ドルであり日本が4.6兆ドルであって、中国は日本の約2.2倍である。GNPが日本の28.9%の中国をもって「中国の勃興を抑えるには、もう手遅れ」だと判断されるのであれば、現状は手をこまねいて「中国の勃興」を見守っているよりほかにない。

もっとも、アメリカがリアリストの原理に背を向け、中国の地域覇権の確立に手を貸したという間違った「対中政策」をとったとしても他国がそれを非難できる筋合いのものではない。実際、ミアシャイマーが「冷戦終結の直後、日本はアジアで発展しつつあった経済相互依存関係が、中国との関係を半永久的に平和なものにするという自信を持っていた。ところが、日本の対中国観は1990年代半ば頃までにかなり硬化し、リアリズム的な観点から、中国の戦略的な狙いを懸念す

254　第Ⅱ部　中国の国際化の政治経済学

表8-17　アジアのバランス・オブ・パワー（2000年）

	潜在力		実際の力	
	GNP	人口	軍隊の規模	核弾頭の数
中国	1.18兆ドル	12億4,000万人	2,200,000	400
日本	4.09兆ドル	1億2,600万人	151,800	0
ロシア	0.33兆ドル	1億4,700万人	348,000	10,000

出所：Mearsheimer（2001）邦訳書493頁。

るようになったのだ」（484頁）という主張は的確である。日本もまた「対中国政策を間違った」といわざるを得ない。明らかに、中国の経済成長のスピードを速くすることに手を貸したのである。

　ミアシャイマーの「オフェンシブ・リアリズム」の観点に立てば、米国がG2という「真のパートナーシップの構築」をつうじて、中国を国際経済秩序の擁護者としての役割をはたさせるように働きかけることは「致命的な間違い」を加速させることになるだろう。

　さて、先に述べた*Foreign Affairs*誌上でのバーグステンのG2推進の議論に警戒の目を向けたのは、エコノミー＝シーガル（2009）である。

　バーグステンの場合と同様に、『フォーリン・アフェアーズ・リポート』の「概説」にそくして表現してみることにすれば、エコノミーとシーガルの見解は次のとおりである。

　「グローバルな課題に対応していく上でアメリカは中国の協力を必要としている。だが、この観点から米中の2国間関係を強化しようと試みても、利益認識や価値観の違い、政策遂行能力の違いが災いして、うまくパートナーシップを形成するのは現実には難しい。中国との協力という言葉は心地よい響きを持つが、実際にはそれが一筋縄ではいかないことを認めなければならない。結局は混乱に直面して双方が反発しあうことになる。こうした関係悪化の下方スパイラルの渦にはまるのを避けるには、ワシントンは中国への対応をめぐって世界各国から支援を引き出すべきだ。現状における重要な問題のすべてに中国が影響を与えているとみなし、台頭途上のグローバルなパワーである中国からより多くの協調を引き出したいと考えているのはアメリカだけではない。アメリカが中国との関係を前に進めたいのであれば、他の国も中国との交渉に参加させる必要がある。」

要するに、米中２国間のパートナーシップの形成は難しいことを認識する必要があること、２国間ではなく多国間の枠組みの形成の必要性を主張したものである。

端的に言い換えれば、バーグステンが米中間に「真のパートナーシップ」が形成できると考えているのに対して、エコノミーとシーガルは米中間に「パートナーシップ」を形成するのは困難だと考えているということである。

バーグステン論文でもエコノミー＝シーガル論文でも、論文の多くの頁がいかに中国の行動が米国、ヨーロッパ、日本等との間に諸問題を生み出しているかということに費やされている。そして諸問題の指摘に次いで、バーグステン論文では「だからこそ米国と中国との２国間の真のパートナーシップの構築が重要であり最優先事項なのだ」という主張となり、エコノミー＝シーガル論文では「だからこそ、カナダ、ヨーロッパ、日本など他の国ぐにを巻き込んだ多国間の枠組み作りが重要なのだ」という主張となっている。

言い換えれば、米国が「真のパートナーシップの構築」を目ざして中国との交渉をすすめるのかそれとも対中国関係をすすめていくのに不可欠な他の諸国を巻き込んだ多国間交渉をすすめるのかという方針の相違である。さまざまな諸条件に依存するから確定的な回答をみい出すことは困難だが、比較的明瞭なことは、米国にとって「中国との交渉」よりも「カナダ、ヨーロッパ、日本等との交渉」の方が容易だろうということであり、それはエコノミー＝シーガル論文で述べられているとおり、利益認識や価値観により多くの共通点が存在しているからである。

なお、「Ｇ２警戒派」として上で述べたミアシャイマーとエコノミー＝シーガルの議論との間には、大きな「溝」が存在しているようにみえる。それは、ミアシャイマーの議論があくまでもリアリストであり、（伊藤（2012）、92頁）がふれているとおり）リアリスト外交は「野蛮な異教国、非民主主義国」とも同盟関係を結ぶことによって均衡を保つのに対して、エコノミー＝シーガルは米国と中国との間の「価値観の違い」や「政策遂行能力の違い」などが適切に処理できなければ、行き着く先が全くみえないと考えていることである。

256　第Ⅱ部　中国の国際化の政治経済学

4-3　考察

　「G2」をみる見方は、2009～2010年ごろから次第に変わっていったように思われる（もっとも、日本に関していえば、──ミアシャイマーが適切に述べているように──日本の対中国観は1990年代半ば頃までにかなり硬化していたし、中国の戦略的な狙いを懸念するようになっていたといえる）。実際、細谷（2012）が指摘しているように、米中協調論は次第に後退していき、エコノミー＝シーガルのように「米中協調に過度に依存するオバマ政権の対外政策を厳しく批判する」論調がみられるようになった。そして、そうした米中協調への楽観論の後退の主要な理由として、「中国外交がこの頃から路線変更して、「核心的利益」をめぐり、より強硬な姿勢を示すようになった」（細谷（2012）、324頁）ことがあげられる。いうまでもなくその背景にあるのは、（第1節の「基礎データ」をつうじて確認したように）中国の経済的・軍事的拡大であり、米国および日本の（相対的な）経済的・軍事的縮小であるといえる。

　ところで、先にふれたとおり、「中国」とはいったい何をそして誰をさすのかいっこうに明瞭ではない。ひとまず現在の政権運営を担っている中国共産党政権をさして「中国」とよぶとすれば、われわれのとるべき見方は簡単である。中国にとってそれが国益にかなっているか否かを考えてみればよい。中国は自国の利益にかなっていれば米国とのパートナーシップを進めるだろうし、自国の利益にかなわなければ米国とのパートナーシップをすすめようとはしないだろう。きわめて合理的な対応をとるものとみるのが適切である[199]。

　そうした見方にしたがって判断することにすれば、本節のG2の「推進派対警戒派」の見解の不一致は解消する。明らかに中国の国益行動は「リアリストの見方」にしたがって位置付けられるからである。中国との間に「真のパートナーシップ」を構築しようとすれば、そこにこそ中国の最大の国益が存在することを説得的に論証しなくてはならない。そして国際経済秩序の擁護者としての役割を中国に求めるためには、それこそが中国の最大の国益であることが明瞭に語られなければならない。

　過去の「中国」の行動からみれば、中国の対米国政策を推し量ることはそれほ

---

[199] あらためて付け加えるまでもなく、それが具体的にどのような意図のもとに行われるのかを確信をもって知ることは無理である。この点は Mearsheimer（2006），p. 160参照。

ど難しくはない[200]。米国の経済力・軍事力が中国を圧倒している間は、必ずしも従順というわけではないにしても、（戦争に至るような）決定的な対立は避けるはずである。だが、中国の経済力・軍事力が明らかに米国をしのぐような事態になれば話は違ってくるだろう。（場合によっては戦争に至るような）決定的な対立も辞さない行動に出ることも十分にあり得る。

　（希望的に語られる）平和的な話ではないが、もしかりに、（念のため繰り返すが、現在の中国共産党政権をさして「中国」とよぶとすれば）中国の国益の最大化とは、中国が世界で圧倒的に大きな経済力・軍事力を保有し、「覇権国」というポジションを享受し得ることだとすれば、米国との間に深刻な対立が発生することは避けられない。米中間の「G2体制」が平和的にすすんでいくと考えるのは過度に楽観的なはずである。

5．結論：中国の市場経済化

　本章は、日米関係、米中関係の分析を試み、中国の市場経済化との関わりを探ってみたものである。第1節でみたとおり（少なくとも2014年時点までを視野に入れるかぎり）、日本、米国、中国の3カ国のデータは明らかに中国のほぼ圧倒的な優位を示している。そして当該優位が、その源をたどっていくと鄧小平に行く着くことは間違いないだろう。1978年にはじまる改革開放政策である。言い換えれば「市場経済化」への改革であり、1992年以降公式には「社会主義市場経済」とよばれることとなる改革である。

　第2節でみたとおり、日米間の摩擦が1980年代に深刻化することとなった大きな理由は、そこに「覇権国」をめぐる争いが潜んでいたからであり、米国によるソ連を対象とした軍事費の増大があり、軍事費を抑えながら経済を拡大させていった日本の存在（いわゆる「フリーライダー」である）が覇権国米国を苛立たせたことにあったと思われる。なお、本書第Ⅰ部で検討したとおり、日米摩擦への対応の一環として（各国間で）行われた「プラザ合意」が、その後の日本のバブルの生成・崩壊のきっかけとなった。

　第3節は、日米関係とりわけ日米摩擦の検討を土台として、米国の外交戦略について分析を加えたものである。実際、日米関係といい日米同盟といっても、い

---

200 逆の表現をすれば、それだけ中国の外交戦略が合理的だということでもある。

258　第Ⅱ部　中国の国際化の政治経済学

ったい米国の意図がどこにあるのかいっこうに明瞭ではない。とりわけ米国の対中国政策との比較をとおしてみた場合そうした不明瞭さは明らかである。現在の日本で米国の「核の傘」という主張をそのとおり理解しているという人びとは（いるとしてもごく少数であり）ほとんど存在しないだろう。それだけではなく、米国は日本を「潜在的敵国」とみなし、したがって「自主防衛」をさせないでおくというものだ、という主張が存在する。

　すなわち、もし米国が日本を「潜在的敵国」だとみなし、「自主防衛」をさせないでおくというものだと理解すれば、米国は日本でありドイツであるといった潜在的に強国になり得る国ぐにの国力を弱めることで近隣諸国との「勢力均衡」を図っているのだと解釈することができるだろう。しかし、そうした戦略の一方で米国は対中国政策を適切に行ったようにはみえない。

　第4節は、米中関係を検討したものである。鄧小平の改革開放政策から30年以上が経過し、各国とりわけ日本や米国による対中国政策が中国の「市場経済化」の促進に貢献し、中国の経済成長を加速させた結果、「G2」とよばれる米国と中国との2大国体制が出来上がった（実際、米国による対中国政策は対日本政策とはエッセンシャルに異なっている）。いったい「G2」という体制は今後推進されていくものなのか、それとも警戒の対象とされていくものなのかが当然分析課題となる。第4節はそうした対立の議論に焦点を合わせて行われた。そして、おおむね2009年から2010年以降、「G2」は警戒すべき事態としてとらえられることが多く、それは中国の市場経済化という枠組みにみられるように、中国の体制が米国との間にパートナーシップを構築させていくことが難しいと認識されるようになってきたからである。こうした見方に立てば、ごく近い将来に米国と中国との間に抜き差しならない対立が発生するであろうと予測される。現状の国際関係はそうした状態にあるものと理解するのが適切である。

　さて、第4節で検討したとおり、「G2」をめぐる議論の前提すなわち中国の国力が大きく増大しそれに比較して米国の国力が相対的に低下していっていることは疑いないものとされ、米国およびヨーロッパや日本などの国ぐにとの協調の「可否」に注目が集められた。だがあらためてふれるまでもなく、中国の国力が今後大きく増大していくか否かは自明のこととはいえない[201]。少なくとも経済の側面に関していえば、それは中国の「市場経済化」の進展に大きく依存している

---

[201] この点は今後の研究課題である。機会を改めて試みることとしたい。

と考えるのが適切である。

おわりに

　本書は 2 部 8 章から構成されている。第 I 部の 4 つの章では中国のバブルをあつかい、第 II 部の同じく 4 つの章では中国の国際化をあつかっている。そしていうまでもなく、本書の目的は中国における「市場経済化」の特徴を摘出し分析を試みることである。

　中国のバブルについては、しばしばバブルの発生が主張されまたバブルの崩壊が伝えられる。そうかと思えばバブルの発生が疑われあるいはバブルの崩壊に疑問が呈せられるといった具合である。要するに、いっこうに事態が明瞭ではない[202]。本書では、したがって、「バブルの早期警戒指標」をみい出すこと、ならびに「バブルの崩壊」を示す確たる足跡を捕捉することを目的として分析が試みられた。そうした試みをつうじてひとまず、「異常値による検定」ならびに「資本係数による検定」という結果を得ることができ、今後の発展への基礎づくりができたものと思われる。そうはいっても、まだ研究は緒に就いたばかりであり、今後いっそうの発展が期待される領域であることはいうまでもない。

　中国の国際化については、課題が山積している。本書では、直接投資ならびに統合に焦点をあて、それらの分析をとおして事態の解明を試みた。そして、対内直接投資でも対外直接投資でも、中国の国家戦略とよび得る「中国特色」を摘出できることがわかった。さらにまた、「統合」についても体制移行の側面から光をあて、同じく「中国特色」を摘出することができた。そしてこんにち大きな関心を集めている課題とは、「中国の覇権戦略」だったり「米中逆転」だったり国際システムにかかわるものだといえる。だがその場合、中国の国家戦略を形成する経済力・軍事力の土台として中国経済の展望が欠かせない。そして中国経済の展望の視界を良好にするためには、中国の「市場経済化」とりわけ「バブルの発生・崩壊」に関する適切な理解を必要とする。「バブルの発生・崩壊」について

---

[202] 実際、本書において利用可能な統計・データは2014年までだが、2015年夏以降、中国バブルの崩壊および中国の崩壊というキーワードが飛び交っている。可能なかぎりはやく、新しい統計・データのもとに、分析を試みたいと考えている。

の理解が足踏みしているのであれば、中国経済の展望もまた視界不良となり、国際システムに関する理解もはなはだ射程距離の短いものにとどまるだろう。そうした状況は早急に改善されなくてはならない。

すぐうえで述べたとおり、筆者は本書をとおして多少ともそうした課題を適切に捕捉し、視界を良好にしていく枠組みの提出に寄与することができたものと考えている。しかし、問題は山積しておりかつ基本的なレベルで複雑である。やや抽象的かもしれないが、そうした課題について、この「おわりに」で、述べてみることにしよう。

ここまでのプロセスで明らかなように、本書における８つの章をとおして、われわれは中国における市場経済化について検討を重ねてきた。そして、中国の市場経済化が、いわゆる先進工業諸国という意味での市場経済の国ぐにとはかなり違った特徴をもったものであるということをみてきた[203]。

実のところ、率直にいえば、筆者が念頭においている大きな目的のひとつは「中国の市場経済化と民主化の政治経済学」の分析であり、したがってもうひとつの「中国民主化の政治経済学」がつけ加わる必要があるといえる（この点については、近い機会に、試みたいと考えている）。

あらためていうまでもなく、本書において「市場経済化」の議論の背後に「民主化」であり「民主主義」でありといった用語・概念がしばしば垣間みえたはずである。というのは、「市場経済化」と「民主化」とは切り離せない制度だからである。実際、すぐ上で述べた意味での市場経済の国ぐにには、自由民主主義、市場経済という制度的仕組みをいわば「車の両輪」のように備えることによって、おおむね「深刻な歪み」をもつことなく機能しているといえるからである。そういう表現をしてみれば、「民主化」のない「市場経済化」はおそらくはひどく歪んだものとなり、「市場経済化」のない「民主化」はおよそ想定し難いものだというほかない。中国の「市場経済化」が、いわゆる先進工業諸国という意味での市場経済の国ぐにとはかなり違った仕組みをもっているという意味は、市場経済の制度的未整備と同時に「民主化」に制限がかかることによってひき起こされる事態だということができるだろう。

---

[203] 同時に、（第５章において）「ごく微かかもしれないが傾向としては、適切な方向への一歩である」と考えられることを述べた。いうまでもなく、それは「ごく微か」なものであり、今後の「軌道修正」にあたるのか否かは不明であるといわざるを得ない。

先ほど述べたように、「中国の市場経済化が、いわゆる先進工業諸国という意味での市場経済の国ぐにとは基本的に違った仕組みをもったもの」といういい方をすれば、一方で市場経済の国ぐにとは違った仕組みの「市場経済化」状態にある中国において、もう一方の「民主化」とはいったいどのような制度的な仕組みになるのだろうかという疑問が生じるに違いない。現在の先進工業諸国のような民主化なのだろうか。それとも中国特色に満ちた制度的仕組みなのだろうか。当然そうした疑問が存在し得る。

　だが、そうした疑問に正面から取り組んだ後でなければ中国の「市場経済化」の問題に接近できないかというと、そういうことではないだろう。

　実際、少なくとも現在のところ、中国には数多くの不都合が存在しすぎている。格差であり、環境汚染であり、腐敗であり等々といった具合である。そして少なくともそうした「いま現在直面する課題」の改善を図るに際して、いわゆる先進工業諸国の備える自由主義、民主主義、市場経済といった制度が有効ではないという証拠はみあたらない。

　筆者は、その意味での自由主義、民主主義、市場経済という尺度をもって、現在の中国の「市場経済化」を判断することに意義をみい出せばよいと考えている。ほぼすべてを承知したうえであえていえば、中国はなお「体制移行国」と「発展途上国」というふたつの大きな課題に直面している国家であり、そうした大きな課題を克服していかなければならない状況におかれているからである。

　いずれせよ、中国の「市場経済化」について、本書をつうじて（バブル、直接投資、統合といったキーとなる概念をつうじて）その現状に接することができたのではないかと思われる。今しがたうえで述べたように、その「市場経済化」の現状と「民主化」とがどのような関係にあるのかは、当然適切な折にあらためて詳細に分析されなければならない課題であることは疑いない。「民主化」に焦点をあてつつ、今後分析を加える予定でもある。

　なお、本書該当諸箇所で指摘されているとおり、統計・データの数値は依拠する資料によってまた定義によってさまざまに異なる値となっている。とりわけ中国に関連する数値はそうである。いうまでもなく、それは重要な問題であり今後慎重な検討を要する課題である。そのことをここであらためて指摘しておき、今後の検討課題としたい。

　さて本書は、筆者の勤務先である広島修道大学の2016年度「学術選書」に含ま

れる書籍である。同選書ならびに2012年度「広島修道大学調査研究費」事業から
いただいた研究助成諸事業に対して、厚くお礼を申し上げたい。

　また、本書の上梓に際して、順不同にあげさせていただくと、大久保良夫氏（投
資信託協会副会長）および陳雲氏（復旦大学教授）から有益な見解ならびに示唆
をいただいた。この場をお借りして、厚くお礼を申し上げたい。いうまでもなく
本書に含まれているであろう誤謬はもっぱら筆者に帰せられるものである。さら
に、本書の企画の段階から全面的にお世話になった多賀出版株式会社代表取締役
佐藤和也氏に、この場をお借りして、厚くお礼を申し上げたい。

　最後に、本書を深い感謝の意を込めて妻美千代にささげることをお許しいただ
き、本書を閉じることとしたい。

　　2015年7月23日

　　　　　　　　　　　　　　　　　　　　　　　　　　　　　森田　憲

参考文献

Arestis, P., Baddeley, M., and J. McCombie (eds) (2001), *What Global Economic Crisis?*, New York, Palgrave.

Armitage, R. L., and J. S. Nye (2007), *CSIS Commission on Smart Power: A smarter, more secure America,* Washington, D. C., The CSIS Press.

アーミテージ・リチャード・L、ナイ・ジョセフ・S、春原剛 (2010)、『日米同盟 VS. 中国・北朝鮮』、東京、文藝春秋。

Arthur, B. (1994), *Increasing Returns and Path Dependence in the Economy,* Ann Arbor, The University of Michigan Press.

Aslund, A. (2002), *Building Capitalism: The Transformation of the Former Soviet Bloc*, Cambridge, Cambridge University Press.

Aslund, A. and A. Warner (2004), "The EU Enlargement: Consequences for the CIS Countries", Dabrowski, M., B. Sley and J. Neneman (eds), *Beyond Transition: Development Perspectives and Dilemmas*, Farnham, Ashgate Publishing.

Axelrod, R. (1984), *The Evolution of Cooperation,* New York, Basic Books.

Baddeley, M. and J. McCombie (2001), "An Historical Perspective on Speculative Bubbles and Financial Crises: Tulipmania and the South Sea Bubble", Arestis, P., Baddeley, M., and J. McCombie (eds), *What Global Economic Crisis?*, New York, Palgrave.

Blanchard, O. J. and M. W. Watson (1982), "Bubbles, rational expectations and financial markets", P. Wachtel (ed.), *Crises in the Economic and Financial Structure*, Lexington, MA, D. C. Heath.

Bergsten, F. and W. R. Cline (1985), *The United States-Japan Economic Problem*, Washington D. C., Institute for International Economics (奥村洋彦 (監訳)、『日米経済摩擦』、東京、東洋経済新報社、1986年).

Bergsten, F. (2008), "A Partnership of Equals: How Washington Should Respond to China's Economic Challenge", *Foreign Affairs*, Vol. 87, Issue 4.

Bozyk, P. (1989), *Marzenia i rzeczywistosc: Czy gospodarke polska mozna zreformowac*, Warszawa, SGPiS World Economic Research Institute Working Papers (森田憲訳、『ポーランド経済は改革可能か』、東京、同文舘、1993年).

Campbell, J. (2011), "Asia and Europe: Federal vs. Concentric Paths to Regional Integration", Paper presented at the Fifth APISA Congress, Taichung, Taiwan, November 24-25, 2011.

Chen, C., Chang, L., and Y. Zhang (1995), "The Role of Foreign Direct Investment in China's post-1978 Economic Development", *World Development*, Vol. 23, No. 4.

Chen, L. K. and Y. K. Kwan (2000), "What are the determinants of the location of foreign direct investment? The Chinese experience", *Journal of International Economics*, Vol. 51.

Chen, Yi and S. Demurger (2002), "Foreign Direct Investment and Manufacturing Productivity in China", CEPII Research Project (France).

陳雲・森田憲 (2005e)、「中国の体制移行における開発モデルの変遷と所得格差：中欧の体制

移行経路との比較分析」、『広島大学経済論叢』、第29巻第2号（11月）。

Chen, Yun and K. Morita (2006), "Development Strategies and Income Disparities in China: Comparisons with Central Europe", *Economic Papers* (Warsaw School of Economics, Institute for International Studies, Warsaw, Poland), Vol. 40.

陳雲・森田憲（2007）、「上海における不動産開発の政治経済学：現状およびマクロ経済へのインパクト」、『広島大学経済論叢』、第33巻第2号（11月）。

陳雲・森田憲（2009a）、「中国開発モデルの政治学：『成長の共有』の示唆」、『広島大学経済論叢』、第32巻第3号（3月）。

陳雲・森田憲（2009b）、「中国における分税制下の中央地方関係：立憲的地方自治制度のすすめ」、『広島大学経済論叢』、第33巻第1号（7月）。

Chen, Yun (2009), *Transition and Development in China: Towards Shared Growth*, Farnham, Ashgate Publishing.

陳雲・森田憲（2010）、『中国の体制移行と発展の政治経済学―現代国家への挑戦』、東京、多賀出版。

陳雲・森田憲（2011）、「統合と安全保障の政治経済学：「東アジア共同体」および「沖縄構想」をめぐって」、『広島大学経済論叢』、第35巻第1号（7月）。

C'hen, Yun and K. Morita (2013), "Toward an East Asian Economic Community", Rosefields, S. S., Kuboniwa, M. and S. Mizobata (eds), *Prevention and Crisis Management*, Singapore and New Jersey, World Scientific Publishing.

陳雲・森田憲（2014）、「中国における農転非戸籍改革の政治経済学：四大地方実験の事例研究」、『広島大学経済論叢』、第37巻第3号（3月）。

陳雲・森田憲（2015）、『中国モデルと格差――長江デルタの挑戦』、東京、多賀出版。

CIA (2014), Country Comparison to the World、https://www.cia.gov/library/publications/

Coase, R. H (1960), "The problem of social cost", *Journal of Law and Economics*, Vol. 3".

Davies, K. (2012), "Outward FDI from China and its policy context, 2012", Columbia FDI Profiles, June 7.

戴旭（Dai Xu）（2009a）、『盛世狼煙：一個空軍上校的国防沈思録』（中国語）、北京、新華出版社。

戴旭（2009b）、『海図騰：中国航母』（中国語）、北京、華文出版社。

Economy, E. C. and A. Segal (2009), "Why the United States and China Are Not Ready to Upgrade Ties", *Foreign Affairs*, Vol. 88, Issue 3.

Ferguson, N. and M. Schularick (2007), "'Chimerica' and the Global Asset Market Boom", *International Finance*, Vol. 10, No. 3.

Ferguson, N. and M. Schularick (2009), "The End of Chimerica", Working Paper (10-037), Harvard Business School.

Fukuyama, F. (1992), *The End of History and the Last Man*, New York, Free Press.

Garber, P. M. (1989), "Tulipmania", *Journal of Political Economy*, Vol. 97.

Garber, P. M. (1990), "Famous First Bubbles", *Journal of Economic Perspectives*, Vol. 4.

五味佑子（2014）、「国内景気支える仕掛けが崩れる」、『週刊エコノミスト』（3月11日号）。

Haba, K. (2008): 'The Lesson of EU Enlargement fot the East Asian Community and Shanghai Cooperative Organization: What and How We Can Learn from European Integration', Paper presented at the 49 th ISA Annual Meeting, San Francisco, CA, USA, March 26-29.

Hakogi, M. (2008), "Does the FTA in the Asian Region Pave the Way Towards the East Asian Community?: The Case of the European Union", Paper presented at the 49 th ISA

Annual Meeting, San Francisco, CA, USA, March 26-29.

Halper, S. (2010), *The Beijing Consensus*, Cambridge, Perseus Books Group（園田茂人・加茂具樹（訳）(2011)、『北京コンセンサス』、東京、岩波書店。

浜田宏一（2007）、「アジアにおける経済統合と安全保障」、藪下史郎・清水和巳（編著）、『地域統合の政治経済学』、東京、東洋経済新報社。

花井等（1988）、『日米摩擦の構造』、東京、講談社。

原洋之介（2005）、『東アジア経済戦略』、東京、NTT 出版。

Hargreaves Heap, S. and Y. Varoufakis (1995), *Game Theoy: A Critical Introduction*, Oxford, Routledge.

哈利特二世（2014）、『2014-2019経済の崖っぷち』（中国語）、台北、台湾商周文化出版。

Heckscher, E. F. (1955), *Mercantilism* (translation by Mendel Sapiro), London, Allen & Unwin.

Heytens, P. and H. Zebregs (2003), "How Fast Can China Grow?", Tseng, W. and M. Rodlauer (eds), *China: Competing in the Global Economy*, Washington, D. C., International Monetary Fund.

細谷雄一（2012）、『国際秩序』、東京、中央公論新社。

堀林巧（1999）、「ハンガリー──体制転換の軌跡・1990〜98年」、小山洋司編、『東欧経済』、京都、世界思想社。

堀林巧（2009）、「ハンガリーの政治経済：「1989年」から20年後の動向」、『金沢大学経済論集』、第30巻第1号。

堀江正人（2010）、「ポーランド経済の現状と今後の展望」、三菱 UFJ リサーチ＆コンサルティング『調査レポート』（10月28日）。

Huntington, E. (1915), *Civilization and Climate*, New Haven, Yale University Press.

Huntington, S. (1968), *The Political Order in Changing Society*, New Haven, Yale University Press.

稲垣清＋21世紀中国総研（2004）、『中国進出企業地図』、東京、蒼蒼社。

石山嘉英（2013）、『中国リスクと日本経済』、東京、日本経済評論社。

伊藤貫（2011）、『中国の核戦略に日本は屈服する』、東京、小学館。

伊藤貫（2012）、『自滅するアメリカ帝国』、東京、文藝春秋。

Jones, H. (2010), *Chinamerica: Why the Future of America Is China,* New York, McGraw-Hill.

金森俊樹（2014）、「中国が画策する「影の銀行」への秘策」、『週刊エコノミスト』（3月11日号）。

Kant, I. (1927 [1795]), *Perpetual Peace: A Philosophical Sketch*, The Grotius Society Publications, no. 7 (Helen O'Brien (trans.), London, Sweet and Maxwell.

川村雄介（監修・著）、公益財団法人日本証券経済研究所（編）(2013)、『最新中国金融・資本市場』、東京、金融財政事情研究会。

河添恵子（2010）、『中国人の世界乗っ取り計画』、東京、産経新聞出版。

河添恵子（2011）、『豹変した中国人がアメリカをボロボロにした』、東京、産経新聞出版。

柯隆（2007）、『中国の不良債権問題』、東京、日本経済新聞社。

Keohane, R. O. (1984), *After Hegemony*, Princeton, Princeton University Press.

Keynes, J. M. (1936), *The General Theory of Employment, Interest and Money*, London, Macmillan.

木戸蓊・伊東孝之（1977）、「第二次世界大戦後の東欧」、矢田俊隆編、『東欧史（新版）』、東京、山川出版社。

Kindleberger, C. P. (1973), *The World in Depression: 1929-1939*, Kerkeley, University of

California Press.

Kindleberger, C. P. (1996), *Manias, Panics and Crashes*, New York, John Wiley and Sons.

木下栄蔵（2012）、『アメリカの次の覇権国はどこか？』、東京、彩図社。

小林弘二（1990）『中国の世界認識と開発戦略』、アジア経済研究所。

古島義雄（2012）、『中国金融市場論』、京都、晃洋書房。

小宮隆太郎（1972）、「直接投資の理論」、澄田智、小宮隆太郎、渡辺康（編）、『多国籍企業の実態』、東京、日本経済新聞社。

小宮隆太郎（1983）、「日米経済関係の調整課題」、日本国際問題研究所。

小宮隆太郎（1994）、『貿易黒字・赤字の経済学』、東京、東洋経済新報社。

小宮隆太郎（2006）、「通貨危機と為替投機——概観と若干の論評」、『日本学士院紀要』、第60巻第3号（3月）。

小宮隆太郎（2008）、「私の履歴書」、『日本経済新聞』（2008年12月）。

Kornai, J. (1986), "The soft budget constraint", *Kyklos*, Vol. 39, Issue 1 (February).

Kornai, J. (1990), *The Road to a Free Economy*, New York, W. W. Norton.

Krasner, S. D. (ed) (1983), *International Regimes,* Ithaca, Cornell University Press.

Krasner, S. D. (1983), "Structural cause and regime consequences : regimes as intervening variables", Krasner, S. D. (ed), *International Regimes*, Ithaca, Cornell University Press.

クー、リチャード（1994）、『良い円高　悪い円高』、東京、東洋経済新報社。

クー、リチャード（1996）、『投機の円安　実需の円高』、東京、東洋経済新報社。

日下公人・伊藤貫（2011）、『自主防衛を急げ！』、東京、李白社。

Kynge, J (2006), *China Shakes the World*, Oxford, Felicity Bryan Associates（栗原百代訳、『中国が世界をメチャクチャにする』、東京、草思社、2006年）。

Lavigne, M. (1995), *The Economics of Transition: From Socialist Economy to Market Economy*, London, Macmillan（栖原学訳、『移行の経済学：社会主義経済から市場経済へ』、東京、日本評論社、2001年）。

林毅夫（1992）、『中国における制度、技術および農業発展』（中国語）、上海、上海三聯書店。

Maddison, A. (2001): *The World Economy: A Millenial Perspective*, Paris, OECD.

丸茂明則（2002）、『アメリカ経済：市場至上主義の限界』、東京、中央経済社。

Maslow, A. H. (1943), "A theory of human motivation", *Psychological Review*, Vol. 50, No. 4.

Mathews, J. A. (2006), "Dragon multinationals: New players in 21st century globalization", *Asia Pacific Journal of Management*, Vol. 23, Issue 1.

松田遼（2014）、「理財商品、金利の自由化、新規参入、中国4大銀行を待ち受ける三重苦」、『週刊エコノミスト』（3月11日号）。

McKinnon, R. I. (1991), *The Order of Economic Liberalization*, Baltimore, The Johns Hopkins University Press.

Mearsheimer, J. J. (2001), *The Tragedy of Great Power Politics*, New York, W. W. Norton & Company（奥山真司訳、『大国政治の悲劇』、東京、五月書房、2007年）。

Mearsheimer, J. J. (2006), "China's Unpeaceful Rise", *Current History*, April.

Mearsheimer, J. J. (2014), *The Tragedy of Great Power Politics* (updated edition), New York, W. W. Norton & Company（奥山真司訳、『大国政治の悲劇』（改訂版）、東京、五月書房、2014年）。

Minsky, H. P. (1982), *Inflation, Recession and Economic Policy*, Brighton, Wheatsheaf.

三浦有史（2013）、「投資効率の低下が顕著な中国経済——習近平体制下で「発展方式の転換」

は可能か――」、『JRI レビュー』、Vol. 3 、No. 4 。

宮崎正弘（2010）、『上海バブルは崩壊する――ゆがんだ中国資本主義の正体』、東京、清流出版。

宮崎正弘（2013）、『中国バブル崩壊が始まった』、東京、海竜社。

Modelski, G. and W. R. Thompson（1987）, "Testing Cobweb Models of the Long Cycles", Modelski, G.（ed）, *Exploring Long Cycle*, Boulder, Lynne Rienner Publishers.

森田憲（1979）、「投機の経済分析：国際商品としての天然ゴムの事例に注目して」、『アジア経済』、第20巻第 7 号（ 7 月）。

森田憲（1986）、「ポーランドにおける第二経済」、『アジア経済』、第27巻第 2 号（ 2 月）。

森田憲（1987）、「第二経済の実態と分析――ポーランドの場合：II分析編」、名東孝二（編著）『共産圏の地下経済』、東京、同文舘。

森田憲（1988）、「日本の外交政策の経済的分析」、岩田規久男・石川経夫（編）、『日本経済研究』、東京、東京大学出版会。

森田憲・スティーブン＝ローズフィールド（1994）、「ポスト共産主義ロシアの経済発展：ガーシェンクロン仮説の再検討」、『広島大学経済論叢』、第18巻第 3 号（11月）。

森田憲（1997）、「ポーランドの市場経済体制移行：「バルツェロビチ・プログラム」をめぐって」、『国際協力研究誌』（広島大学）、第 3 巻第 1 号（ 3 月）。

Morita, K.（1997）, "On a Weakness of Japan's FDI into East European Countries", *South East European Monitor*, Vol. 4.

Morita, K.（1998）, "On Determinants of Japan's Foreign Direct Investment in Eastern Europe: The Case of Poland", *Journal of East-West Business*, Vol. 4.

森田憲（2002）、『中欧の経済改革と商品先物市場』、東京、多賀出版。

Morita, K.（2004）, *Economic Reforms and Capital Markets in Central Europe*, Farnham, Ashgate Publishing.

森田憲・陳雲（2006）、「日本の対体制移行国直接投資：規模および傾向」、『広島大学経済論叢』、第30巻第 2 号（11月）。

森田憲・陳雲（2008）、「地域統合と経路依存：アジアの統合をめぐって」、『広島大学経済論叢』、第32巻第 1 号（ 7 月）。

Morita, K. and Yun Chen（2008）, "A Sociological Study of Transition: China and Central Europe", *Economic Papers*（Warsaw School of Economics, Institute for International Studies, Warsaw, Poland）, Vol. 43.

森田憲・陳雲（2009 a）、「日本の商品先物市場の活性化をめぐって：なぜわれわれは中国との連携をすすめるのか」、『デナーロ』（ 1 月）。

森田憲・陳雲（2009 b）、『中国の経済改革と資本市場』、東京、多賀出版。

森田憲・陳雲（2009 c）、「対米摩擦の政治経済学」、『広島大学経済論叢』、第33巻第 2 号。

Morita, K. and Yun Chen（2009 a）, "Japanese FDI in Central Europe and China: Consequences and Trends", Pickles, J.（ed）, *Globalization and Regionalization in Post-Socialist Economies*, New York, Palgrave Macmillan.

Morita, K. and Yun Chen（2009 b）, *Transition, Regional Development and Globalization: China and Central Europe*, Singapore and New Jersey, World Scientific Publishing.

Morita, K. and Yun Chen（2010）, "Regional Integration and Path Dependence: EU and East Asia", *Economic Papers*（Warsaw School of Economics, Institute for International Studies）, Vol. 44.

森田憲・陳雲（2013 a）、「「中国の台頭」の政治経済学：対外直接投資、重商主義および国際シ

ステム」、『広島大学経済論叢』、第36巻第3号（3月）。

森田憲・陳雲（2013b）、「中国のバブル現象の経済分析：日本のバブルとの比較」、『広島大学経済論叢』、第37巻第2号（11月）。

森田憲・陳雲（2014a）、「中国の国家資本主義とバブル現象」、『広島大学経済論叢』、第38巻第1号（7月）。

森田憲・陳雲（2014b）、「中国バブルの政治経済学」、『修道商学』、第55巻第1号（9月）。

Morita, K. (2016), "A Political Economy of Systemic Transition and Bubble Phenomena: A Comparison of China with Hungary", *Zeszyty Naukowe Uczelni Vistula*, No. 48 (3).

森田憲（2016）、「南東関係の政治経済学」、『広島大学経済論叢』、第40巻第1・2号（11月）。

Munakata, N. (2006), *Transforming East Asia: The Evolution of Regional Economic Integration*, Washington D. C., Brooking Institution Press.

Mundell, R. A. (1969), "The Crisis Problem", Mundell, R. A. and A. K. Swoboda (eds), *Monetary Problems of the International Economy*, Chicago, The University of Chicago Press.

村松岐夫・奥野正寛（編著）（2002a）、『平成バブルの研究〈上〉形成編——バブルの発生とその背景構造』、東京、東洋経済新報社。

村松岐夫・奥野正寛（編著）（2002b）、『平成バブルの研究〈下〉崩壊編——崩壊後の不況と不良債権処理』、東京、東洋経済新報社。

村松岐夫（2004）、「「不良債権処理先送り」の政治学的分析：本人混迷と代理人の裁量」、『RIETI Discussion Paper Series 04-J-021』（経済産業研究所）。

村松岐夫（2005）、『平成バブル先送りの研究』、東京、東洋経済新報社。

Myerson, R. (1991), *Game Theory: Analysis of Conflict*, Harvard, Harvard University Press.

中兼和津次（1999）、『中国経済発展論』、東京、有斐閣。

根岸隆・渡部福太郎（編）（1971）、『日本の貿易』、東京、岩波書店。

21世紀中国総研（編）（2007）、『中国進出企業一覧』（上場企業編）・（非上場企業編）［2007-2008年版］、東京、蒼蒼社。

丹羽宇一郎（2014a）、「米中関係にならって日本も経済で政治を動かせ」（インタビュー記事）、『週刊エコノミスト』（3月11日号）。

丹羽宇一郎（2014b）、『中国の大問題』、東京、PHP新書。

野口悠紀雄（1992）、『バブルの経済学：日本経済に何が起こったのか』、東京、日本経済新聞社。

North, D. C. (1990), *Institutions, Institutional Change and Economic Performance*, Cambridge, Cambridge University Press.

Nossel, S (2004), "Smart Power ", *Foreign Affairs*, (「真にリベラルな国際主義ビジョンを——保守派から国際主義を奪還せよ」、『フォーリン・アフェアーズ日本語版』、2004年4月号).

Nye, J. S. (2004), *Soft Power: the means to success in world politics*, Cambridge, Perseus Books Group.

Nye, J. S. (2012), "China's Soft Power Deficit", *Wall Street Journal*, May 8th.

奥村洋彦（1999）、『現代日本経済論：「バブル経済」の発生と崩壊』、東京、東洋経済新報社。

Oneal, J. R. and B. M. Russet (1997), "The Classical Liberals Were Right: Democracy, Interdependence, and Conflict, 1950-1985", *International Studies Quarterly*, Vol. 41, No. 2.

Oneal, J. R., B. M. Russet and Michael L. Berbaum (2003), "Causes of Peace: Democracy, Interdependence, and International Organizations, 1885-1992", *International Studies Quarterly*, Vol. 47, No. 3.

Pei Minxin (2014)、「中国は欧米秩序を拒絶する——米中衝突が避けられない理由」、『フォー

リン・アフェアーズ・リポート』（4月号）。

Penrose, E. T. (1956), "Foreign investment and the growth of the firm", *Economic Journal*, Vol. 66 (June).

Pickles, J. (ed) (2008), *Globalization and Regionalization in Post-Socialist Economies*, New York, Palgrave Macmillan.

Polanyi, K., C. M. Arensberg and H. W. Pearson (eds) (1957), *Trade and Market in the Early Empires*, The Free Press and The Falcons Wing Press.

関志雄（2006）、「地域格差是正へ、国内版FTA・雁行形態・ODA推進を」、日本経済研究センター／清華大学国情研究センター（編）、『中国の経済構造改革』、東京、日本経済新聞社。

Quer, D., Claver, E. and L. Rienda (2012a), "Chinese Multinationals and Entry Mode Choice: Institutional, Transaction and Firm-Specific Factors", *Frontiers of Business Research in China*, Vol. 6, Issue 1.

Quer, D., Claver, E. and L. Rienda (2012b), "Political risk, cultural distance, and outward foreign direct investment: Empirical evidence from large Chinese firms", *Asia Pacific Journal of Management*, Vol. 29, Issue 4.

Rosecrance, R. (2006), "Power and International Relations: The Rise of China and Its Effects", *International Studies Perspectives*, Vol. 7.

Rosefilds, S. S. (1998), *Efficiency and Russia's Recovery Potential to the Year 2000 and Beyond*, Farnhom, Ashgate Publishing.

Ruggie, J. G. (1975), "International responses to technology: concepts and trends", *International Organization*, Vol. 29, No. 3 (Summer).

佐々木高成（2009）、「米国の対中経済政策：G2体制に向かうのか」、『季刊　国際貿易と投資』、No. 78。

Sachs, J. (1993), *Poland's Jump to the Market Economy*, Cambridge, The MIT Press.

Sachs, J. and W. T. Woo (1994), "Structural factors in the economic reforms of China, Eastern Europe, and the Former Soviet Union", *Economic Policy*, Vol. 9, No. 18 (Spring).

Schmoller, G. (1896), *The mercantile system and its historical significance*. London, Macmillan.

盛来運（2008）、『移動、それとも移住：中国農村労働力移動過程の経済学分析』（中国語）、上海、上海遠東出版社。

柴田聡・長谷川貴弘（2012）、『中国共産党の経済政策』、東京、講談社。

Shiller, R. J. (2008), *The Subprime Solution: How Today's Global Financial Crisis Happened, and What to Do about It*, Princeton, Princeton University Press（黒坂佳央監訳、『バブルの正しい防ぎ方：金融民主主義のすすめ』、東京、日本評論社、2014年）。

篠原三代平（1991）、『世界経済の長期ダイナミックス』、東京、TBSブリタニカ。

Smith, A. (1904), *An inquiry into the nature and causes of the wealth of nations*, London, Methuen.

宋強等（1996）、『「ノー」といえる中国』（中国語）、北京、中国経済団体出版社。

宋暁軍・王小東・黄紀蘇・宋強（2009）、『中国アンハッピー』（中国語）、南京、江蘇人民出版社。

Stein, A. A. (1983), "Coordination and collaboration: Regimes in an anarchic world", Krasner, S. D. (ed), *International Regimes*, Ithaca, Cornell University Press.

Stiglitz, J. E. and A. Weiss (1981), "Credit rationing in markets with imperfect information", *The American Economic Review*, Vol. 71.

鈴木真実哉（2006）、「『重商主義』再考」、『聖学院大学論叢』第18巻第2号。

鈴木淑夫（1993）、『日本の金融政策』、東京、岩波新書。

田口雅弘（1999）、「ポーランド」、小山洋司（編）『東欧経済』、京都、世界思想社。

田口雅弘（2005）、『ポーランド体制転換論：システム崩壊と生成の政治経済学』、東京、御茶の水書房。

竹本洋（1999）、「重商主義論ノート」、『経済学論究』（関西学院大学）第53巻第3号。

田中素香・長部重康・久保広正・岩田健治（2006）、『現代ヨーロッパ経済』、東京、有斐閣。

田中隆之（2002）、『現代日本経済：バブルとポスト・バブルの軌跡』、東京、日本評論社。

谷口誠（2011）、「東アジア共同体構築を目指して」、谷口誠［監修］、町田市・桜美林大学連携プロジェクト編集委員会［編集］、『東アジア共同体とは何か』、町田市、桜美林大学北東アジア総合研究所。

谷口洋志・朱珉・胡水文（2009）、『現代中国の格差問題』、東京、同友館。

Topol, R.（1991）, "Bubbles and Volatility of Stock Prices: Effect of Mimetic Contagion", *Economic Journal*, Vol. 101.

Tseng, W. and H. Zebregs（2002）, "Foreign Direct Investment in China: Some Lessons for Other Countries", IMF Policy Discussion Paper, Washington DC, International Monetary Fund.

津上俊哉（2011）、『岐路に立つ中国』、東京、日本経済新聞出版社。

津上俊哉（2013）、『中国台頭の終焉』、東京、日本経済新聞出版社。

Waltz, K. N.（1979）, *Theory of International Politics*, New York, McGraw-Hill（河野勝・岡垣知子（訳）、『国際政治の理論』、東京、勁草書房、2010年）.

王小広等（1999）、『住宅体制改革』（中国語）、広州経済出版社。

王也（2008）、『現代中国の産業国際競争力の一研究：RCA（顕示比較優位）指数に基づく統計分析』、名古屋、ブイツーソリューション。

Winiecki, J.（1988）, *The Distorted World of Soviet-Type Economies*, London, Routledge（福田亘・家本博一・永合位行（訳）、『ソ連型経済はなぜ破綻したか』、東京、多賀出版、1991年）.

呉敬璉（2004）、『当代中国経済改革：戦略与実施』（中国語）、上海、上海遠東出版社（青木昌彦監訳、日野正子訳、『現代中国の経済改革』、東京、NTT出版、2007年）。

呉軍華（2005）、「不動産バブルと中国的改革」、*Business & Economic Review*（日本総研）（8月）。

謝国忠（2014）、「既得権益者が持続させたい中国の資産バブル」（中国語）、謝国忠ブログ。

山澤逸平（1971）、「世界貿易の結合度分析」、根岸隆・渡部福太郎（編）、『日本の貿易』、東京、岩波書店。

柳田辰雄（2008）、『相対覇権国際システム安定化論：東アジア統合の行方』、東京、東信堂。

厳瑞琴他（1998）、『中国工農業製品価格剪刀差』（中国語）、北京、中国人民大学出版社。

張庭賓（2013）、「中国不動産バブルは2015年までに崩壊するかもしれない」（中国語）、『第一財経日報』（12月21日）。

図表一覧

表

表 1-1　日本経済新聞における「バブル」という言葉を使った記事の件数
表 1-2　東証株価時価総額の異常値時期（日本）
表 1-3　6大都市の商業地価格指数の異常値時期（日本）
表 1-4　東証株価時価総額の乖離比率（日本）
表 1-5　6大都市の商業地価格指数の乖離比率（日本）
表 1-6　日本の新設住宅着工戸数の乖離比率
表 1-7　日本の外貨準備高の乖離比率
表 1-8　日本のM2平均残高の乖離比率
表 1-9　都市銀行11行の不良債権比率（日本）
表 1-10　住専7社の不良債権比率（日本）
表 1-11　税収の中央対地方の比率
表 1-12　中国の外貨準備高の異常値時期
表 1-13　中国の商品先物市場出来高の異常値時期
表 1-14　中国の外貨準備高の乖離比率
表 1-15　中国の商品先物市場出来高の乖離比率
表 1-16　上海先物取引所銅6カ月先物価格の乖離比率
表 1-17　上海先物取引所アルミニウム6カ月先物価格の乖離比率
表 1-18　鄭州先物取引所綿花4カ月先物価格の乖離比率
表 1-19　上海証券取引所株価指数の乖離比率
表 1-20　深圳証券取引所株価指数の乖離比率
表 1-21　住宅用建築販売価格の乖離比率（中国）
表 1-22　高級アパート販売価格の乖離比率（中国）
表 1-23　事務所用建築販売価格の乖離比率（中国）
表 1-24　中国の銀行の不良債権比率
表 1-25　住宅価格水準の上位10都市
表 1-26　不良債権比率の上位5地域
表 1-27　財政赤字の対GDP比率の上位5地域
表 1-28　限界資本係数の上位13地域
表 1-29　チベット自治区における乖離比率
表 1-30　住宅投資の対GDP比率の上位10地域
表 1-31　海南省における乖離比率
表 3-1　中国におけるM2増加額/GDP増加額の比率

表 3-2 中国における M 2 /GDP 比率
表 3-3 中国の資本係数
表 3-4 中国の貯蓄性向
表 3-5 中国の経済成長率
表 3-6 覇権国のサイクル
表 4-1 貨幣の倍率（ハンガリー）
表 4-2 貨幣の倍率（中国）
表 4-3 貨幣の倍率（日本）
表 4-4 貨幣の倍率（ポーランド）
表 4-5 貨幣の倍率（アメリカ）
表 4-6 貨幣の倍率（ロシア）
表 4-7 資本係数（ハンガリー）
表 4-8 資本係数（中国）
表 4-9 資本係数（日本）
表 4-10 資本係数（ポーランド）
表 4-11 資本係数（アメリカ）
表 4-12 資本係数（ロシア）
表 4-13 過去のレジームと現在のレジームの比較に関する意見の分布
表 4-14 体制移行に関する国民の意見
表 4-15 GDP に占める対内・対外直接投資（ストック）の比率
表 4-16 長江デルタ 3 都市における資本係数
表 5-1 中国・中欧における対内直接投資および対外直接投資（対 GDP 比率）
表 5-2 中国の直接投資
表 5-3 中国の対外直接投資の国・地域別構成（2009年）
表 5-4 中国の対外直接投資の国・地域別構成（2010年）
表 5-5 中国企業の対外資産額
表 5-6 中国の対外直接投資対象国および件数
表 5-7 中国の対外直接投資企業および件数
表 5-8 重商主義の枠組み
表 5-9 中国のジニ係数
表 5-10 各国の世界全体の GDP に占める比率
表 6-1 中国主要経済指標
表 6-2 中国対内直接投資（フロー）
表 6-3 対中国直接投資における主要投資本国（フロー、実行ベース）
表 6-4 中国の地域別対内直接投資受入比率
表 6-5 上海と中国全体の経済成長率
表 6-6 中国全体における上海の位置づけ
表 6-7 長江デルタ地域各省・各市のマクロ経済指標
表 6-8 日本の対外直接投資受入国

表6-9　日本の対中国直接投資（フロー）
表6-10　投資集中度指数
表6-11　貿易結合度
表6-12　投資―貿易比率
表6-13　直接投資の相対的比率
表6-14　47都道府県の中国進出企業数の比率の増減と中国事務所所在地
表6-15　各地方および各県対中国貿易の日本の対中国貿易に占める比率
表6-16　各県の対中国企業進出件数の対日本全国比率
表6-17　中国地方・九州地方各県の投資―貿易比率
表7-1　世界との貿易に占める各地域の比率
表7-2　直接投資の相対的比率（2001〜2010年）
表7-3　東アジアとEUの1人当たりGNI
表7-4　投資集中度指数（中国および米国）
表7-5　貿易結合度（中国および米国）
表7-6　投資―貿易比率（中国および米国）
表7-7　労働生産性
表7-8　全要素生産性の経済成長への寄与率
表7-9　構造改革指数
表7-10　ポーランドとスペインの比較
表7-11　ポーランドとスペインの産業構造（GDP比率）
表7-12　GDPに占める比率（1979年）
表8-1　米国、中国、日本の名目GDP
表8-2　米国、中国、日本のGDPの対世界比率
表8-3　米国、中国、日本の軍事費
表8-4　米国、中国、日本の軍事費の対GDP比率
表8-5　米国、中国、日本の貿易収支
表8-6　米国、中国、日本の貿易収支の対GDP比率
表8-7　米国、中国、日本の外貨準備高
表8-8　米国の輸出・輸入に占める中国・日本の比率
表8-9　中国の輸出・輸入に占める米国・日本の比率
表8-10　日本の輸出・輸入に占める米国・中国の比率
表8-11　米国の貿易赤字に占める中国・日本の対米貿易黒字の比率
表8-12　世界のGNPに占める各国の比率（1955〜1980年）
表8-13　米国の貿易赤字に占める対日貿易赤字の額と比率
表8-14　各国・地域の対米貿易収支（1984年）
表8-15　米国の主要経済指標
表8-16　レーガン政権のシナリオと実績（1986年）
表8-17　アジアのバランス・オブ・パワー（2000年）

図

図1-1 日本のGDP、株価および地価
図1-2 日本のM2増加額の対GDP増加額比率
図1-3 日本の限界資本係数
図1-4 東証株価時価総額（日本）
図1-5 6大都市商業地価格指数（日本）
図1-6 新設住宅着工戸数（日本）
図1-7 日本の外貨準備高
図1-8 日本のM2平均残高
図1-9 中国のM2増加額の対GDP増加額比率
図1-10 中国の限界資本係数
図1-11 中国の外貨準備高
図1-12 中国の商品先物市場出来高
図1-13 上海先物取引所価格（銅6カ月先物価格）
図1-14 上海先物取引所価格（アルミニウム6カ月先物価格）
図1-15 鄭州先物取引所価格（綿花4カ月先物価格）
図1-16 上海証券取引所株価指数
図1-17 深圳証券取引所株価指数
図1-18 中国の住宅用建築販売価格
図1-19 中国の高級アパート販売価格
図1-20 中国の事務所用建築販売価格
図2-1 当局の調整
図2-2 投機家の調整
図2-3 全体の調整行動
図3-1 中国のGDPおよび上海株価指数の対前年増加率
図3-2 中国におけるM2/GDP比率
図3-3 中国の資本係数
図3-4 中国の経済成長率
図3-5 「影の銀行」と「表の銀行」の限界生産力曲線と利子率
図3-6 総利益曲線と総費用曲線
図3-7 限界利益曲線と限界費用曲線
図3-8 資本市場の均衡形成メカニズム
図4-1 消費者物価
図4-2 財政赤字の対GDP比率
図4-3 失業率
図4-4 経済成長率
図4-5 貿易の対GDP比率
図4-6 貨幣の倍率（ハンガリー、中国および日本）

図 4 - 7	資本係数（ハンガリー、中国および日本）
図 4 - 8	中国地図
図 4 - 9	江蘇省地図
図 4 -10	浙江省地図
図 4 -11	長江デルタ 3 都市における経済成長率
図 4 -12	長江デルタ 3 都市における財政赤字の対 GDP 比率
図 4 -13	長江デルタ 3 都市における資本係数
図 5 - 1	中国の外貨準備高
図 5 - 2	中国の国防費
図 5 -A	国有企業の対外直接投資額
図 6 - 1	東アジアにおける 3 種類の権威主義体制
図 6 - 2	期待利益─利子率
図 8 - 1	米国、中国、日本の名目 GDP
図 8 - 2	米国、中国、日本の GDP の対世界比率
図 8 - 3	米国、中国、日本の軍事費
図 8 - 4	米国、中国、日本の軍事費の対 GDP 比率
図 8 - 5	米国、中国、日本の貿易収支
図 8 - 6	米国、中国、日本の貿易収支の対 GDP 比率
図 8 - 7	米国、中国、日本の外貨準備高
図 8 - 8	世界の GNP に占める各国の比率（1955～1980年）

索　引

あ行

アーミテージ、R. L.　153, 265
悪の帝国　238
アスルンド、A.　104, 206, 265
ASEAN　161, 193, 194
アブソープション・アプローチ　236, 240, 241
アメリカン・エクセプショナリズム　88
安徽　38, 39
安全保障　xix, 167, 214, 215, 217, 218, 239, 244, 247, 266, 267
異常値検定　49, 51
一党独裁体制　iv, xiv, 62, 63, 117, 118, 154, 155, 157
伊藤貫　243, 244, 267, 268
インセンティブ効果　188
インフレーショナリー・オーバーハング　x, 45, 47, 62, 98
ウォルツ、K. N.　153, 244, 246, 272
失われた10年　249
オバマ政権　218, 256
オフェンシブ・リアリズム　153, 252, 254
温家宝　46, 167

か行

カーダール政権　99
改革開放政策　v, xx, 162, 167, 203, 257, 258
外向性　203, 208, 212, 213, 215
海南　38, 39, 40, 162
核の傘　151, 247, 258
核武装　152, 243, 244
核兵器の共有　247
核保有国　151, 244, 247
影の経済　73
過剰消費　82, 217, 236, 252
過剰貯蓄　217, 240, 250, 252
過小特化　211, 212
過小評価　xiii, 146, 152, 250

嘉定区　184
株価指数　30, 31, 35, 64, 65
株式市場　14, 16, 17, 23, 27, 31, 43, 49, 160
貨幣の効率係数　viii, 52, 53, 57, 60, 90, 120, 122
河北　39, 40, 162
環境汚染　263
広東　iv, 38, 39, 128, 162
環渤海地域　v, 161, 162
官民格差　81, 84
企業成長　182
基軸通貨国　82
期待費用　188
期待利益　6, 45, 188, 189, 190
既得権益　81, 212, 272
機能的統合　xxv, 173, 174, 192, 193, 194, 201
逆コースの定理　185
逆選抜　188
旧EC　239, 245
急進的改革　98, 121
旧ソ連　41, 116, 203, 209, 245
行政的分権　167
共通通貨　193, 213
共通利益　186, 188
共同市場　213
緊縮政策　100, 101, 102, 122
キンドルバーガー、C. P.　vi, 4, 149, 267, 268
金融危機　5, 6, 98, 100, 101
金融資産管理公司　70
クー、リチャード　233, 235, 236, 240, 241, 242, 243, 268
クーデンホーフ・カレルギー　xvii, 195
クエル、D.　125, 135, 138, 140, 141, 142, 271
グラブス・スミルノフ検定　vii, viii, 15, 16, 18, 25, 48, 49, 51
グリーンフィールド投資　129, 135, 137
経営資源　182, 183, 184
経済共同体　214
経済的分権　167

ケインズ、J. M.　vi, 4, 5, 7, 267
権威主義開発体制　xvi, 159, 165, 168, 175, 183, 184,
　　185, 190, 191
限界費用　73, 74, 75, 76
限界利益　73, 74, 75, 76
現実主義　218, 245, 246, 252
顕示比較優位指数　216
工業部門の肥大化　210, 211, 212
杭州　37, 111, 114, 115, 122, 164, 165
杭州湾大橋　165
江蘇　iv, v, 38, 39, 111, 112, 128, 141, 162, 164, 170,
　　182, 271
江沢民　167
公的資金注入　46, 60
合理的期待　4, 7
合理的なバブル　vi, 4, 5, 6
コース、R. H.　185, 266
コースの定理　185
胡錦濤　63, 130, 167
国際金融のトリレンマ　152
国際公共財　149, 239, 240, 245, 248
国際レジーム　142, 186, 187, 189
国進民退　81, 84
国内市場指向型　168, 169, 170
国内資本利用型　107
国有企業　69, 70, 77, 124, 132, 136, 167
国有商業銀行　36, 69, 70, 72
呉軍華　116, 272
呉敬璉　206, 213, 272
国家計画委員会　165
国家資本主義　ix, x, xxiv, 62, 79, 80, 81, 86, 270
国家の死亡率　xix, 218
国家発展与改革委員会　129
古典派　xiv, 141, 143, 149, 156
コヘイン、R. O.　185, 186, 267
小宮仮説　xvi, 159, 181
小宮隆太郎　233, 240, 268
固有方程式　57
コルナイ、J.　77, 102, 118, 205, 268
ゴルバチョフ、M.　203, 212

さ行

再軍備　242, 243, 244
最低賃金制　147
サックス、J.　206, 209, 210, 212, 271
サブプライム　40, 71
3B摩擦　233
G2体制　218, 219, 230, 257, 271
GDP万能主義　xviii, 216
シェンゲン条約　158
自己強化メカニズム　ix, 61
自己調達バイアス　211
事実上の統合　158, 173, 174
市場の失敗　185
失業率　105, 110, 159, 160, 237, 238
ジニ係数　xiii, 145
社会主義市場経済　iii, iv, xx, 70, 79, 80, 86, 167,
　　250, 257
社会的費用　185, 186, 190
上海株価指数　64, 65
上海バブル　86, 111, 269
収穫逓減　202
収穫逓増　202
習近平　46, 83, 153, 269
重慶　38, 39
集権制リスク　xvi, 185, 188, 191
住宅金融専門会社　18, 59, 71, 118
集団労働　204, 205
自由貿易協定　192, 194, 201, 214, 215
シュラリック、M.　249, 250, 266
準核保有国　247
準主権国家　247
ジョイント・ベンチャー　138
商業銀行　33, 36, 37, 40, 46, 69, 70, 72
証券取引所　27, 30, 31, 35
情報収集　175, 182, 183, 186
ショック療法　98, 101
所得格差　160, 265
指令経済　v, 206, 208
人口オーナス　81, 82
新古典派　143
新制度派　48, 201, 208

深圳　27, 30, 31, 35, 36, 37, 43, 44, 169, 176, 177
人治主義　175
垂直的統合　182
水平的統合　182
スターリン型開発体制　165
スティグリッツ、J. E.　188, 271
ストックホルム国際平和研究所　147
ストロング・フォームの合理性　5
スマートパワー　xiv, 63, 150, 153, 154, 155, 156, 157
スミス、A.　144, 271
政治的資源　xvi, 183, 184, 185, 186, 191
政治的リスク　iv, xiii, 125, 139, 140, 142, 148, 156
精神主義　165
制度的統合　xvii, xxv, 173, 174, 192, 193, 194, 201, 214
制度的非効率性　205
勢力均衡　xx, 218, 248, 258
政冷経熱　171
石油危機　231
浙江　v, 38, 76, 111, 112, 128, 162, 164, 165, 207
潜在的敵国　xx, 244, 247, 248, 258
漸進的改革　100, 102, 121, 166
陝西　39
早期警戒指標　vii, 261
走出去戦略　xiv, 62, 125, 127, 134, 149, 152, 156
総量規制　14, 20, 25, 31, 94, 109, 110, 119, 120, 122
ソフトな予算　77, 118, 205
ソフトパワー　xiv, 63, 149, 150, 152, 153, 154, 155, 156, 157
ソブリン・パートナーシップ　xvi, 187, 188, 189, 191
ソ連型経済体制　203, 211

た行

大正バブル　85
第二経済　41, 269
多角的統合　182
タックスヘイブン　iv, 131, 132, 133, 134, 135, 140, 156
地域保護主義　xviii, 208, 215, 216
チベット自治区　ix, 39, 40, 60, 61, 150

チャイメリカ　249, 250, 251
中国共産党　46, 124, 256, 257, 271
中国銀行業監督管理委員会　33, 36, 41, 72, 118
中国建設銀行　36, 70, 141
中国工商銀行　36, 70, 141
中国商務部　128, 131, 136
中国人民銀行　78
中国農業銀行　36, 70
中国の台頭　xii, xiii, xiv, 62, 84, 125, 148, 149, 155, 157, 242, 270
中国版サブプライムローン　40
中国モデル　165, 266
中国リスク　124, 171, 267
チューリップ事件　6
長期サイクル　149
調整能力　viii, 56, 57, 58, 59, 61, 120, 121
朝鮮戦争　165
直接投資の相対的比率　174, 195, 196
貯蓄性向　8, 66, 82
陳雲　22, 26, 36, 40, 48, 49, 51, 59, 64, 89, 91, 111, 112, 121, 142, 158, 159, 166, 171, 173, 186, 188, 192, 193, 194, 198, 214, 216, 233, 264, 265, 266, 269, 270
青島　170
鄭州　25, 27, 29, 31, 33, 34
ディフェンシブ・リアリズム　153
デヴィス、K.　125, 135, 136, 266
デジャヴ　217
デフォルト　70, 77
デモクラティック・ピース・セオリー　218
伝染性バブル　vi, 4, 5
投機的バブル　4, 5, 6
投資受入国　140, 146, 169, 183, 187, 195
投資集中度指数　xv, xvii, 171, 172, 178, 198, 199, 200
投資—貿易比率　v, xv, xvi, xvii, xviii, xxv, 171, 172, 178, 180, 181, 193, 198, 200, 201
投資本国　iv, 127, 160, 161, 187, 195
鄧小平　xx, 166, 167, 168, 202, 203, 204, 206, 212, 257, 258
鄧小平開発体制　166
東南アジアモデル　165
都市化　81

都市銀行 18, 19, 20, 36, 70, 71
土地使用権 iii, 22
トポル、R. vi, 4, 5, 272
ドラゴン多国籍企業 142
取引費用 185, 186, 187, 202

な行

ナイ、J. S. 149, 150, 153, 154, 265, 270
内向性 xv, xvi, 158, 203, 212, 213
内容分析 14
NAFTA 194
南海泡沫事件 6, 14, 85
南京 37, 111, 114, 122, 176, 177, 271
二極体制 87, 88
日米同盟 xx, 151, 241, 242, 243, 247, 257, 265
日米貿易摩擦 233, 236, 237
丹羽宇一郎 270
寧波 37, 164
ねずみ講 5, 6, 119
ノース、D. S. 201, 202, 206, 270
野口悠紀雄 270

は行

バーグステン、F. 233, 236, 251, 254, 255, 265
バーナンキ、B. S. 217, 218, 248
覇権安定論 149
覇権国のディレンマ 239
パックス・アメリカーナ 153, 245
バルツェロヴィチ・プログラム 101, 102
パレート最適 45
ハロッド・ドーマー・モデル 66
ハンティントン、E. 168, 267
ハンティントン、S. 244, 267
汎ヨーロッパ主義 xvii, 195
比較優位構造 xviii, 216
東アジア共同体 xvi, 192, 198, 202, 213, 214, 266, 272
ビニエツキ、J. 210, 211, 212, 272
ファーガソン、N. 249, 250, 266
ファンダメンタルズ 8

不完全市場 202
不完全な情報 5, 188
福州 37, 176, 177
不合理なバブル vi, 4, 5, 6, 7
不戦体制 xvi, 194
双子の赤字 82, 153
不動産市場 14, 23, 27, 31, 40, 49, 160
腐敗 79, 121, 168, 196, 263
プラザ合意 vii, 8, 14, 17, 49, 248, 257
フリーライダー xx, 239, 245, 257
不良債権比率 18, 19, 20, 21, 33, 36, 37, 38, 39, 40, 59, 60, 69, 70, 71
文化的遺伝子 104, 122
文化的差異 iv, xiii, 125, 139, 140, 142, 148, 156
文化的要因 v, 208
分税制 iii, 22, 266
平成バブル 85, 270
ヘッジ 5
ペレストロイカ 203, 213
ペンローズ、E. T. 181, 182, 183, 271
貿易結合度 xv, xvii, 171, 172, 178, 198, 199, 200
ボクロシュ・パッケージ 102
保証成長率 63, 66, 67, 68
香港 iv, 129, 131, 132, 133, 134, 135, 140, 156, 161, 174, 176, 177, 179, 196, 233, 234, 252

ま行

マーシャルのK 18, 33, 63
マーストリヒト収斂基準 38, 105, 110
前川リポート 234, 235, 240
マッキノン、R. I. 188, 189, 268
マンデル、R. A. viii, 52, 270
ミアシャイマー、J. J. 150, 153, 244, 246, 252, 253, 254, 255, 256, 268
三浦有史 9, 94, 269
ミシシッピーバブル 85
宮崎正弘 269
民営企業 81, 132, 167
ミンスキ、H. P. vi, 4, 5, 6, 268
無錫 164, 170
宗像直子 213, 214, 270

毛沢東　v, 165, 166, 167, 203, 204, 205, 207, 208, 212, 213, 215

毛沢東開発体制　165, 166

モデルスキー、G.　84, 85, 149, 269

モネ、J. O. G.　xvii, 195

森田憲　2, 22, 26, 36, 40, 41, 48, 49, 51, 59, 64, 89, 91, 101, 116, 121, 142, 158, 159, 166, 171, 173, 184, 185, 186, 188, 192, 193, 194, 198, 214, 216, 233, 265, 266, 269, 270

や行

ヤイター、C.　235

融資平台　40, 71

輸出ドライブ効果　231

輸入代替　165, 166, 211

幼稚産業　xviii, 216

ヨーロッパ石炭鉄鋼共同体　xvii, 194

予算法　71

ら行

リーマン・ショック　24, 46, 64, 69, 71, 117

理財商品　41, 70, 71, 72, 73, 77, 118, 268

理想主義　218, 245

立憲地方自治制度　xix, 216

李登輝　241

流動性管理能力　viii, ix, 56, 57, 58, 59, 61, 120, 121, 122

両岸関係　242

遼寧　39, 40, 162

林毅夫　204, 268

冷戦　45, 87, 88, 165, 167, 203, 212, 245, 253

レーガノミックス　237

レーガン政権　237, 238, 240, 248

連帯　101

レンテンマルク　85

ローズフィールド、S. S.　xvi, 159, 181, 185, 186, 187, 190, 269

ローズフィールド仮説　xvi, 159, 181, 185, 186, 187, 190

ロンドン金属取引所　72

著者紹介

森田　憲（もりた　けん）

広島修道大学商学部教授
経済学博士
主要著書・論文

"Polish Economic Reforms in Japanese Historical Perspectives", in Hare, P. G.（ed）, *Systemic Change in Post-Communist Economies*, London, The Macmillan Press, 1999.
『中欧の経済改革と商品先物市場』、多賀出版、2002年。
Economic Reforms and Capital Markets in Central Europe, Farnham, Ashgate Publishing, 2004.
"A Sociological Study of Transition: China and Central Europe", *Economic Papers*（Warsaw School of Economics, Poland）, 2008（joint authorship）.
"A Comparative Analysis of Japanese Foreign Direct Investment in Central Europe and China", in Pickles, J.（ed）, *Globalization and Regionalization in Socialist and Post-Socialist Economies*, London, Palgrave Macmillan, 2009（joint authorship）.
『中国の経済改革と資本市場』、多賀出版、2009年（共著書）。
Transition, Regional Development and Globalization China and Central Europe, Singapore and New Jersey, World Scientific Publishing, 2009（joint authorship）.
『中国の体制移行と発展の政治経済学』、多賀出版、2010年（共著書）。
『中国モデルと格差』、多賀出版、2015年（共著書）。

中国市場経済化の政治経済学　　　　　　　　「広島修道大学学術選書」

2017 年 3 月 10 日　第 1 版第 1 刷発行

Ⓒ著　者　森　田　　憲
発 行 所　多賀出版株式会社
〒 102-0072 東京都千代田区飯田橋 3-2-4
電話：03（3262）9996（代）
mail: taga@msh.biglobe.ne.jp
http://www.taga-shuppan.co.jp/
印刷／文昇堂　製本／高地製本

〈検印省略〉ISBN978-4-8115-7941-2　C1033　　落丁・乱丁本はお取り替えします。